中公新書 2179

小川剛生著

足利義満

公武に君臨した室町将軍

中央公論新社刊

はしがき

室町《むろまち》幕府の最盛期をもたらした将軍、足利義満《あしかがよしみつ》は、従一位《じゅいちい》太政大臣《だいじょうだいじん》に昇り、さらに明《みん》朝とも国交を結んで、「日本国王」の号を贈られた。空前絶後の権力者であり、その足跡は巨大である。生前すでに毀誉褒貶《きよほうへん》に晒《さら》され、今川了俊《いまがわりょうしゅん》の難太平記《なんたいへいき》のごときは傲岸《ごうがん》背徳の君と断じて憚《はばか》らず、後世にもさまざまな議論の的となってきた。戦前までは皇国史観の影響で、おおむね否定的な評価が下されている。

評伝の類は数多いが、臼井信義『足利義満』は、主要な伝記史料と論点が尽くされた名著で、記述は客観的で過不足なく、いまなお色褪《あ》せない。しかし、幕府のみならず朝廷に君臨した将軍権力については、近年新しい研究成果が陸続《りくぞく》として現れている。なかでも、最も深化したのは公武関係の理解であり、義満以後の将軍に対しては、その地位を形容するのに最もふさわしいゆえ、当時の「室町殿《むろまちどの》」という称号がそのまま用いられるようになっている。

本書もこの成果を踏まえつつ、純朴粗野な青年将軍が、いかにして公武の境界を越えて権力を掌握していったのか、その軌跡を廷臣の日記から再現した。義満が廟堂《びょうどう》の階段を駆け上り、摂関《せっかん》や治天《ちてん》の君《きみ》のごとく振る舞うようになったことは、廷臣たちにとり驚天動地の出来事であり、歎息や批判もたしかに貴重な証言である。一方、わずか数年でこのような事態を出現させたのも北朝公家社会の働きかけであり、さまざまな思惑が交錯し、日記の解釈は一筋縄ではいかない。文飾や典拠を押さえ、記主の立場や性格もバイアスとして考慮しつつ読み解く必要がある。

また、この時代の政治は文化の支えを必要とした。政治の場に学問、歌道、音楽、蹴鞠《けまり》といった伝統的学藝は不可欠であったし、和漢聯句《わかんれんく》、香聞《こうぎき》、立花《りっか》、猿楽《さるがく》などが新たに登場し、義満自ら大いに楽しんだ。実際、室町殿ほど、権力と文化との相関関係を示す存在はない。この点に着目すれば、権力の形成についても、よりきめ細やかな考察ができるであろう。義満の感性は、やはり二十歳前後から親しんだ公家的教養が土台となっているようである。何より学藝の分野にはこれまで活用されていない有益な史料が残されている。

もとより、義満は、藝術に傾倒する多感な君子などではない。傲慢で尊大、子供っぽく、享楽的な大酒飲みで、その場で態度を変える気分屋である――これは室町殿に多かれ少なかれ共通する性質であった。周囲はその一顰一笑《いっぴんいっしょう》に敏感にならざるを得ず、その証言はプライヴェートのゆえかあまりに克明で、稀代の権力者も容赦なく丸裸にされてしまった。それに室町幕府は吾妻鏡《あづまかがみ》や徳川実紀《とくがわじっき》のごとき正史を編纂せずに終わった。その結果、室町殿は酒乱、頽唐《たいとう》、暴虐、浪費、無気力といった悪評に晒されることになったが、正史によって素顔を覆い隠され、神話かゴシップの類しか伝わらない鎌倉の執権や江戸の将軍に較べた時、よほど個性豊かな人々であったことは認めなくてはならない。

政治を動かしているものは、高邁深遠な理念や数十年にもわたる戦略などではなく、もっと生々しい好悪の情、虚栄心や復讐心、あるいは当時の因襲慣例、そしてその場の咄嗟の判断（要するに思いつき）である。義満とてこれから自由ではない。

もとより現代の人間にはすでに分からなくなってしまった事柄は多い。しかし、文学作品をはじめとする学藝の知識を援用すれば、場面と肉声はかなり正確に復原できる。いささか煩わしいと思われるであろうが、できるだけ典拠を注した。また終章は人物考証であるので、典拠を原則示すようにした。もっとも、新書の性格上、引用史料の書誌的な事項に十分言及できなかったが、これは後掲の参考文献に就いていただければ幸いである。

本書は足利義満の六百年遠忌《おんき》の数年前に依頼されたが、はなはだしく遅延し、遠忌どころか、担当の編集者が三代を経てしまった。すぐれた評伝と厖大《ぼうだい》な研究書を前に、果たしてできることが残されているのか自問し、なかなか起筆できなかったのは不甲斐ないことである。けっきょくいつもの通り、史料を蒐集し、文献批判を経て、全事蹟を網羅し年譜化するという基礎作業に立ち戻り、ようやく脱稿した。伝記上の主要な問題を新しい視点から論じようと努めたが、記述は荒涼索莫、これまでの義満伝のうちで恐らく最も愛想のない伝記となった。しかし、誰もが壮麗雄大な俯瞰図を描く必要もなく、今まで見えなかったものが見えているならば、それで十分であるとも思う。なにより、著者の方法に理解を示して下さり、こうした試みを新書の形で実現させてくれた中公新書編集部には感謝のほかない。長きにわたり見捨てることなく励ましの音信を絶やされなかった前担当の松室徹・高橋真理子の両氏、最初の読者となられ、さまざまな御尽力を賜った現担当の藤吉亮平氏に深甚の謝意を表する。

平成二十四年五月六日

著者記

目次

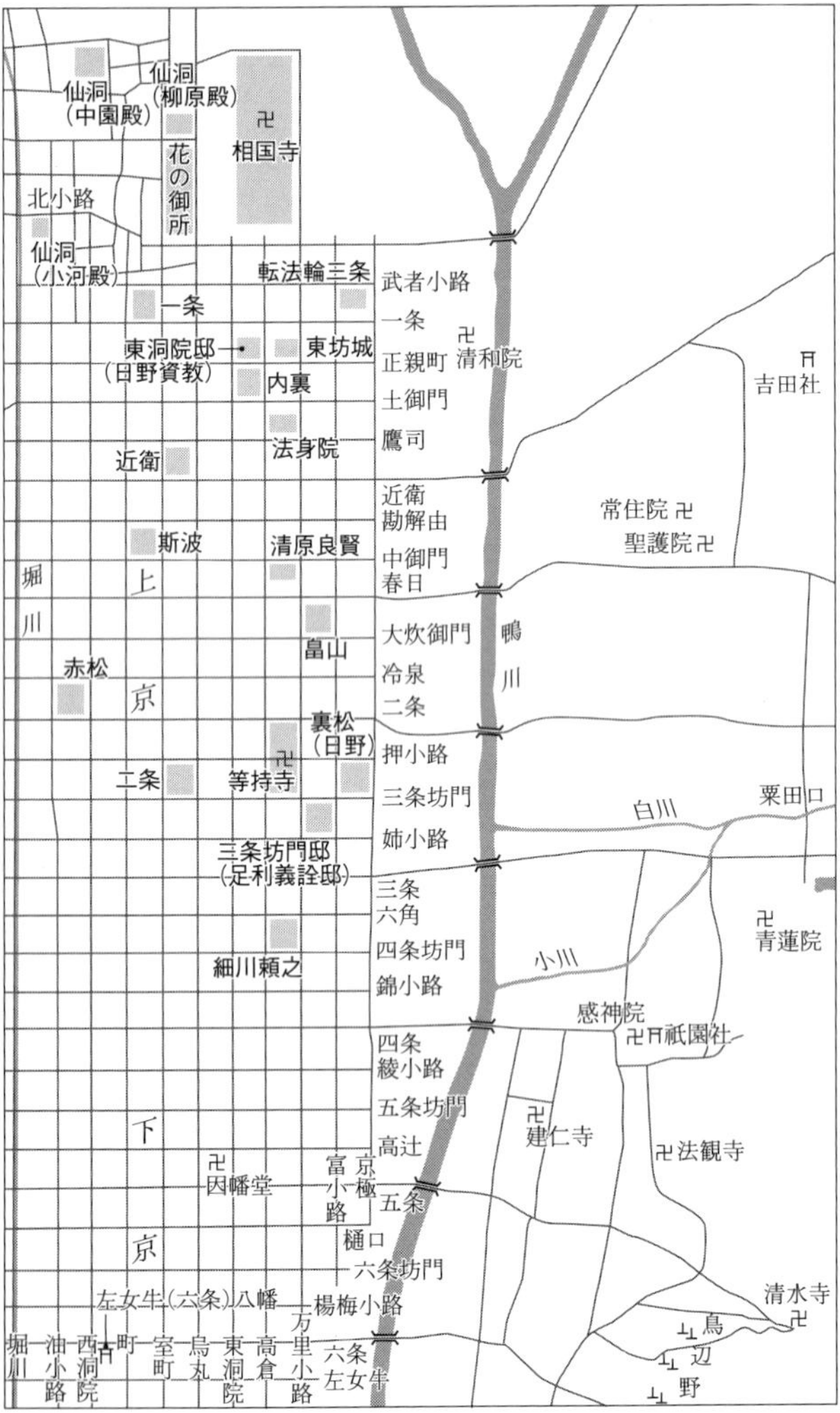

仙洞
(中園殿)
仙洞
(柳原殿)
相国寺
花の御所
北小路
仙洞
(小河殿)
転法輪三条
武者小路
一条
一条
東洞院邸
(日野資教)
東坊城
正親町
清和院
吉田社
内裏
土御門
法身院
鷹司
近衛
近衛
勘解由
常住院
聖護院
斯波
清原良賢
中御門
春日
堀川
上京
大炊御門
鴨川
畠山
冷泉
赤松
二条
裏松
(日野)
押小路
二条
等持寺
三条坊門
粟田口
白川
姉小路
三条坊門邸
(足利義詮邸)
三条
六角
青蓮院
四条坊門
小川
細川頼之
錦小路
感神院
祇園社
四条
綾小路
五条坊門
建仁寺
下京
高辻
法観寺
因幡堂
富小路
京極
五条
樋口
六条坊門
左女牛(六条)八幡
楊梅小路
清水寺
鳥辺野
万里小路
六条
左女牛
堀川
油小路
西洞院
町
室町
烏丸
東洞院
高倉

足利氏一門略系図

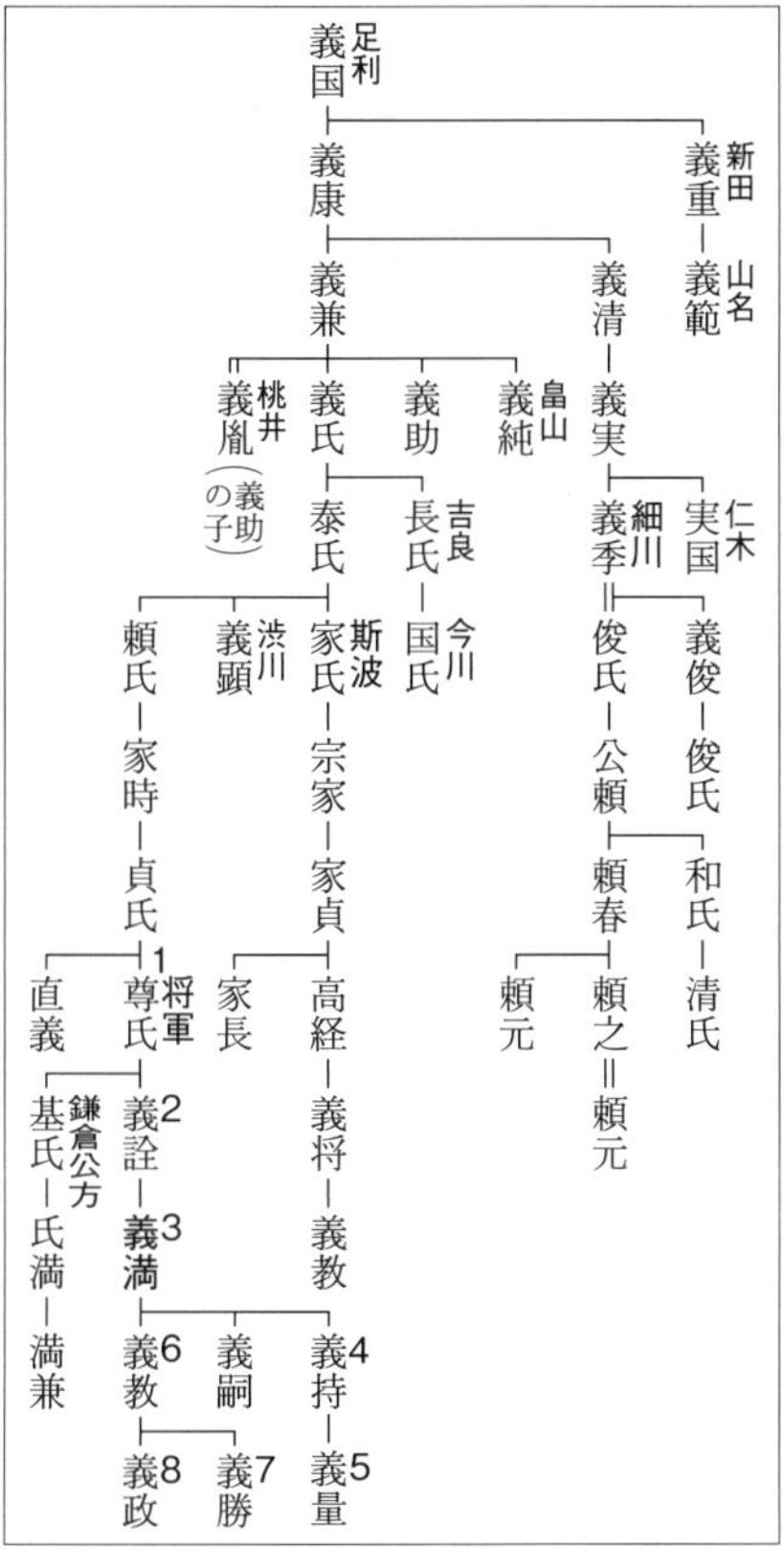

右／室町前期 京都市街図
『京都の歴史』3（学芸書林）別添地図・
『一揆の時代』（吉川弘文館）掲載地図を
参考にして作成

足利義満　公武に君臨した室町将軍

序章

室町将軍の履歴書

歌人藤原俊成《ふじわらのしゅんぜい》・定家《ていか》の末裔冷泉《れいぜい》家の時雨亭《しぐれてい》文庫に、武家《ぶけ》昇晋年譜《しょうしんねんぷ》と題する写本が伝えられている。昇晋は昇進の宛字である。近年、影印本《えいいんぼん》が刊行され、容易に見ることができる（冷泉家時雨亭叢書48『簾中抄《れんちゅうしょう》 中世事典・年代記』）。解題では戦国時代の同家当主、為広《ためひろ》（一四五〇―一五二六）・為和《ためかず》（一四八六―一五四九）父子の筆にかかることが明らかにされている。

これは室町幕府将軍の詳細にして公的な履歴書というべき書物である。初代の足利尊氏《たかうじ》より始まり、義詮《よしあきら》（二代）・義満（三代）・義持《よしもち》（四代）・義教《よしのり》（六代）・義政《よしまさ》（八代）・義尚《よしひさ》（九代）に至る七人の、誕生・命名・元服・叙位任官・出家、そして薨去《こうきょ》に至るまでの経歴が記されている。同書には異本が多く、群書類従に収められる足利家官位記もその一つである。諸本間で記事の構成も精粗もまちまちであるが、武家昇晋年譜は最も原初形態に近い、貴重な伝本である。

同書には、将軍の通過儀礼のみならず、さまざまな事蹟が列挙されている。すなわち朝廷

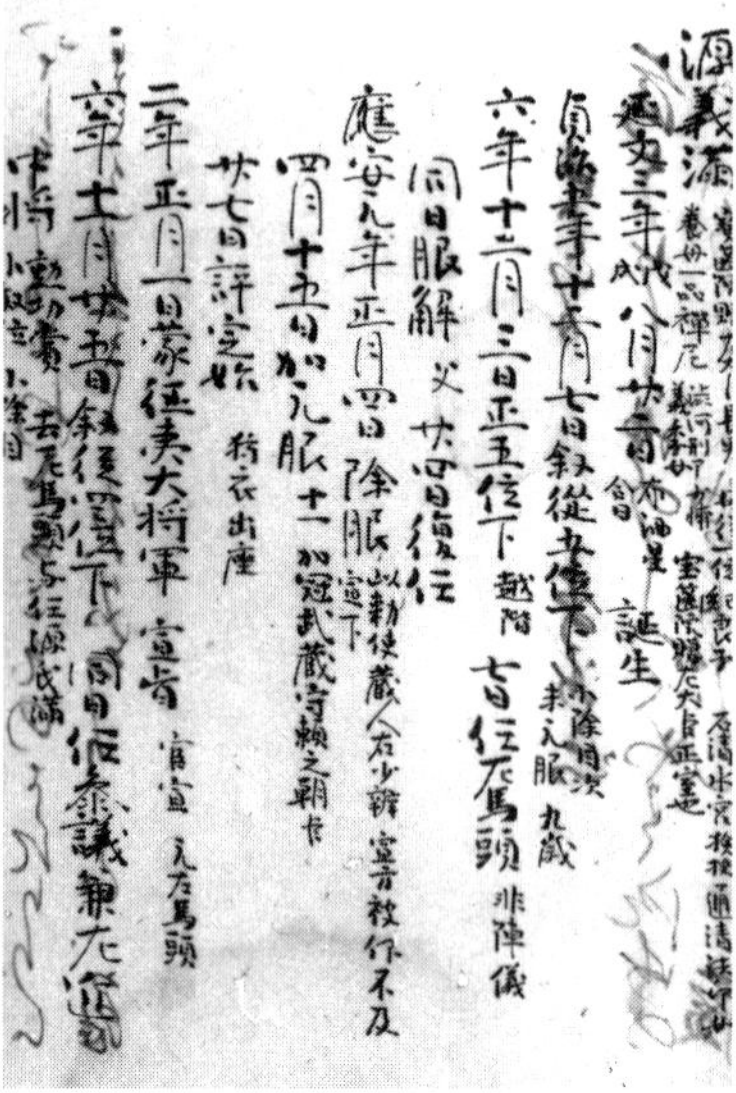
源義満
延文三年戊戌八月廿二日 誕生
貞治五年十二月七日叙従五位下 九歳
六年十二月三日正五位下 越階 左馬頭
同日服解 父 廿四日復任
應安元年正月四日除服 宣下
四月十五日加元服 十一 加冠武蔵守頼之朝臣
廿七日評定始
二年正月一日蒙征夷大将軍 宣旨
六年十一月廿五日叙従四位下 同日任参議兼左近中将

武家昇晋年譜（冷泉家時雨亭文庫蔵）より義満の項

の儀式行事への参仕《さんし》のほか、歌会の開催、邸第の造営、寺社参詣《さんけい》や遊覧、さらに読書始《とくしょはじめ》・御遊始《ぎょゆうはじめ》、禅僧からの受衣《じゅえ》など、生涯の劃期《かっき》とみなされた、大小の出来事が記録されている。これらは現代人から見れば多く文化に関わる事柄であるが、当時はすぐれて政治的な意味も持っていた。

同書のソースの一つに、一条経嗣《つねつぎ》の日記荒暦《こうりゃく》があることから、成立には経嗣の子で、室町時代を代表する学者、兼良《かねよし》（一四〇二―八一）の関与があったかと想像される。晩年の兼良が足利義尚を教育していたことは著名であるから、編纂意図も推し量ることができる。冷泉家も、室町幕府将軍に仕えた武家家礼《ぶけかれい》（七六頁参照）であった。同書の書写された十六世紀初頭、幕府に昔日の面影なく、将軍は諸勢力の角逐に巻き込まれて都に安住することすら能《あた》わず、諸国大名のもとを流浪し続けた。為広・為和は、主君のあるべき将来を示そうと、同書を書写したと考えられる。同書には「室町将軍とは何か」という問いに答えるための、同時代人による貴重なデータが含まれているのである。

義満の経歴

それでは、本書の主人公である足利義満（一三五八―一四〇八）の項を見てみよう。義満と言えば、室町幕府の最盛期を築き上げた将軍、中世政治史上の巨人であるが、むしろ将軍職を越えたところから、その本領が始まると言ってよいのである。

応安《おうあん》二年（一三六九）正月一日、前々年十二月に没した父義詮の跡を襲って、征夷大将軍《せいいたいしょうぐん》の宣旨《せんじ》を蒙《こうむ》っているが、しかしそれは、義満の華麗な経歴の、ごく小さな通過点に過ぎないことに気づく。家督を継承した時点では、まず左馬頭《さまのかみ》という官に任じられている。将軍となったのはそれより一年以上経ってからであった。

その後、十六歳で参議《さんぎ》・左《さ》近衛《こんえの》中将《ちゅうじょう》、二十一歳で権大納言《ごんだいなごん》・右近衛大将、二十四歳で内大臣、二十五歳で左大臣となり、三十七歳で太政《だいじょう》大臣に任じられた。この間には二十三歳で従一位《じゅいちい》に叙され、二十六歳では源氏長者《げんじちょうじゃ》および奨学院《しょうがくいん》・淳和院《じゅんないん》別当《べっとう》を宣下され、そして准三《じゅさん》后《ごう》の待遇を与えられている。死去に際しては太上《だいじょう》天皇を贈られたという説があって、古来問題となっているが、これも同書には「同（応永《おうえい》十五年〔一四〇八〕五月）九日太上天皇尊号を贈り奉らる、但し本家より固辞すと云々、」と明記されているのである。

室町殿の昇進

官位	尊氏	義詮	義満	義持	義教	義政	義尚
従五位下	元応元・10・10（15）	建武2・4・7（6）	貞治5・12・7（9）	←	応永35・3・12（35）	←	←
従五位上	正慶元・6・8（28）	←	←	←	←	文安3・12・15（12）	←
正五位下	←	康永3・3・16（15）	貞治6・12・3（10）	応永元・12・17（9）	←	文安4・2・7（13）	文明5・12・19（9）
左馬頭	・	康永3・3・18（15）	貞治6・12・7（10）	・	応永35・3・12（35）	文安5・12・26（14）	・
従四位下	正慶2・6・12（29）	貞和3・12・3（18）	応安6・11・25（16）	応永2・6・3（10）	応永35・4・14（35）	宝徳元・8・27（15）	文明6・6・19（10）
左近衛中将	・	観応元・8・22（21）	応安6・11・25（16）	応永元・12・17（9）	正長2・3・15（36）	宝徳元・8・27（15）	文明5・12・19（9）
左兵衛督	正慶2・6・12（29）	・	・	・	・	・	・
参議	建武元・9・14（30）	観応元・8・22（21）	応安6・11・25（16）	応永3・9・12（11）	正長2・3・15（36）	宝徳元・8・27（15）	文明7・9・17（11）
従三位	正慶2・8・5（29）	延文元・8・28（27）	永和元・11・20（18）	応永4・正・5（12）	正長2・3・23（36）	宝徳2・正・5（16）	文明8・正・6（12）
武蔵守	正慶2・8・5（29）	延文4・2・4（30）	・	・	・	・	・
権中納言	・	・	・	応永4・3・29（12）	・	・	・
権大納言	建武3・11・25（32）	貞治2・正・28（34）	永和4・3・24（21）	応永8・3・24（16）	正長2・3・29（36）	宝徳2・3・29（16）	文明12・3・29（16）
右近衛大将	・	・	永和4・8・27（21）	応永13・8・17（21）	正長2・8・4（36）	康正元・8・27（21）	文明17・8・28（21）
従一位	・	・	康暦2・正・5（23）	応永9・11・19（17）	永享2・10・17（37）	享徳2・3・22（19）	文明15・3・21（19）
内大臣	・	・	永徳元・7・23（24）	応永16・7・23（24）	永享4・7・25（39）	長禄2・7・25（24）	長享2・9・17（24）
左大臣	・	・	永徳2・正・26（25）	・	永享4・8・28（39）	寛正元・8・27（26）	・
太政大臣	・	・	応永元・12・25（37）	・	・	・	・

尊氏・義詮はともに権大納言で終わったのに対して、官位待遇は比較を絶している。しかも、義持以後の将軍の官位昇進は、すべて義満の辿った経歴をそのまま「トレース」したばかりか、任官の年齢、月日、諸手続きなどまで、できるだけ義満の例を踏襲している（高橋典幸「将軍の任右大将と『吾妻鏡』」）。とくに右大将と内大臣の官は重視されて、歴代必ず経歴するところであったことも分かる。

すなわち、義満は、子孫の規範・理想とされたどころか、以後の将軍はことごとく「義満のように」生きることを強制されたと言ってもよい。義持は天の邪鬼的に父に反撥《はんぱつ》したが、やはり義満の敷いたレールから外れることはできなかった。さらに義教の横死、義政の頽廃、義尚の陣没と、傾きかけた幕府を支えようとした苦衷を偲《しの》ばせるが、義満と比較され、その呪縛に苦しんだ結果と言えるのである。そもそも、室町幕府の名称も、義満が永和《えいわ》四年（一三七八）北小路《きたこうじ》室町に建設した邸宅、室町殿《どの》（室町第）に因《ちな》むのである。

室町殿とは

義満は義持に、義持は義量《よしかず》に、義政は義尚に、それぞれ生前将軍職を譲っているが、没するまで実権は手放さず、いわゆる大御所《おおごしょ》政治を行った。

このような足利氏家督にして武家政権の最高権力者を指しても、「室町殿」と称する。最初の「室町殿」こそ義満であり、その地位は義持・義教・義政と継承される。義持や義政は、室町第に居住していなくとも、依然「室町殿」と呼ばれていたから、称号として定着していたと言ってよいであろう。

また、義量が早世すると、三年にわたり征夷大将軍は空席であったが、父の「室町殿」義持が政務を見ることで、政務にはいささかの停滞も生じなかった。つまり将軍の存在が、武家政権を維持する絶対条件ではなかったことになる。ならば少なくとも、歴代が必ず任じられている右近衛大将・内大臣などの官に対しても、相応の意味が認められなければならないであろう。

ところで、武家昇晋年譜には、義量（五代）と義勝《よしかつ》（七代）の事蹟が載せられていない。ともに十代で夭折《ようせつ》したので記すべき事蹟がなかったとも言えるが、義勝はわずか二年ながら家督の座にあり、元服後は「室町殿」と称されている。これは、おそらくこの二人が、右近衛大将・内大臣という、「室町殿」にとって最も重要なポストを経歴しておらず、参考とされなかったためであろう。

儀式に熱中する室町殿

そもそも右大将と内大臣といえば、朝廷でも枢要のポストである。武家昇晋年譜では、将軍たちが朝廷の儀式に積極的に参仕したことが特筆されている。とくに義満は、「公事《くじ》参勤の事」として、永徳《えいとく》元年（一三八二）正月七日の白馬節会《あおうまのせちえ》をはじめ、小朝拝《こちょうはい》・元日節会・踏《とう》歌《か》節会・院拝礼《はいらい》・石清《いわし》水《みず》臨時祭・放生会《ほうじょうえ》といった大小二十四種もの朝儀・政務・行事を列挙し、参仕の年月日を注している。

しかも、いずれも大将ないし大臣として、上卿《しょうけい》（委員長）や内弁《ないべん》（進行役）などを務めている。元日・白馬・踏歌《とうか》の正月三節会では、内弁を実に二十回も務めている。さらに譲位・即位・大嘗会《だいじょうえ》・万機旬《ばんきのしゅん》・天皇御元服といった大儀にも積極的に参仕し、見事に職務を果たしている。これらは文字通り一代一度であるから、進行も非常に複雑であり、かつ政治的な意味合いも重く、とても一夜漬けの勉強で務めおおせるものではない。

廷臣にとっては、儀式や年中行事に参仕することこそ第一の使命であり、文字通りの繁文《はんぶん》縟礼《じょくれい》をきわめる式次第、そして故実先例に通暁し、失態なく執行することが、官位の昇進ひいては家の繁栄をもたらすものであった。乱世に際会してのこうした熱意は、時代錯誤の空虚な努力として嗤《わら》われるが、この点で義満は模範的であり、なみの摂関・大臣をはるかに凌ぐ功労を積んだ。その点尊氏・義詮には関心は乏しく、朝儀に参加することもなかったから、これも義満の拓いた先例である。

古くから「義満の公家化」という現象が指摘される。すなわち、単に公家の文化に憧憬《しょうけい》の念を抱いたのではなく、自らも学問・藝能の広い領域に通じ、演じられる場に身を置くことを好み、時に主催し監督したのである。その遊覧好きは有名であったが、これもいわば自らの権力を効果的に演出するのに長けていたためである。

実際、室町殿ほど、権力と文化との相関関係を顕著に示す存在は他にはいない。鎌倉幕府の執権も江戸幕府の将軍も、権力とともに文化を統御する意志はあまり持たなかった。むしろ意識的にそれを避けたといった方がよいかもしれない。

こうした義満の方策は、二十歳前後から身につけた、公家の教養が土台となっている。その教養とは、ここに述べたように朝廷の儀式に参仕してこれを主宰する能力・知識（狭義の有職故実《ゆうそくこじつ》）を基盤に、儒学、和歌、蹴鞠《けまり》、音楽その他の藝道で構成されるが、義満はこれらを驚くほど短期間でマスターし、完全に公家となりきって、その時代の文化の司祭となった。公家の制度や文物は過去の遺物であるが、室町時代に新たな意味を見出されて文字通りの古典として再生した。

多彩きわまる事蹟

義満の伝記で瞠目《どうもく》させられることは、官歴の華々しさのみならず、遊宴・旅行・造営・法会などの多彩さである。これも武家昇晋年譜の「公事参勤の事」には、朝儀・政務に続いて、義満の主催したさまざまなイヴェントも列挙されているから、以下に引用してみたい（①〜⑭は私に付した）。

①室町亭に行幸《ぎょうこう》の事。永徳元年三月十一日。
②家司《けいし》を補《ほ》する事。〔永徳元年〕四月廿九日。
③春日詣《かすがもうで》の事。至徳《しとく》二年八月廿八日。左大臣准三后。摂政《せっしょう》（二条良基）幷《なら》びに近衛前博陸《このえさきのはくろく》（道嗣）又同道。東大寺の宝蔵を開かる。第二度春日詣。明徳《めいとく》二年九月十五日。帰京廿日。第三度春日詣。応永四年十月二日。晴儀《せいぎ》。殿上人《てんじょうびと》十人騎馬供奉《ぐぶ》、色々の狩衣《かりぎぬ》を着す。諸大夫《しょだいぶ》二人。
④高野《こうや》詣の事。康応《こうおう》元年九月十六日。
⑤神宮《じんぐう》参詣の事。明徳四年九月十八日出京。上下異体。参宮の時各束帯と云々応永二年二月廿五日。
⑥日吉《ひえ》参詣の事。応永元年九月十一日。十四日帰京。
⑦相国寺《しょうこくじ》供養入寺の事。明徳三年八〔月〕廿八〔日〕。
⑧常楽会《じょうらくえ》見物の為に南京に下向の事。明徳五年三月十二日。
⑨北山新造立柱《りっちゅう》の事。応永四年四月十六日。同月移徙《いし》の事。
⑩牛車始《ぎっしゃはじめ》の事。応永二年正月七日。太政大臣拝賀の日。

⑪相国寺の大塔供養入寺の事。応永六年八月十五日。
⑫唐使《とうし》対謁《たいえつ》の事。応永九年九月五日、十一年五月十六日。
⑬北山亭行幸の事。同十五年三月八日、地に降り迎へ奉らると云々。
⑭在俗の時袈裟《けさ》を着せらるる事。嘉慶《かきょう》二年七月十日。時に前左大臣准三后。相国寺に於いて衆僧刹座《せつざ》に交る。亀山《かめやま》法皇御在俗の時南禅寺《なんぜんじ》に於いて法衣を着せしめ給ふ。また最明寺入道《さいみょうじにゅうどう》（北条時頼）同じく法衣を着す。彼等の例に准ぜらると云々。宋朝またその例有りと云々。

だいたい編年となっているが、以上を挙げた規準は必ずしも明確ではないし、またすべてが網羅されているわけでもない。それでも、義満の生涯が、一人の政治家のものとは考えられないほど、話題性に満ち、注目を浴び続けたことが十分に分かるであろう。官位の昇進のたびに、公武を挙げて拝賀や大饗《たいきょう》、牛車始などの大がかりな昇進儀礼を行う（②⑩）。壮麗広大な邸宅を建造し、そこに二度の行幸を迎える（①⑨⑬）。また巨大な禅宗寺院を造営し、顕（天台）・密（真言）をも統合させた、自身のための宗教空間として機能させる（⑦⑭）。そこに権勢の象徴として、三百六十尺（およそ百九メートル）にも達する七重の高層タワーが屹立《きつりつ》する（⑪）。伊勢・南都・山門・高野山などの主要な寺社に何度も参詣し、随員には人目につく、奇抜なファッションをさせる（③④⑤⑥）。ここにはないが、各地に遊覧を重ね、その足跡は九州から東海までに及んだ。さらに外国の使者を迎接する（⑫）。

ほとんどは本来武家が関与するものではない。春日詣は、藤原氏の長者である摂政・関白の義務であるし、南都や北嶺《ほくれい》への参詣も院（上皇）の御幸に擬される。異国との交渉も、本来は朝廷の専権事項であった。いずれも、義満が北朝からその権限を奪取した証と考えられるわけであるが、実は北朝の院や摂関の力では、これらの政務や行事は、久しい以前から、全く実現不可能となっていたのである。

そもそも、北朝は新しい内裏《だいり》を造営できず、廷臣たちも私邸を里内裏に提供する余裕がないために、結果的に土御門《つちみかど》内裏（現在の京都御所）に居住し続けた。高野山への御幸は後嵯峨《ごさが》院をもって絶え、南都や北嶺に足を運んだのは後醍醐《ごだいご》天皇が最後であった。かつて白河《しらかわ》院の建てた法勝寺《ほっしょうじ》九重塔は康永《こうえい》元年（一三四二）に焼け落ちて再建されず、禅院の造営も亀山院以後には聞かない。また正式な春日詣も鎌倉後期の関白二条兼基《かねもと》をもって掉尾《ちょうび》とした。

つまり、義満は、それ以前の武家政権の首長と異なり、公家社会に帰属して、時に院、時に摂関の役割を肩代わりしていたと言えるのである。もちろん、室町殿は、院政期の上皇、あるいは摂関期の摂政・関白そのままではない。鎌倉幕府以来の武家政権の首長として、独自の統治のシステムと支配の伝統を培ってきている。しかしながら、武家昇晋年譜を眺める時、「征夷大将軍」を離れた、新たな権力者の誕生を認めた方がよかろう。本書ではこうした視点から義満の伝記を記述した。

第一章　室町幕府と北朝

父母のこと

義満は延文《えんぶん》三年（一三五八）八月二十二日、足利義詮（一三三〇―六七）の子として生まれた。義詮は二十九歳で、従三位《じゅさんみ》参議左中将、去る四月三十日に没した父尊氏の跡を襲って、十二月八日に征夷大将軍を宣下された。

足利義詮（1330―67）木像

母は石清水八幡宮の検校《けんぎょう》、通清《つうせい》法印の女良子《むすめりょうし》（一三三六―一四一三）である。八幡宮は建《けん》武《む》年間（一三三四―三八）の内乱では足利氏に協力したため、その縁で良子は義詮に仕えたらしい。もっとも、当時の日記には、良子は単に義詮の「愛物《あいぶつ》」、通清（すでに故人か）は「八幡法師」と記されており、その扱いは軽く問題にならない。

良子の母智泉尼聖通《ちせんにしょうつう》（？―一三八八）は、承久《じょうきゅう》の乱で佐

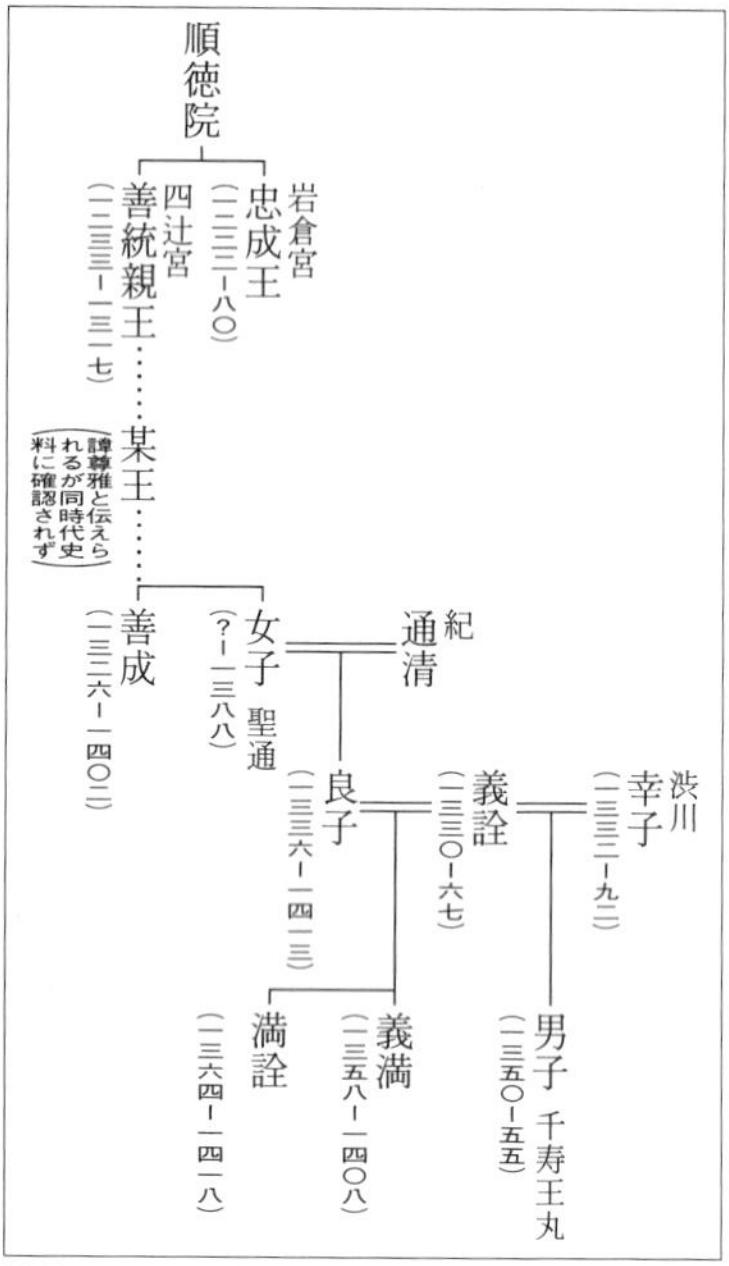

義満の父母　略系図

渡に流された順徳《じゅんとく》天皇の曽孫で、四辻宮《よつつじのみや》某王の女とされる。これを義満の尊大さの根源と見る論があるが、本人も周囲も母系が皇胤《こういん》であると意識した形跡は認められない。さらに当時の公家社会で四辻宮の存在感は極めて乏しく、その系譜にも疑問がある（小川『二条良基研究』）。

義詮の正室は同族の渋川義季《しぶかわよしすえ》の女幸子《こうし》（一三三二—九二）で、その所生千寿王丸《せんじゅおうまる》は、文和《ぶんな》四年（一三五五）に六歳で早世しており、他に適当な男子がいなかったためか、義満が嫡子と定められた。義満はむしろ継母に孝養を尽くした。渋川氏は斯波《しば》氏と同じく、一門で最も家格高く、権威も備わっていたためである。なお尊氏室は鎌倉執権北条（赤橋《あかはし》）久時《ひさとき》女、尊氏の弟直義《ただよし》室も渋川義季の姉で、この頃の将軍の正室は武家から迎えられる慣習であった。

播磨への避難

義満の幼名は春王《はるおう》という。政所執事《まんどころしつじ》伊勢貞継《いせさだつぐ》のもとで養育されたらしい。その最初の記憶は、四歳の冬のことであろう。康安《こうあん》元年（一三六一）九月、幕閣のトップの地位にあった、執事細川清氏《ほそかわきようじ》が突如若狭国に出奔、叛旗《はんき》を翻した。南朝の軍勢と呼応した清氏は京都に迫り、十二月八日の合戦で義詮は敗れ、時の後光厳《ごこうごん》天皇を奉じて近江国へと落ちのびた。取り残された義満は建仁寺大龍庵《けんにんじだいりゅうあん》に匿《かくま》われて危うく難を遁《のが》れ、ついで播磨守護の赤松則祐《あかまつそくゆう》のもとに迎えられた。

まもなく義詮は兵力を恢復《かいふく》して京都を奪還し、清氏を阿波国へ追った。後光厳天皇も翌康安二年四月二十一日に土御門《つちみかど》内裏に還幸した。義満も相前後して帰京したであろう。その途次、摂津国の琵琶塚《びわづか》（現神戸市兵庫区）の風景を愛《め》でて、侍臣に「この地を背負って京都に持って行け」と命じたと伝えられ、早くもその将来を予感させる。

貞治《じょうじ》三年（一三六四）三月六日、七歳で乗馬始、翌年六月二十七日には伊勢邸から赤松則祐の邸に移っている。後に義満の子、六代将軍義教を弑逆《しいぎゃく》する赤松氏であるが、元来は将軍にきわめて忠実な大名であった。貞治三年五月二十九日には同母弟乙若《おとわか》（後の満詮《みつあきら》）が生まれた。

斯波高経の幕政復帰

細川清氏の没落後、義詮を輔佐《ほさ》した重臣は斯波高経《たかつね》（法名道朝《どうちょう》、一三〇五―六七）であった。越前の守護として新田義貞《にったよしさだ》を討ち取るなど幕府創業の功臣であったが、将軍に随従することを必ずしも潔しとせず、尊氏には生涯強く警戒された。執事就任を渋る高経に対して義詮も「只《ただ》天下ヲ管領《かんれい》シテ御計ラヒ候ヘ」（塵添𡎝嚢鈔《じんてんあいのうしょう》巻十一）と説得することで、ようやく承知したと伝えられる。たしかに「執事」に替えて「管領」の称を用いるのはこの時期のことである。執事は引付《ひきつけ》・侍所《さむらいどころ》を掌握し、その権力は公的な制度の裏付けを得て、これまでよりはるかに強大となった。

すでに高経は出家していたために、貞治元年（一三六二）七月、四男の義将《よしゆき》を執事とし、これを後見した。その執政は四年余り、高経は同じく老臣の佐々木（京極《きょうごく》）導誉《どうよ》と険悪でしばしば対立し、その間には武家の負担を増やし、増長の振る舞いがあったとして太平記では頗《すこぶ》る評判が悪い。

ところが、高経の執政期、全国規模の動乱には終熄の機運が生じた。貞治二年には山陰山陽地方の巨魁《きょかい》である山名《やまな》時氏《ときうじ》・大内弘世《おおうちひろよ》があいつぎ降参している。時氏は丹波・丹後・因幡・伯耆・美作五ヶ国の守護となり、弘世も長門・周防を安堵《あんど》されたから、実態は和睦に近いが、西国情勢の著しい安定をもたらした。また関東に公方として派遣されていた義詮の弟基氏《もとうじ》が、やはりこの年、長らく敵対していた名将上杉憲顕《うえすぎのりあき》を執事に迎えたので、鎌倉府の支配は強化された。もはや南朝は顧みられることがなくなり、京都乱入もけっきょく康安元年（一三六一）が最後となったのである。義詮は高経を奉行として三条坊門《さんじょうぼうもん》の地に本邸の建造を始め、貞治三年八月十日に立柱を行っている。この三条坊門第は当時「下第」と略称され、幕府の拠点として、室町第に次ぐ重要な意味を持つ。実は結ばなかったものの、貞治四年八月頃には南朝との和睦すら模索したらしい。ところが、幕府はまもなく南都・北嶺を代表とする宗教権門との厳しい対立に直面する。

春日神木の入洛

興福寺《こうふくじ》領の越前国河口《かわぐち》・坪江荘《つぼえのしょう》（現福井県あわら市・坂井市）は千七百町に及ぶ大荘で、興福寺・春日社にとっては生命線というべき重要な荘園であったが、斯波高経の被官（家人）朝倉高景《あさくらたかかげ》が押妨《おうぼう》してしまった。興福寺は守護に在地の非法を停止させるよう幕府に申し入れたが、高経を憚り事態は好転せず、業を煮やした興福寺の衆徒は、貞治三年（一三六四）十二月二十日、春日神木《しんぼく》（大明神の御神体。榊の枝に鏡を付けた）を奉じて入洛《じゅらく》、高経の七条邸に神木を放り込み、朝廷・幕府に圧力を掛けた。

興福寺は朝廷と相互依存の関係にあった。経済的に見ても、独立した一大権門であった。

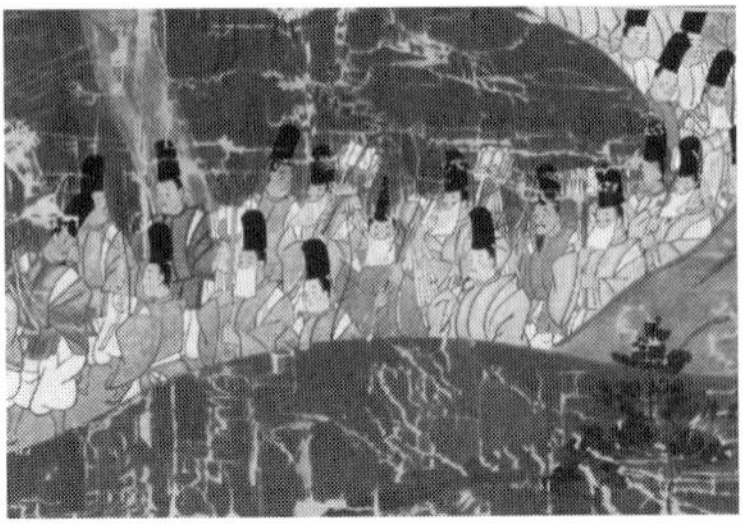

春日神木の図。神体を榊の枝に結び捧げ持つ
（東京国立博物館蔵春日権現験記絵より）

神木という宗教的シンボルを振り立てて嗷訴《ごうそ》に出れば、五摂家以下の大半の廷臣が藤氏《とうし》公卿で構成される朝廷にはなす術《すべ》もなく、その要求を無条件で呑《の》まされるのが常であった。十四世紀に入れば、さしもの興福寺の力にも翳りの色が見え始めたが、かえって嗷訴は過激の度を増した。南北朝時代、春日神木の入洛は実に四度に及び、政治・経済の諸活動に著しい停滞をもたらした。興福寺は神木動座の間は藤氏の公卿に謹慎を命じ、万一従わない者があれば容赦なく「放氏《ほうし》」（氏藉の剝奪。一切の公的活動が不可能となる）した。

もっとも、恐慌を来たすのは廟堂《びょうどう》の廷臣たちであり、武家の対応は鈍かった。高経は無視を決め込んだ。興福寺も何かの成果を得るまでは鉾《ほこ》を収めるわけにもいかず、神木は三年余り、六条殿の長講堂に設えられた仮屋に虚しく留めおかれた。

後光厳天皇の親政

当時の北朝は後光厳天皇の治世である。観応《かんのう》の擾乱《じょうらん》（一三四九―五二年）の最中、三種の神器も先帝の譲位の詔もないまま、急遽擁立されてから十余年、その間三度にわたって蒙塵《もうじん》

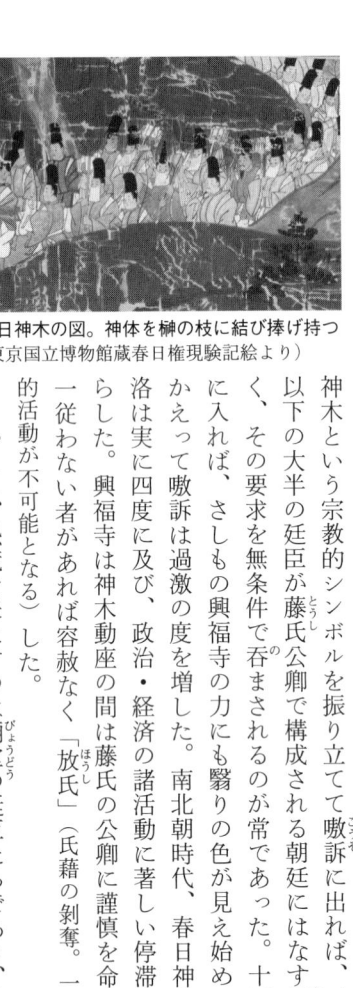

（天子が都の外へ避難すること）を余儀なくされ、さらに興福寺や延暦寺の嗷訴に直面するなど、内乱に翻弄され続けた天皇である。

とはいえ、北朝に政務遂行の意志がなかったわけではない。むしろ制度としては非常によく整えられていたのである。鎌倉中期以後の公家政権は、意志決定の場を評定《ひょうじょう》（親政の場合は議定《ぎじょう》）に移している。平安時代以来の陣定《じんのさだめ》や官政《かんせい》は、形骸化して時間を浪費するばかりであったが、院評定では有能な公卿十名前後を評定衆に指名し、国政の問題や訴訟を審議させた。その下部機関として文殿《ふどの》を設置し、訴訟の窓口とした。さらに政を聴く上皇・天皇（いわゆる「治天《ちてん》の君」。「在位の君」に対して言う）に、訴えの内容を執奏し、その仰せを伝達する、専任の「伝奏《てんそう》」が置かれ、名家《めいか》（蔵人・弁官を経て納言に至る家柄）出身の、実務に練達した廷臣がこれにあたった。こうしたシステムの整備は歴代の治天の君の努力の積み重ねであり、とくに後光厳の父光厳院の評定は制度的には最も完成されたものと評価されている。

後光厳天皇（1338—74）**像**（三ノ丸尚蔵館蔵天子摂関大臣御影より）

しかし、当時の公家政権がいかにすぐれた制度を持ち、高邁《こうまい》な理想を掲げて政務を処理したとしても、その決定を実効あるものにするには武家政権の協力が不可欠であった。日常の儀式でさえ、幕府の「御訪《おとぶらい》」（好意に基づく経済的支援）を俟《ま》って、初めて挙行できるありさまであり、朝廷はいよいよ幕府への依存の度を高めていくのである。しかしなお幕府は朝廷の政務には積極的に関わろうとはしなかった。自律性を尊重したと言えば聞こえはよいが、要するに尻ぬぐいする責任は回避しようとしたのである。興福寺の嗷訴が一向に解決しなかったのはそのためであった。

後光厳の鬼間《おにのま》議定始（治世最初の議定。鬼間は清涼殿《せいりょうでん》の一室）は、践祚《せんそ》翌年の文和二年（一三五三）十月二十八日のことで、いまだ戦乱の収まらない時分だけに、参仕したのは二条良基・近衛道嗣・勧修寺経顕《かじゅうじつねあき》の三人のみであった。その後、議定衆に正親町三条実継《おおぎまちさんじょうさねつぐ》・万里小路《までのこうじ》仲房《なかふさ》・日野時光《ひのときみつ》・柳原忠光《やなぎわらただみつ》が追加された。多くは伝奏を兼ねている。後光厳の在位は二十年近くに及び、このメンバーが以後の朝廷を支える重臣となった。二条良基は関白に四度も任じられて輔弼《ほひつ》の臣として常に傍らにあったし、正親町三条・勧修寺・日野・万里小路などの諸家が、室町期に大いに繁栄したことは断るまでもないであろう。

将軍親裁と中殿御会

貞治五年（一三六六）七月、幕府と興福寺衆徒との間に妥協が成立し、八月十二日、氏の公卿と衆徒に供奉されて神木はおごそかに帰座した。その直前の八月八日には、高経が突然失脚し、翌九日義将らとともに越前へと逃亡した。高経への反撥を強めていた諸将が義詮に迫って更迭させたものであろう。神木の帰座とは直接因果関係はないものの、当然ながら春日大明神の祟りとみなされた。

義詮はしばしば果断さを闕《か》き他人の意見に影響されやすかったとの評価があるが、高経失脚後はしばらく執事を置かず、自ら執政した。

中殿御会の図（国立歴史民俗博物館蔵太平記絵詞より）

貞治六年三月二十九日、後光厳天皇は内裏で中殿御会《ちゅうでんぎょかい》を行った。中殿とは清涼殿の別称で、これは在位初度の晴儀の歌会である。必ず御遊《ぎょゆう》を伴った。このため中殿における御会は、ことのほか重い意義を持った。時局は必ずしも平穏とは言いがたかったが、関白二条良基がさまざまな困難を排して挙行したものであった。題は「花多春友《はなはたしゅんのとも》」、良基の著した記録に雲井《くもい》の花という仮名日記がある。

この会に義詮が参仕した。参内はいまだ二度に過ぎず、まして将軍が歌会に加わることなど前代未聞であったが、良基の誘いに重い腰を上げた。

もっとも、義詮は、御前での煩雑な進退作法に怖気ついていたらしく、あれこれと理由をつけては出仕を渋った。最後には長座に堪えないと訴えたため、良基は敢えて御遊と歌会の順を逆にしている。歌会にだけ列して早退した義詮への配慮ではないことを繕うため、雲井の花でも応徳《おうとく》元年（一〇八四）の中殿御会に先例のあることが強調されている。さらに義詮が懐紙を文台に置く所作は「大樹（義詮）、本座弁びに御前にて懐紙を見てをかる、その作法優美のよし、人々一同に感歎《かんたん》の色あり」と讃美する。露骨な阿諛《あゆ》追従《ついしょう》であるが、義詮の宮廷での振る舞いに自信を持たせようとしたのであろう。

ただし、和歌をはじめ文化的素養に相応の関心があり、かつ良基の慫慂《しょうよう》にもかかわらず、義詮に公家社会に入って往来する考えはなかった。公家社会に与える影響力は、北条氏はおろか、尊氏をも大きく凌いでいたが、意識は依然前代のままであったとみなさざるを得ない。なるほど、義詮に対しては依然として「鎌倉宰相中将」「鎌倉大納言」の公称が行われたように、あくまで鎌倉幕府将軍の後継者なのであり、義詮自身も東国にルーツを持つ武家政権の首長との意識をなお根強く持っていた。公武の距離はなお埋めがたいものがあった。

政務譲与と受衣

まもなく、義詮は重病に陥った。発病の時期は太平記に「九月下旬」とあるが、武家昇晋年譜には「去んぬる七月九日以後、父公所労に依《よ》る也、右馬頭頼之《うまのかみよりゆき》執事たり」とある。政務の停滞、また幼少の義満を案じて、再び執事（以下管領とする）を置くことに決し、九月、当時四国にあった細川頼之を上洛させ、政務を輔佐させた。恢復の望みなしと知ると、十一月二十五日、義満に家督を譲ることを朝廷に報告した。十二月三日、義満は左馬頭に任じられ、正五位下に叙された。そして七日、義詮は没した。号宝篋院《ほうきょういん》、享年三十八。

翌貞治七年（一三六八）は二月十八日に応安と改元された。義詮の百箇日を卒《お》えた四月十五日、義満は元服した。加冠は頼之、陪膳《はいぜん》の役は業氏《なりうじ》・氏春《うじはる》・頼元《よりもと》ら細川氏一門で占められ、この時は万事武家のやり方で事が進められた。征夷大将軍となったのは、応安二年（一三六九）正月一日のことであった。

義満が元服を遂げていないため将軍は一年以上空位のままとされ、管領頼之がその職務をすべて代行した。この時期の記録で「武家」と見えるのは、形式的には義満であるが、実際には頼之の意向を指す。

ところでその少し前、貞治六年九月二十九日、義満は天龍寺に参詣し、住持の春屋妙葩《しゅんおくみょうは》から受衣されている。さらに将軍継承後の応安五年十一月二十七日には改めて夢窓疎石《むそうそせき》の墓所を拝し受衣された。武家昇晋年譜によれば、この時に道号天山《てんざん》、法名道義《どうぎ》を与えられたという。後年に出家した時にも用いている。

春屋妙葩（1311—88）像。伝法衣を膝に懸ける。師弟同じ色柄とした

夢窓は尊氏・直義兄弟の帰依を集めて天龍寺の開山となった臨済《りんざい》禅の高僧、春屋は夢窓の甥《おい》であり高弟であった。鎌倉期に興隆する禅宗各派のうち、夢窓に代表される臨済禅は南北朝期に入って勢力伸長著しく、室町幕府は早く暦応《りゃくおう》四年（一三四一）に南禅寺・天龍寺・寿福《じゅふく》寺・建仁寺・東福《とうふく》寺《じ》を京五山と定めてその庇護《ひご》下に置いた。とくに外交・財政については禅僧に依存する度合が大きく、武家と五山との結合は深まるばかりであった。

「受衣」とは、禅宗に於ける入門伝法の儀式で、いわばキリスト教の洗礼にも対置されよう。義詮生存中に後継者として禅林に紹介されたわけで、大きな意味を持つ。また改めて夢窓疎石の墓前で受衣されたことは将軍としての伝法の儀式であったと言えよう。受衣も義満を嚆《こう》矢《し》として、以後の室町殿では義持・義教・義政と欠かさず行われている。

頼之の執政

細川氏は足利氏一門の大名で、三河国額田《ぬかた》郡細川郷（現愛知県岡崎市）を名字の地とする。

もっとも系譜では平安時代後期に分岐したとあるから、斯波や渋川などに比較すれば相当に傍流である。そのためか将軍には忠実な一族であった。

頼之は延文元年（一三五六）からは中国・四国地方に転戦し、南朝に与《くみ》する勢力の鎮圧にあたった。一方、闕所《けっしょ》処分権（獲得した敵方所領を功労あった者に与える権利）を認められたことで、多くの国人《こくじん》（在地の領主。多くは鎌倉幕府御家人の子孫である）を被官とすることに成功し、積極的な分国経営に乗り出した。管領就任時には阿波・讃岐・土佐・伊予の四国全域の守護であった。

細川頼之（1329―92）像

義満にとって頼之は師父であり、その人格形成に多大な影響を与えたのみならず、室町幕府の基礎を固めた人物として、近年とみに評価が高い。その名声はほとんど鎌倉幕府執権の北条泰時《やすとき》にも比肩するほどである。実際、これまでの執事、高師直《こうのもろなお》・細川清氏・斯波高経らに比すれば、かなり長く権勢の座を占めている。しかし、その執政は幕閣の内訌《ないこう》に翻弄され、政策の矛盾が噴出し、蹉跌《さてつ》の連続であった。

そもそも細川氏は出自が低いことから、幕閣に与党が少なかった。まず頼之の管領就任を聞いた山名時氏は憤激して分国出雲に下向しようとし、美濃の守護土岐頼康《ときよりやす》も応安三年

（一三七〇）に無断で京都を離れて協力を拒否した。斯波高経は越前で病死していたが、義将は頼之と時を同じくして上洛、罪を許されており、さらなる復権の機会を窺《うかが》っていた。頼之を積極的に支持した大名は京極導誉と赤松則祐くらいのもので、それもまもなく相次いで没した。

早くも応安四年五月十九日、頼之は南朝追討に派遣した諸将が下知に従わないことに立腹し、嵯峨西芳寺《さいほうじ》に遁れた。その後も自身の威令が行われないとして何度か管領を辞退しようとした。そのたびに義満が慰撫《いぶ》して翻意させたが、頼之の執政は、義満を戴くことでかろうじて反対派を封じている、危ういものであった。

山門の嗷訴

さらに頼之を苦しめたのは、延暦寺（山門）の嗷訴であった。

延暦寺は中世最大の宗教権門である。かつて後醍醐に与したこともあって、室町幕府との関係は良好ではなかった。また幕閣の長老で近江守護の京極導誉は、国内の寺領を押妨し、鎌倉時代以来の宿敵であった。加えて幕府の庇護下にある五山寺院は、発展めざましく、旧仏教寺院の領域を蚕食《さんしょく》しており、山門は憤懣を蓄積させ、かねて反撃の機会を窺っていた。

応安元年（一三六八）、南禅寺の住持定山祖禅《じょうざんそぜん》が続正法論《ぞくしょうぼうろん》を著して延暦寺・園城寺《おんじょうじ》を罵倒《ばとう》したことから、山門は定山の処罰と南禅寺楼門の破壊とを求めた。取り上げられないと見ると、衆徒は日吉《ひえ》十禅師《じゅうぜんじ》にて集会し、日吉神輿《ひえのしんよ》を奉じて京都に入ることを決議した。比叡山《ひえいざん》の地主神である日吉山王権現の御神体は、ふだんは東坂本の上七社《かみしちしゃ》の御輿《みこし》のうちに安置されているが、嗷訴の時には神人《じにん》・衆徒に奉じられて入京、抵抗する者は必ず神罰を蒙るとするのが中世人の観念であった。いかなる正論も通用せず、ひたすら山門の要求を聞き容れるほか解決の途はなかった。

もっとも幕府はその意図を見透かしており、担当奉行の安威《あい》資脩《すけなが》は「武家幼稚の隙を伺ひ、嗷訴に及ぶか。武家面目を失ふ所なり（義満の幼稚であることにつけこみ、嗷訴を企てたのだろう。ここで要求を呑んだら名折れである）」と山門の使者に言い放った（後愚昧記）。頼之も南禅寺を支持し、断固たる態度で臨んだ。八月二十九日には神輿が洛中に振り捨てられたが、ただちに回収されて祇園社《ぎおんしゃ》に安置された。一方、朝廷は山門の要求を容れることを勧め、十一月二十七日定山は遠江国に流されたが、山門の攻勢は止まず、対立が解けないまま越年、四月二十日、残りの神輿を奉じて入京、内裏で警固の武士と合戦に及んだ。

頼之はなお強気であったらしいが、幕閣の諸将は神輿の帰座を願って、妥協を迫った。遂に頼之は折れて、七月二十八日、幕府の全面的な負担により、南禅寺楼門の撤去に着手した。「山門威光を添へ、禅宗権威を失ふの秋《とき》なり、是併《これしか》しながら武家沙汰有若亡《ゆうじゃくぼう》の故なり（体をなしていない)」」(後愚昧記)と批判された。神輿が入洛する以前に定山を処罰しておけばこうはならなかったであろう、というのである。

一方、収まらないのは五山僧で、八月七日、春屋以下の五山の長老両班《りょうはん》衆ら幹部が、一斉に住院から退去する抗議行動に出た。頼之は孤立を深めた。

ちょうど斯波高経が興福寺への対応を誤ったことが命取りになったように、頼之の政権もまたこの問題で疲弊していくのである。

公武交渉のルート

応安の嗷訴は山門の輝かしい勝利に終わったが、一度嗷訴に使われた神輿は、すべて朝廷の負担によって新造されるのが慣例であった。この時も入洛した神輿はいったん山上に帰座したものの、新しい神輿は一向に奉納されなかったのである。朝廷にはこれに堪える財力が全くなかった。

後光厳は頼之に善処を迫ったが、頼之は「公家の御計らひ」たるべきとの答えを繰り返した。応安五年(一三七二)七月、ようやく諸国に「段別三拾文」という段銭《たんせん》を課すことに決し、ついで造替《ぞうたい》の奉行を定めたが、幕府にはこの事業に真剣に取り組む余裕はなかった。このため応安七年六月には速やかな造替を求めて三たび神輿が入京するありさまであった。結局、神輿はその後六年間も洛中に留め置かれ、朝廷・幕府に無言の圧力を与え続けた。

ただし、頼之が頑なに朝廷のなすべきことと主張したのには理由がある。日吉神輿造替は、白河《しらかわ》院の保安《ほうあん》四年（一一二三）以来、十余度を数えていた。もはや重要な国家事業であり、コストは院・摂関家・西園寺家・寺社など有力な家や組織（権門）が分担する慣例となり、集金のシステムが鎌倉期には構築されていた。もっとも、その巨額な経費はしだいに幕府に依存する割合が増えていったが、この場合でも、事後の先例とはしないことを前提に、幕府もあくまで例の「御訪」という形で援助したのである。

すでに南北朝期も半ばとなっていたが、朝廷・幕府の基本的な枠組みは変化せず、頼之も鎌倉幕府の執権を継承する人物であったと言えよう。

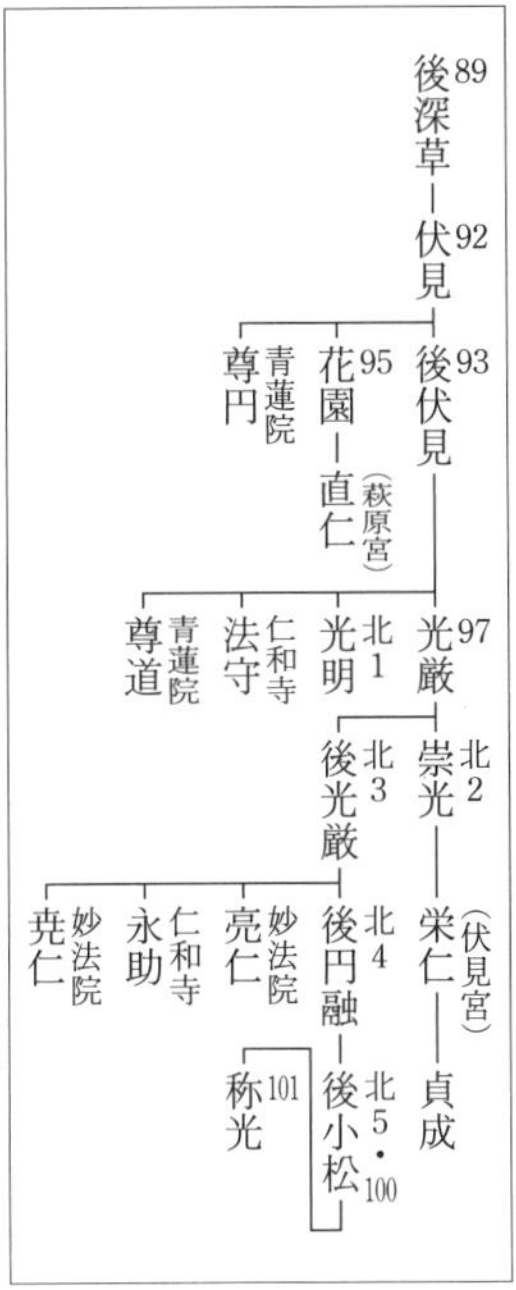

北朝略系図

また、これより前の応安三年秋、後光厳天皇は第二皇子緒仁《おひと》に譲位しようとして、ひそかに頼之に諮った。譲位もまた幕府の了解を得るのが承久の乱以後の慣例であった。この時、醍醐寺三宝院《さんぼういん》の光済《こうさい》僧正が連絡を務めた。光済は柳原資明《すけあきら》の子、尊氏の護持僧として著名な賢俊《けんしゅん》の甥にあたり、その後継者となった政僧である。

譲位の噂が流れると、崇光院《すこういん》が反対した。崇光は後光厳の同母兄で、かつて正平一統《しょうへいいっとう》に際して南朝により在位わずか三年で廃され、ついで七年にわたり幽閉される辛酸を嘗《な》めた。このため後光厳は非常時における中継ぎであり、崇光の皇子栄仁《よしひと》親王が即位すべきと主張し、幕府にも強く働きかけた。ここに両統対立の構図が再現されるかに見えたが、頼之はこの問題に深入りせず、「聖断たるべし」との返答を繰り返した。現状ではおのずと後光厳の側に有利になるので、崇光は長く遺恨としたが、後醍醐のように幕府を敵視する天皇が出現しない限り、皇位継承には干渉しない（なりゆきに任せる）という姿勢を堅持したことになる。かくして翌四年三月、緒仁が践祚し（後円融《ごえんゆう》天皇）、後光厳は念願叶って、柳原殿を仙洞《せんとう》とし、院政を始めたのである。

一連の交渉で印象深いのは、鎌倉時代より公武間を仲介した西園寺家の後退と光済の傑出である。武家執奏の任にあった西園寺《さいおんじ》実俊《さねとし》はもはや何の働きもしていないのに対し、光済の情報収集力たるや怖ろしいほどで、頼之との間を往来しては、その反応を逐一後光厳の耳に入れ、さらに崇光の勅書をひそかに入手して示している。後光厳院宸記《しんき》の応安三年十月五日条に、「夜に入りて光済参る、今日新熊野《いまくまの》権僧正宋縁の坊と云々、去る比の巷説以後、諸大名会合す、初度と云々、に於いて、頼之朝臣《あそん》に対面し、条々閑談申す旨等あり」と見える。すなわち譲位問題を受けて、大名の会議が催されたのである。これも光済が頼之に促し招集させたものであろう。その会場は、宋縁《そうえん》僧正の新熊野の坊であったという。宋縁は東寺《とうじ》覚王院《かくおういん》の僧であるが、当時「頼之朝臣の無双の知音《ちいん》」と言われた上、永和二年（一三七六）七月には故賢俊僧正追善のためと考えられる一品経《いっぽんぎょう》和歌を勧進しているから（後深心院関白記）、やはり賢俊の門弟と見られる。

院政の挫折

こうして念願の院政を発足させた後光厳院は政務にも意欲的であった。ところが、新帝後円融の即位礼を控えた応安四年（一三七一）十二月二日、興福寺衆徒が再び春日神木を捧げて入洛し、一乗院実玄《いちじょういんじつげん》・大乗院教信《だいじょういんきょうしん》の両僧正の処罰を要求した。

一乗院・大乗院といえば、代々摂関家子弟が入室する門跡で、興福寺別当もここから選出されるから、衆徒が門跡を弾劾することは奇妙に映るが、かねて大乗院では後継者をめぐる紛争が続き、そこに一乗院が介入、諸院家を巻き込んでたびたび合戦に及んだ。それは二条良基を「南都合戦、一宗の滅期なり」（春日社願文案）と歎かせた激烈なものであった。上層部の私闘にたまりかねた衆徒が両門主の追放・配流を要求したのである。

即位式直前のタイミングを狙ったあたり、朝廷に揺さぶりをかけようとした意図が露骨である。もっとも、公家政権の対応は当初迅速で、後光厳は十二月五日に実玄・教信の門跡管領を停止する院宣《いんぜん》を発している。翌年正月二十二日には早くも流人宣下があり、実玄は伊豆、教信は土佐への配流が決定した。

しかし、当面の問題が解決すると、無関係の題目を掲げて要求をエスカレートさせるのが嗷訴の常である。果たして十二月十五日、衆徒は光済と宋縁の処罰を突きつけてきた。その理由は両僧正が実玄の賄賂を受けて公武の要路に赦免を働きかけた、というものであった。とくに宋縁は南都興福寺の子院慈恩院《じおんいん》と深い関係があったらしく、衆徒たちの標的となったのであろう。ともあれ、このコンビが当時いかに聖俗にわたって大きな力を振るっていたかが知られる。もとより頼之は要求を一蹴《いっしゅう》し、訴訟は長期化した。

朝儀は、源氏・平氏の公卿によって略式で執り行われたが、新帝即位に関わる儀礼は藤氏公卿なしで挙行することは不可能であった。このため後光厳は一日も早く神木を帰座させるよう説得したが、光済・宋縁の処罰に照準を定めた衆徒と交渉の余地はなく、即位式・大嘗会も行われないまま空しく年月が過ぎていった。

応安六年八月には二条良基が放氏された。良基は時の関白の父であるから、名実ともに大閤《たいこう》として藤氏を代表する立場にあり、神木の帰座を働きかけていたが、その姿勢が衆徒の憤激を招いたのである。摂政・関白は春日大明神の神恩最も厚き者であり、明神と同体、あるいはその顕現と考えられていた。関白を放氏することは、いわばイエズス会会員がローマ法王を破門するようなものであるが、衆徒の矛盾と暴走はとどまることを知らなかった。さすがに良基は腹が据わっていて、少しも動じなかったが、翌七年正月二十九日、後光厳が疱瘡《ほうそう》に罹《かか》ってにわかに崩御した。仙算《せんさん》三十七。当然のことながら世上では「今度の崩御は、春日神罰の由《よし》、謳歌《おうか》す」(後愚昧記)となる。幕府もこれ以上事態を放置しておけなくなった。十一月五日、朝廷は光済を播磨、宋縁を備中へ配流する宣旨を下した。十二月十七日、春日神木は五年ぶりに南都へ帰座した。もっとも両僧正はしばらく姿を隠しただけで赦免されたが、頼之は北嶺に引き続いて南都に対しても完全な敗北を喫したのである。

最初の参内

後光厳急死後、細川頼之は大閤二条良基に朝廷の政務を沙汰させるよう取り計らった。崇光院は健在であるが、もとよりその資格がなかった。ところが、後円融天皇は良基が指導力を発揮することには賛成しなかった。かといって十七歳の天皇に政治的力量は期待できず、神木在洛の混乱を脱し得ない北朝の政治は、ほとんど破滅に瀕していた。

永和元年(一三七五)二月二十一日に鬼間議定始があり、劈頭《へきとう》で日吉神輿造替の遅れが取り上げられた。同年七月二十六日にようやく事始が行われた。形式上、朝廷が執行したものの、「今度一向武家の沙汰なり」（後深心院関白記）とあるように幕府に依存したもので、造替は遅々として進まず、神輿はその後実に足かけ六年間も洛中に留め置かれたのである。

そこに外宮《げくう》の遷宮問題が加わった。伊勢豊受大神宮《とゆけだいじんぐう》（外宮）は前回の正遷宮よりすでに三十年以上を経過し、とうに遷宮の時期を迎えていたが、神宝を新調することができないために、全く見通しが立たなかったのである。

さらに朝廷儀礼も惨憺《さんたん》たるありさまで、ほぼ永和年間を境として、御斎会《ごさいえ》・女叙位《にょじょい》・踏歌節会・石清水臨時祭・灌仏《かんぶつ》・最勝講《さいしょうこう》・乞巧奠《きっこうでん》・例幣《れいへい》・神今食《じんこんじき》・京官除目《きょうかんじもく》などが中絶してしまっている。

永和五年二月九日の議定に至ってなお、「神宮神宝以下調献の事、重ねて武家に催促せらるべき事」「石清水臨時祭今春行はるべき事」「日吉神輿造替遅々の事、重ねて武家に仰せらるべき事」の三箇条を取り上げているが、いずれも幕府に催促するよう決議するだけで、事態が好転する見込みは全く立たなかった。

一方、義満は成長しつつあった。十五歳となった応安五年（一三七二）十一月二十二日には判始《はんはじめ》、ついで評定始・御恩沙汰始に臨んだ。もちろん一種の通過儀礼的なものであるが、当時十五歳は実際の政務に堪える年齢とみなされ、しだいに頼之の膝下《しっか》から離れていった。

六年十一月二十五日、従四位下に叙され、参議左中将に任じられた。

そして永和元年三月二十七日、将軍として初めて石清水八幡宮に参詣した。前関白近衛道嗣はわざわざ六角《ろっかく》辺で一行を見物した。義満は浄衣《じょうえ》を着て洛中では八葉車《はちようぐるま》に駕し、布衣《ほい》の牛飼を前に遣り、直垂《ひたたれ》の牛飼五人、車後には白張《しらはり》の雑色《ぞうしき》十人、幣取《ぬさとり》・剣・沓《くつ》以下の役人が騎馬で随い、その後には京極高秀《たかひで》・土岐《とき》康行《やすゆき》・赤松義則《よしのり》・細川頼之・山名時義らの諸大名が直垂を着して、おのおの数百騎を連れて供奉した。「洛中鼓騒《こそう》し、見物の車・雑人《ぞうにん》、稲麻竹葦《とうまちくい》の如し」とある（後深心院関白記）。もはや義満は諸人の注目の的とならざるを得ない。

続いて四月二十五日、初めて参内を遂げ、同年齢である後円融に対面した。後に厳しく対立する両者であるが、この時には公武政権の形式的な首長として、いまだぎこちなく挨拶を交わしたに過ぎない。この時にも頼之・高秀以下の大名・近習・奉行人が供奉している。

さらに八月二十五日には義満の主催する初度和歌会が開催された。歌会も将軍家にとって重要なイヴェントであった。尊氏はたびたびの合戦の間、神仏への法楽《ほうらく》として熱心に和歌を詠んだし、義詮についても前述の通りである。題は「池辺松久《ちへんのまつひさし》」、権大納言二条為遠《ためとお》が題者と読師《とくし》を務め、講師は奉行人の門真周清《かどましゅうせい》であった。出詠者は歌道師範家である為遠一門のほかは、頼之・高秀・細川業氏・吉見《よしみ》氏頼《うじより》・宋縁ら、頼之の与党というべき武家関係者で占められている。

このように永和元年は義満が公的なデビューを飾った年とも言えるのであるが、「鹿苑院《ろくおんいん》殿《どの》（義満）の御初度の参内永和の時幷びに最初の八幡御参詣等、悉《ことごと》く武家の儀なり」（満済准后日記《まんさいじゅごうにっき》）と回顧されたように、それらはすべて武家の様式、すなわち鎌倉幕府以来の伝統に則ったやり方で行われた。公武社会の接点は増大しているとはいえ、公家文化の影響は限定的であった。これも頼之の考えに出たのであろう。一方、慢性的な窮乏に悩む廷臣は、武家の動向に最大の関心を寄せざるを得ない事情があった。

義満の参内にあたっては、西園寺実俊が立ち会ったが、この場にはもう一人、二条良基も祗候《しこう》していた。これは異例のことであった。良基は若き将軍の遊び好きな性向を見抜いたらしいが、両者の直接の交流はなお数年先のこととなる。

猿楽流行・世阿弥の登場

応安・永和年間は義満自身の個性が感じられる場面はまだ少ないものの、すでにその片鱗《へんりん》は窺える。管領の膝下を離れた義満がまずはどのようにして政治的に成熟していったか——中世きっての政治史の巨人であるだけに、いろいろと想像がふくらむところである。

永和二年（一三七六）四月二十六日、義満は桂川《かつらがわ》で犬追物《いぬおうもの》を行った。また九月二十六日には賀茂瓦屋《かものかわらや》で蹴鞠を楽しんだ。ともに非常に多くの見物人を集めている。これはむしろ都人からの視線を十分に意識しつつ、こうしたアトラクションを催しているのであろう。諸大名との確執に尽瘁《じんすい》し、疲労の色の濃い頼之に比べ、若い義満の周辺は何となく華やいでいる。

そして、永和四年六月七日の祇園祭では四条東洞院《ひがしのとういん》に赴き、鉾を見物した。この時、十五歳の大和猿楽《やまとさるがく》の童《わらわ》を連れて桟敷に上った。いうまでもなく若き日の世阿弥《ぜあみ》であり、当時は藤若《ふじわか》と称していた。これを二条良基が「将軍さま賞翫《しょうがん》せられ候もことハりとこそおほえ候へ」（自二条殿被遣尊勝院御消息詞《にじょうどのよりそんしょういんにつかわさるるおんしょうそくことば》）と褒めそやし、転法輪三条《てぼりさんじょう》公忠が「かくの如き散楽《さんがく》は乞食《こつじき》の所行なり、しかるに賞翫近仕の条、世以《もっ》て傾奇《けいき》す」（後愚昧記）と批判したことは、義満が自分にふさわしい愛玩物として、美麗の寵童《ちょうどう》を世間に見せつけ、その効果が十分過ぎるほどであったことをはからずも示している。

さて、北条高時や足利尊氏のように、それまでの武家の権力者は田楽《でんがく》を愛好していたが、義満は若くして猿楽に開眼していた。その契機は、世阿弥が「観阿《かんあ》、今熊野の能の時、申楽といふことをば、将軍家鹿苑院、御覧初めなるるなり。世子《ぜし》十二の年なり」と誇るように（世子六十以後申楽談儀《さるがくだんぎ》）、永和元年（一三七五）の新熊野社（現京都市東山区）における猿楽であった。義満は大和猿楽の一座を率いる観阿弥の藝に触れ、世阿弥を寵愛するようになった。新熊野猿楽は、単に義満と世阿弥のみならず、武家と猿楽とを結びつけた記念すべき出来事であったが、その実現は、例の光済・宋縁両僧正の周旋によると知られる。すなわち、新熊野社は醍醐寺座主《ざす》が管領するところであり、宋縁は新熊野社の別当であった。

新熊野社は後白河院が御所法住寺殿《ほうじゅうじどの》に熊野十二社権現を勧請《かんじょう》したことに始まり、修験の峯《みね》入《い》りに関わる重要な神事の六月会《みなつきえ》では、田楽とともに猿楽も上って人気を博した。すでに文和四年（一三五五）の六月会では京極導誉・六角氏頼《ろっかくうじより》・饗庭《あえば》氏直《うじなお》らの幕府要人が見物しており、遂に永和元年に十八歳の義満が臨席するに至ったわけである。

これより前、光済の醍醐寺で観阿弥が七日間の猿楽を演じ、世阿弥も稚児姿で藝を尽くしたという。宋縁は南都と関係があったから、大和猿楽の藝を見出して京都に招いたのは宋縁であったかもしれない。ともあれ観阿弥父子は、まず光済のもとで演能の機会を与えられ、ついで宋縁のもとで将軍台覧《たいらん》の栄誉を得たことになる。他にも宋縁は二条良基を招いて連歌を催したり、後にこれも義満の寵臣となる歌人飛鳥井《あすかい》雅縁《まさより》を庇護して歌壇デビューさせたりと、注意すべき事蹟が目立つ。

このように光済・宋縁のコンビは、当時の文化的なパトロンとしても頗《すこぶ》る重要で、義満の好奇心を満足させ、さらに次代の人材をも用意していたと言える。とくに宋縁の新熊野の坊は猿楽・田楽・連歌などの催される空間であって、今後注目する必要があろう。

日野業子との結婚

権大納言日野《ひの》時光《ときみつ》の女業子《ぎょうし》と結婚したのもこの頃である。義満より七歳年長である。永和三年（一三七七）正月十二日に女子を死産した後、寵愛を失ったと言われるが、長く室町第に居住し、晩年も「二位殿准后御台所」（吉田家日次記応永七年〔一四〇〇〕五月十四日条）と称されており、生涯にわたり義満正室の地位を保った。

義満はじめ室町殿と公家社会との関係を考える時には、日野一門が必ず登場するから、ここで触れておかなくてはなるまい。

日野家は参議藤原真夏《まなつ》を祖とし、紀伝道（史書・文学書を専門とする）を学んで立身する、儒者の家柄であった。家格は高くなく、弁官・受領を経歴して中納言に昇る、いわゆる名家であったが、院政期に実務に練達した能吏が輩出し、家運を伸長させた。鎌倉後期の俊光《としみつ》・資名《すけな》父子は、持明院《じみょういん》統の伏見《ふしみ》・後伏見・光厳三代の治天の君の伝奏となり、朝幕間の交渉に活躍した。

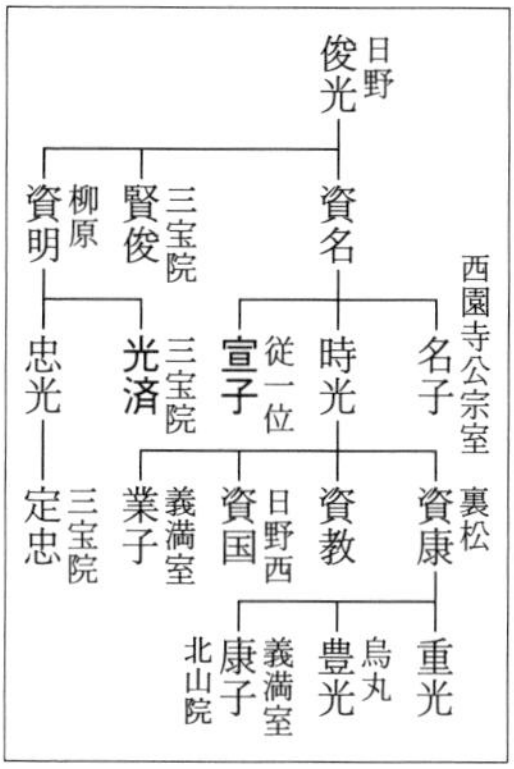

日野家略系図

資名の子が時光である。後光厳天皇に信任されて伝奏、ついで議定衆を務めて権勢があった。貞治六年（一三六七）に四十歳で急逝するが、臨終に権大納言となった。

この頃には家学は廃亡同然となり、時光の子息の資《すけ》康《やす》・資教《すけのり》・資国《すけくに》はいずれも文章博士の官を黷《けが》しながら、改元定《かいげんさだめ》の年号勘文《ねんごうかんもん》さえ作れないていたらくであったが、義満と常に行動を共にし、莫大な恩恵を甘受した。

資教は業子と同胞で、資康・資国とは異母であった。時光は資教を嫡子とし、一条東洞院の邸を譲った。北朝の土御門内裏の北隣で、空間的にも禁裏と日野家はほとんど一体であった（後に後小松《ごこまつ》院が仙洞御所とする）。

資康は別に家を立て、裏松《うらまつ》と号する。家名の由来ははっきりしないが、裏松家は常に歴代将軍の咫尺《しせき》に侍り、室町第・北山第・三条坊門第の近くに邸宅を構えている。義満の腹心として活躍する重光《しげみつ》は資康の長男である。

さらに資国は日野西家、資康の二男豊光《とよみつ》は烏丸《からすま》家の祖である。当時ほとんどの廷臣の家では嫡子以外は養う余裕がなかったから、恩寵がいかに手厚かったかが分かる。

なお、鎌倉初期の当主資実《すけざね》の弟頼資《よりすけ》は勘解由小路《かでのこうじ》（広橋《ひろはし》）家の、資名の弟資明《すけあきら》は柳原家の祖となった。これら分立した諸家も含めて日野一門は室町殿に重んじられて繁栄し、室町時代政治史には不可欠の存在となる。

二品局宣子――もう一人の「母」

義満正室の業子について、後愚昧記は「故時光卿の女、資教の妹、一腹なり、元年来禁裏に官仕す、新典侍《しんてんじ》と号す、しかるに二品尼《にほんあま》の計略として武家に遣り了《おわ》んぬ、大樹これを寵愛す」（永和三年〔一三七七〕正月十二日条）と記す。業子はもと後円融天皇の典侍であり、二品尼なる女性の計らいで結婚した経緯が明らかにされている。

二品（二位）尼こと藤原宣子《せんし》は日野資名女で業子の伯母にあたる。宣子自身も後光厳の即位後にすぐ典侍として出仕しており、当時の日記では「禁裏御介酌《かいしゃく》」「御乳母」等とする。「介酌」とは、「大塔宮《おおとうのみや》ノ御介錯ニ付キ進《まい》ラセ給ヒシ南ノ御方《おかた》ト申ス女房」（太平記巻十四）などの用例から、世話係の女房といったところか。宣子は後光厳より十歳ほど年長と考えられ、男女の関係があったとしても、若い頃に副臥《そいぶし》のような役を務めたものであろう。

内裏では典侍も内侍《ないし》も、あるいは一般の女房も清涼殿に局《つぼね》を与えられ、集団生活を送った。女房たちが狭い空間に同居し、廷臣や護持僧も出入りするとすれば、男女の問題が生じない方が不思議である。この時代、密通事件がたびたび持ち上がるのも故なしとしない。とすれば、自身も宮仕えの経験を有して後進の女房を監督し、問題が起きれば穏便に事を収める老女的存在が必要で、そのような女性が奥向きで影響力を持つことはやむを得ない。宣子はまさにそういう存在であった。

宣子は、甥にあたる西園寺実俊の妾となり、一女を儲けていた。かつて繁栄を極めた西園寺家にも昔日の面影はなく、実俊も公家社会では無能の人とみなされていたが、宣子のおかげで後光厳のお気に入りであった。さらに宣子は、後光厳の六位蔵人であった物加波懐国《ものかわかねくに》を愛人とし、これも宣子の威を借り増長の振る舞いがあり世人の憎悪を買ったが、後光厳は見てみぬふりをしたという。

文字通りの「御局様」である。後光厳が院政を開始すると、「二位局」と呼ばれて、ほとんどその耳目のような働きをする。崩御に殉じて宣子は出家するが、後円融の後宮に対しても力を保ち、一門の女性を後見して宮仕えさせ、しかるべき男性を世話したようである。たとえば、業子の姉幸子《こうし》も後光厳天皇の典侍であったが、広橋仲光《なかみつ》と「密通」し、そのまま正室となった（公豊公記《きんとよこうき》康暦《こうりゃく》二年〔一三八〇〕六月二十四日条）。日記には「密通」と書かれているが、事情は義満の場合と大差なかろう。

ところで、持明院統では、伝統的に院や天皇に仕える女房の発言力が大きかったらしい。その祖、後深草院《ごふかくさいん》に仕えた上臈《じょうろう》女房二条のとはずがたりが想起されるが、男女関係が奔放、時に乱脈ですらあるのもこの御所の伝統であった。

後光厳も譲位後、宣子が実俊との間に儲けた女子を寵愛し、頻りに北山第に御幸した（これもさながらとはずがたりの再現である。二条は、後深草院の在位のはじめ典侍として仕えた女性の遺児であり、十四歳の春、母典侍の面影を求めた後深草から召される）。宣子は、持明院統のこうした伝統を北朝にも伝え、そこに義満を引き入れたのである。

宣子が義満に及ぼした影響は甚だ深いようである。義満はしばしば宣子の邸を訪れ、実母にも等しい敬愛を払った。宣子は晩年に従一位に叙され、没するや義満は自ら葬儀の沙汰をし、年忌ごとに手厚い供養を忘れなかった。このような親愛の情を持たれた女性は肉親にもいない。宣子を通じて歴代の院の行状にも詳しくなったであろう。後年、義満の言動が、かつての治天の君を彷彿《ほうふつ》とさせるものになる一因はここにあるように思われる。

第二章　右近衛大将という地位

神護寺三像は室町将軍か

京都神護寺《じんごじ》に伝わる名高い源頼朝像は、単に像主のみならず、おそらく鎌倉幕府や武家政治家のイメージすら形成してきた肖像画の傑作である。同時期に製作された平重盛《たいらのしげもり》像・藤原光能《みつよし》像とともに、神護寺三像と言い習わされ、似絵《にせえ》に長じた歌人藤原隆信《たかのぶ》（一一四二—一二〇五）が描いたとされる。

近年、米倉迪夫氏は、この三像は、様式的にはずっと降る南北朝時代の製作で、「似絵」の範疇には属さないとし、かつ足利尊氏の弟直義《ただよし》（一三〇六—五二）が、康永四年（一三四五）四月の願文で、かねて信仰厚い神護寺に兄と自らを描かせて奉納したと記す「影像」そのものであると推定した。頼朝とされていた肖像が直義、重盛像が尊氏となる。さらに光能像は、その少し後から幕政に参画し、一時期直義と二頭政治を執った、二代将軍義詮の若き日の姿とされた（『源頼朝像—沈黙の肖像画』）。

伝源頼朝像

伝平重盛像

新説が大きな衝撃を与えたことはもはや旧聞に属する。なお論争が続いているが、反論は説得力に欠き、新説を支持する研究者がしだいに多くなっているように見受けられる。

描かれた衛府太刀

三人の男たちはいずれも冠と黒袍《くろほう》を着け、表《うえの》袴《はかま》を穿《は》き、笏《しゃく》を手にして太刀《たち》を佩《は》き、畳に座している（伝光能像のみ太刀の部分が剝落《はくらく》している）。いわゆる束帯《そくたい》姿で、少なくとも四位以上に叙された人物、まずは公卿と見てよい。ただし摂関家のような最上層の家柄ではない（鈴木敬三「似絵の装束について」）。

その太刀は、持ち手の部分がわずかに湾曲して中が抜けている、毛抜形《けぬきがた》太刀である。別名を「衛《え》府《ふ》太刀」というように、武官が持つ太刀である。

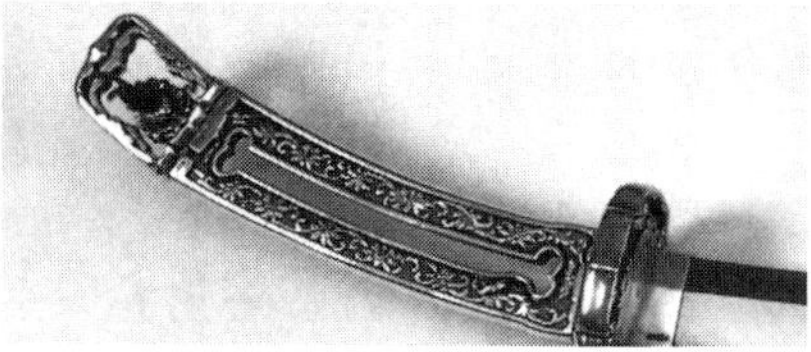
衛府（毛抜形）太刀

武官とは左右の近衛府《このえふ》・衛門府《えもんふ》・兵衛府《ひょうえふ》のいわゆる六衛府の官人を指すが、公卿（従三位以上の位階を持つ者）でこれに任じられるのは、ほぼ近衛大将・中将、衛府督《かみ》、兵衛督に限られる。かつほとんどの場合、大臣・大中納言・参議など議政官との兼官である。

公家社会では、本官よりむしろ兼官が重要な身分的指標となる。大納言では、たとえば春宮大夫《とうぐうのだいぶ》・按察使《あぜち》・大宰帥《だざいのそつ》・弾正尹《だんじょうのいん》などの兼官があるが、最も重んじられたのは左右の近衛大将を兼ねた人で、なみの大臣よりも格上であった。同じように権中納言（稀に参議）では衛門督を兼ねることを名誉とした。衛門督は検非違使《けびいし》別当にも補されたので、朝儀ではことさら威儀を引き繕った。また参議で中将を兼ねる人を「宰相中将」と称して、王朝文学では華やかな存在として描かれることはよく知られていよう。

さて、修補に伴う近年の調査により、伝頼朝像・伝重盛像では、もと文官の佩く通常の飾り太刀が描かれていたにもかかわらず、塗抹されて衛府太刀に描き直されたことが明らかになった。つまり像主には、どうしてもこの太刀を佩かせる必要があったことになる。

実際に源頼朝は四十四歳で権大納言と右大将を、平重盛は四十歳で内大臣と左大将を、藤原光能は五十一歳で参議と左兵衛督を兼ねた（ただし伝光能像の容貌は非常に若いので、不審とされてきた）。通説の根拠の一つはここにあるのだが、とりわけ伝頼朝像・伝重盛像の場合、大臣・大納言が近衛大将を兼ねた姿として、少しも違和感がないのである。

肖像にひそむ願望

一方、足利直義は、康永四年（一三四五）に従三位左兵衛督、義詮は幕政に参画するようになった貞和《じょうわ》六年（一三五〇）に従四位下参議左中将であったので、かろうじて適格であるが、尊氏は康永元年に権大納言を辞退してより散位《さんに》であり、衛府の官にあったのははるか以前、左兵衛督に在職した元弘《げんこう》三年（一三三三）六月より建武二年（一三三五）十月までの二年ほどに過ぎない。

これを難点とする批判に対しては、「衛府の長官クラスで描かれていることと、衛府の長官クラスの人が描かれていることとは次元を異にする」（米倉「伝源頼朝像再論」）との明確な反論がある。たしかに肖像画は、写真ではないから、製作時点の像主の官職・地位を厳格に反映させているわけではない。むしろそこに、製作者サイドの注文による虚構、といって語弊があれば一種の潤色が入り込むことは十分に想定されよう。

つまり、長らく伝重盛像・伝頼朝像であると信じられていたように、二つの像は、左右の近衛大将としてあいならんだ姿なのであろう。肖像の製作・奉納はあくまで私的な行為であり、尊氏・直義は自らをその姿で描かせたのである。

武家政権の首長にとって、その究極最高のシンボルは、左右の近衛大将であった。源頼朝は東国の覇権を確立した後、建久元年（一一九〇）に初めて上洛、この時権大納言に昇進し、右近衛大将を兼ねた（近衛大将の唐名は「幕下《ばっか》」であり、その居所を「幕府」という。武家政権を幕府と号するのもこれに由来する）。尊氏も直義も、その跡を襲う願望を抱いていたはずである。さらに、兄弟が左右の大将にならぶことは、たとえば藤原道長《みちなが》の子頼通《よりみち》・教通《のりみち》、西園寺実氏《さねうじ》の子公相《きんすけ》と公基《きんもと》、そして平清盛の子重盛・宗盛《むねもり》のごとく、それぞれその一家の繁栄を象徴する。かたがた、権勢の絶頂にあった尊氏・直義の願望が紙面に現れたと見られる。

直義の政治思想はかなり保守的であり、武家政権のトップとしての自画像がかようなものであったことは少しも不思議ではない。内乱期には、破天荒な言動、すなわち旧来の権威をものともしない婆娑羅《ばさら》大名などの印象が強いが、政治の世界では、前代からの常識は牢固として抜きがたいものであった。

もっとも、たとえ実力はあっても、この官にはおいそれと就任できない事情があった。

大将にはなりたいが……

近衛大将は、左右の近衛府の長官（カミ）である。大将の下には幹部として、それぞれ中将・少将（スケ）・将監《しょうげん》（ジョウ）・将曹《しょうそう》（サカン）があり、令《りょう》の規定では舎人《とねり》三百人、駕輿丁《かよちょう》百人が配されている。中世はもちろんそんな規模ではないが、随身《ずいじん》は近衛舎人の中から選ばれて、貴人の警護についた。現在も護衛がつくことは特権階級のしるしであろうが、昔も同じで、「随身兵仗《ひょうじょう》を賜る」のは天皇・院・摂関、そして近衛大将に限られる。「兵仗」は随身の携行した武器（刀剣）のことで、転じて随身そのもの、あるいはこれを管理する近衛府を指す。大将を兼ねない、ヒラの大臣には原則随身がつかない（とくに優遇する場合「随身兵仗を賜る」旨、宣下する）。徒然草第一段に「ただ人《びと》も舎人などたまはるきはは、ゆゆしと見ゆ」とあるのはこのことを指す。

職掌は第一に行幸・行啓《ぎょうけい》の供奉であった。大将は天皇の御輿の後に就《つ》いて、衆人に注視される。何より容儀がすぐれていなくてはならない。「近衛の大将、ものよりことにめでたし」（枕草子二百二十一段）。他に近衛府の奉仕する儀式には、白馬節会・射礼《じゃらい》・競馬《くらべうま》・相撲《すまい》などがある。これらは兵士に武藝を鍛錬させ、天皇に閲兵させるのが本義ながら、しだいにアトラクションとしての性格を強くする。たとえば三月の石清水臨時祭、四月の賀茂祭は朝廷から使者が派遣される大きな祭礼であるが、その舞人《まいびと》は多く近衛中将・少将、楽人《がくにん》には舎人があたった。神楽《かぐら》の人長《じんちょう》も舎人である。つまり近衛府は、廷臣にとっては、舞楽・音楽などのさまざまな藝能を準備して運営する組織であったとも言える。一方、武士にとって必要不可欠な、最も正統的な騎射の藝を伝えていたのは近衛府であり、早くに名前だけとなった将監の官を希望する者が非常に多かったように、権威の源泉となり得るものであった。

近衛大将は、公家社会ではしばしば競望《けいぼう》の的となった。大将となるのは摂関家と、藤原氏の閑院《かんいん》流に属する三条・西園寺・徳大寺《とくだいじ》の三家、および村上源氏《むらかみげんじ》のみという慣例が院政期にはできるが（これらを清華《せいが》家と称する）、それでもこの官は人を惹《ひ》きつける、魔力のようなものがあった。大将への就任を阻まれて、出家や籠居を余儀なくされた悲劇も枚挙に遑《いとま》がない。藤原信頼《のぶより》と藤原成親《なりちか》がともに近衛大将への妄執に取り憑かれて破滅したこと、平治《へいじ》物語・平家物語の重要なモチーフとなっている。

これはつまり、父祖代々がこの官に任じ、自身も職務に対して十分な知識を持たなければ、とうていその重責を果たせないことを意味する。もちろん武家政権の首長にとっては、憧憬の的であろうけれど、この官のことを知れば知るほど、尻込みしたに違いない。

頼朝も右大将の官にあったのはわずか四日に過ぎない。もともと京都に定住するつもりならば就くことはあり得ず、「前右大将」の称号を得るだけで満足したと思われる。一方、尊氏・義詮は、もちろん頼朝を意識したであろうが、京都に居所を構える以上、右大将になれば応分の義務を果たさなければならない。このような衆目を集め、かつ因縁深き官を務めおおせる自信は全くなかったに違いない。

武家大将への期待

南北朝期、武家政権の主が右大将となることを望んでいたのは、むしろ北朝の廷臣であった。この点では二条良基が注目される。

長く参議であった足利義詮は、左中将・武蔵守《かみ》を兼ねていたが、貞治二年（一三六三）正月二十八日、権大納言に昇進した。左中将・武蔵守は自動的に辞退となる。この時、良基は、義詮に「勅授帯剣《ちょくじゅたいけん》」の宣旨を下そうとした。これは衛府の官を辞した公卿が元のごとく衛府太刀を佩くことを許されることで、だいたいは大臣以上に昇る名門の子弟に許される特権であった。

二条良基（1320―88）像

良基は「頼朝は右近衛大将を、尊氏は左兵衛督を辞退した後で帯剣を許されたと思う」と述べている。しかし外記《げき》（任官を担当する事務官）は「そういう前例はございません」と冷淡で、「引き続いて征夷大将軍であれば、改めて帯剣を宣下する必要はないでしょう」とした（師《もろ》守記《もりき》）。たしかに頼朝や尊氏の例は記憶違いであったらしいが、要するに良基は、将軍である義詮を、近衛大将や衛門督のごとき武官を兼ねる、上層の廷臣とみなし、その任官慣例に従わせようとしたのであった。良基の武家観として注意される。

ただし、当の義詮は、せっかくの配慮にも関心を示さなかった。翌年四月、義詮は亡父尊氏の仏事を修し、願文《がんもん》を執筆させた。義詮はなんとそこに「権大納言兼武蔵守」と自署したという。すでに武蔵守は辞退しているし、権大納言で受領を兼ねた例は皆無であると、周囲が諫《いさ》めたが、譲らなかった。その言に「武蔵国に於いては、武家永く国司に任じ候」とある。たしかに武蔵守は十三世紀初頭の北条時房《ときふさ》より鎌倉幕府の執権ないし連署《れんしょ》が任じられており、この官が武家政権の首長にとって重要な意味を持つことは理解できるが、もはや全国を統治する将軍の義詮が固執する官ではない（やがて管領となる細川頼之の官途が武蔵守である）。

良基は定めし失望したであろうが、頻りに将軍を朝廷に引き入れようとしたことはすでに述べた。自己の権勢を保つため媚《こび》を売ったと取られるが、良基はおそらくは愚管抄《ぐかんしょう》の影響を受けつつ、摂家・武家の協調を考え、頼朝が朝廷を輔佐した文治《ぶんじ》・建久年間（一一八五―九九）を聖代と仰いでいた。

良基に思ひのままの日記という著作がある。北朝における、ある一年間の朝儀・宮廷行事を仮名文で描いた日記であるが、実はこれ、架空の物語なのである。神木が在洛して朝儀が停止され、自身も放氏されていた頃に著したらしい。たとえば「大樹《たいじゅ》将軍（征夷大将軍の唐名）、又文治のかしこきあとをしたひて、まつりごとを昔にかへさんといふ願ひのあさからざれば、あらゆる神々もこの心中をみそなはして、我国をまぼり、武威をたすけ給ふなるべし」と、将軍が「文治のかしこきあと」、つまり源頼朝に倣って朝廷政治の再興をめざしたとするが、実在の人物とは何の関係もなく、願望を表明したに過ぎない。また久しく廃絶していた賀茂・八幡への行幸を空想して、

廿日頃には当代始めたる賀茂八幡の行幸とてひしめく。その日にもなりぬれば、上達《かんだち》部《め》・うへ人（殿上人）の馬、鞍・物の具などまでいみじくととのへたり。将軍大将かけて本陣に供奉す。いとめづらかなる例なり。帯刀《たてわき》などいふ者四五百人、えならぬ物の具足を尽くして照りかがやく心地ぞする。建久に鎌倉の右大将（源頼朝）、東大寺供養の行幸にも参りたりしかど、前官にて本陣にはさぶらはざりしに、この度の儀いとめでたし。

と、遂に将軍に近衛大将を兼帯させて、晴の行幸に供奉させるというプランを語り出す。空想を淡々と綴るこの作品、良基の朝儀復興にかける情熱の産物とはいえるが、北朝の実態を知れば、ひたすら妄想を語られるような寒々しさも覚える。戦時中の食糧不足から「セメテ

記憶ノ中カラウマイモノ食ベタイ物ノ名前ダケデモ探シダシテ見ヨウト思ヒツイテ」食物の名を列挙していく、内田百閒《うちだひゃっけん》『餓鬼道看蔬目録《がきどうこうそ》』を想起したりするが、これも現実があまりに苛酷《かこく》なためであろう。ともあれ、良基が早くから武家の大将を登場させようと考えていたことは確かなようである。

右近衛大将となる

永和四年(一三七八)三月二十四日、義満は権大納言に任ぜられ、続いて八月二十七日、右近衛大将を兼ねた。洞院公定《とういんきんさだ》は、転法輪《てぼり》三条公忠《きんただ》に「さても武家幕下の事、朝廷繁花《はんか》末代の美談に候か、珍重の事に候」と言い送った(後愚昧記)。廷臣たちもまた、後円融朝の零落ぶりに嫌気がさし、義満を頼朝の再来として、「朝廷繁花」の期待をかけたのである。

ところで、官位が昇進した廷臣は拝賀、直衣始《のうしはじめ》といった通過儀礼を済ませる必要があった。拝賀とは、天皇・有力者・氏神氏社などに参上して、叙位任官の礼を言上することである。近衛大将では、除目《じもく》最終日から三日以内に参内し、近衛次将が取次となって言上、聞こし召す由を承ると、門前や庭上で拝舞《はいむ》し、禄を賜って退出する。なお、奏慶《そうけい》もほとんど同意ながら、狭義では御礼言上の所作に限定されよう。

また公卿の正式な装束は束帯であるが、上層の廷臣に限っては、直衣で参内できる許可を下される。すると直衣始という儀式を行った。

このような儀礼を経なくては、新任の官の権限を行使できないばかりか、出仕すらままならない。もっとも当時の廷臣は、窮乏のために拝賀や直衣始を遂げずに辞退することも珍しくないが、さすがに大臣・大将のような顕官では許されない。このため、源頼朝でさえ、拝賀と直衣始は行っている。大将の場合は、近衛府の官人が総出で加わることで、そのきらびやかさは言語を絶したであろう。

頼朝の右大将拝賀の隊列を、吾妻鏡によってみると、居飼《いかい》四人、御厩舎人《みうまやのとねり》四人、将曹・将監・府生《ふしょう》・庁官各一人で四人（これを一員《いちいん》という）、前駈《ぜんく》笠持《かさもち》・前駈各十人、番長《ばんちょう》（随身の長）、頼朝の車（車副《くるまぞえ》二人、白張、牛童）、近衛舎人五人、雑色七人、雨皮《あまかわ》笠持十人、布衣侍七人、扈従《こしょう》の公卿・殿上人計三人、御調度懸《ちょうどがけ》一人、随兵七人、合計七十余人となるが、それぞれが複数の従者を随え、内裏・仙洞・摂関家へと威儀を正して進むわけで、万一違乱あれば、大変な汚点となる。事前の念入りな準備、何よりすぐれた指導者が不可欠である。そのノウハウを熟知するのは当然、近衛大将に任じられた家であり、頼朝には知る由もない。この時、拝賀の指導をしたのは右大臣花山院兼雅《かざんいんかねまさ》である。兼雅は後白河法皇に近い人で、そのさしがねである。さらには、前駈・近衛舎人・一員は、みな法皇から遣わされたというから、後白河はここぞとばかりに頼朝に恩を売ったのである。

逆に言えば、頼朝の先例がある以上、義満もまたこの例に則って拝賀を行うことが、任官と同時に決定していたのである。しかし、それも二百年前のことで、故実に不案内な幕府は、指導できる廷臣を物色した。公家社会は色めき立ち、九月十六日、徳大寺実時《さねとき》は「又武家拝賀扶持《ふち》の事、方々競望し候の由、承り及び候、已《すで》に洞院治定《じじょう》にて候と風聞し候、誠に今の世にて名利相い兼ぬべく候か」と例の洞院公定に決まったと報じ、羨望《せんぼう》を露わにした（後愚昧記紙背文書）。「方々競望」ということから、義満がどれほど公家社会で注目を集めていたか知られる。洞院家は公賢《きんかた》（公定の祖父）が有職故実に通じたことで有名で、もちろん大臣大将となる家柄である。公定は細川頼之と親しかったらしく、その縁故なのであろう。

ところが、どういう経緯か、その役に収まったのは二条良基であった。良基は朝儀に詳しかったが、一方たいへんな自信家でもあり、廷臣たる者は自分の指導を受けるべきだ、といわんばかりの強引さで、公定を押しのけてしまったらしい。これはまた頼之の発言力の後退をも示すのである。

拝賀に向けて練習開始

かくして十月四日、光済の坊法身院《ほっしんいん》で二人は初めて会し、拝賀作法の指導が開始された。良基は義満の心をとらえたようで、まもなく直接に往来するようになる。十月十六日に義満が二条殿に参り、十一月八日には良基が室町第を訪れた。これは摂関が自ら武家を訪ねた初例であろう。

この頃、春日社の神木がまたも金堂前に動座した。大和・摂津の寺社領を乱妨する国人十《とお》市《ち》遠康《とおやす》の処罰を求めてのことであった。十一月二十一日、右大将拝賀は訴訟が解決するまでひとまず延引と決した。結果的に、義満に近衛大将の作法を教授し、また宮廷の雰囲気に慣れさせるために、十分な時間が生じた。

明けて永和五年（一三七九）は康暦と改元される。正月三日、良基は義満に数箇条の教示を与えた。良基の家礼であった文章博士東坊城秀長の日記、迎陽記に次のようにある。

殿中（二条殿）に参る、条々浜名《はまな》左京亮《さきょうのすけ》詮政《あきまさ》を以《もっ》て右幕下（義満）に仰せらる、大概御折紙《おりがみ》に注さる、予（秀長）これを書く。

条々、

一、七日御参会あるべき事、内裏内々の儀の事、

一、左府（二条師嗣）出仕いまだ構《かま》へ得ざる事、

一、御監《ごげん》宣下事、

七日節会已前《いぜん》に宣下あるべし、外記、筥《はこ》に入れて持参すべし、宣下をとゞめられて筥をかへさるべし、禄物ごとき、先規は不分明に候、

一、七日当日節会已前に、白馬の奏と申す物を持参すべく候、奥の御位署のしたに御名字を載せられて返し給はるべき事、
一、御監宣旨幷びに白馬奏の案文など、御覧ありたく候はゞ、進《まい》らすべく候やの事、
一、右近年預《ねんよ》の次将と申す輩、いまだ補せられ候はず候、これより其《そ》の仁を挙し申すべき事、

良基が義満に朝儀の作法を指導した事実はよく知られているが、その具体的な内容はほとんど検討されていない。その意味でも秀長の日記は貴重な材料を提供している。

白馬節会図（宮内庁書陵部蔵公事録）

まず七日、白馬節会を見物するため参内せよと誘う。これは右大将としては必ず見ておくべき儀式である。「内裏内々の儀」とは、この時義満を招いて御前で内々の酒宴を行う予定となっていて、義満のため御前での進退を別に教示している。その作法は、摂政・関白と同格のものであった。

「左府出仕いまだ構へ得ざる事」とは、良基の嫡男左大臣師嗣《もろつぎ》の出仕が困難であることを言い送って、暗に出仕にかかる費用を無心したものである。

左右の近衛大将は、それぞれ左右馬寮の御監を兼帯する。白馬節会では、馬寮の官人が白馬を引いて内裏の庭を渡し、近衛大将が白馬奏《あおうまのそう》（当日献上される馬の目録）を奏聞する。義満はいまだ奏聞を行うのではないが、大将不参の場合、前もって外記が持参して、大将に加署させた。大将が大臣であれば「朝臣」、納言ならば名字を署名するので、良基の指示はこれに則っている。さらに「御監宣旨」や「白馬奏」の実物を見せようかと好意を示している。「右近年預の次将」とは白馬奏をとりつぐ近衛中少将のことである。「年預将」とは、左右近衛府の庶務監督をする役で、大将と関係の深い、事務に練達した中少将を選んで宛てた。節会も行われるのでこちらから適当な人を推薦するがいかがか、というのである。「御監宣旨」や「白馬奏」さえ知らない義満は公家社会に立ち交じることに気おくれを感じていたに違いない。一方、良基の教示はまことに懇切の感があり、そうした不安を取り除こうとする配慮を感じさせる。

翌日義満は、師嗣が出仕しないことは無念であるから、「乏少の至り、憚り存ずと雖《いえど》も」出仕の料として一万疋を贈った。一方、徳大寺実時も節会出仕の料を無心したが拒絶され、さらに去冬十二月、中納言九条教嗣《のりつぎ》が六条殿への行幸の供奉を命ぜられた時、教嗣の父前関白経教《つねのり》が幕府の「御訪」を希望したが断られたと迎陽記にある。いかに当時の廷臣が幕府に金銭的に籠絡されていたかが分かるが、二条摂関家は他家と段違いの厚遇を受けている。

大樹扶持の人

七日は、前夜の叙位が未刻《ひつじのこく》（午後二時頃）にまで及んだため、良基が参内したのは亥刻《いのこく》（午後十時頃）であった。晩から雨が降り出した。節会の前に天皇の御前で、義満を招き入れて酒宴が始められた。ここで義満は良基の指示のごとく天盃《てんぱい》を賜った。

雨が止まないので、「雨儀の節会は見所《みどころ》有るべからず、暫《しばら》く晴を相待たるべし」と、義満はいったん宣子の居室に入って休息した。荒天時には略儀となるので、それではつまらないと義満のために開始を遅らせて、未明にようやく節会が始められた。結局参仕した公卿は十三名で、これでも近年にない規模であった。うち藤氏公卿は左大臣師嗣以下、計十一人に上った。

これは嗷訴に出ている興福寺衆徒を当然強く刺激し、後深心院関白記では敬神の念に欠けるとして、「准后（良基）の所為毎事かくの如し、言ふ莫《なか》れ言ふ莫れ」と辟易《へきえき》している。また義満が親しく天盃を賜ったことは、さらに驚天動地の出来事で、後愚昧記には「公家武家始まるの後、未だかくの如き例を聞かざる者なり」という激越な批判が見える。もっとも、良基はそれらすべて承知の上であった。

義満は良基に伴われ、四月二十八日にも参内し、泉殿《いずみどの》で酒宴があった。義満は莫大な贈り

物を献上し、この時、良基は、

　月に鳴け同じ雲井の時鳥《ほととぎす》

との発句を詠んだ（右大将義満参内饗讌《きょうえん》仮名記）。ともに「雲井」、禁裏にて親しく交際しようとの挨拶である。両者の親密の度は増す一方で、後愚昧記は良基を「大樹を扶持する人なり」と表現した。「扶持」とは、この場合、廷臣としての作法を指導し後見する謂《いい》である。こうした師弟関係においては、礼儀として「一事以上」つまり何から何までその説に従うのを常とした。義満が摂関家の説を学んだことは、朝廷における室町将軍の身体的位置をも決定するのである。

光済・宋縁はこの年あいついで死去また没落し、日野家には顧問に足る人材を欠き、また前代以来武家執奏の任にあった西園寺実俊は公事故実に頗る不案内であったため、義満は良基一人を憑《たの》んだのであった。

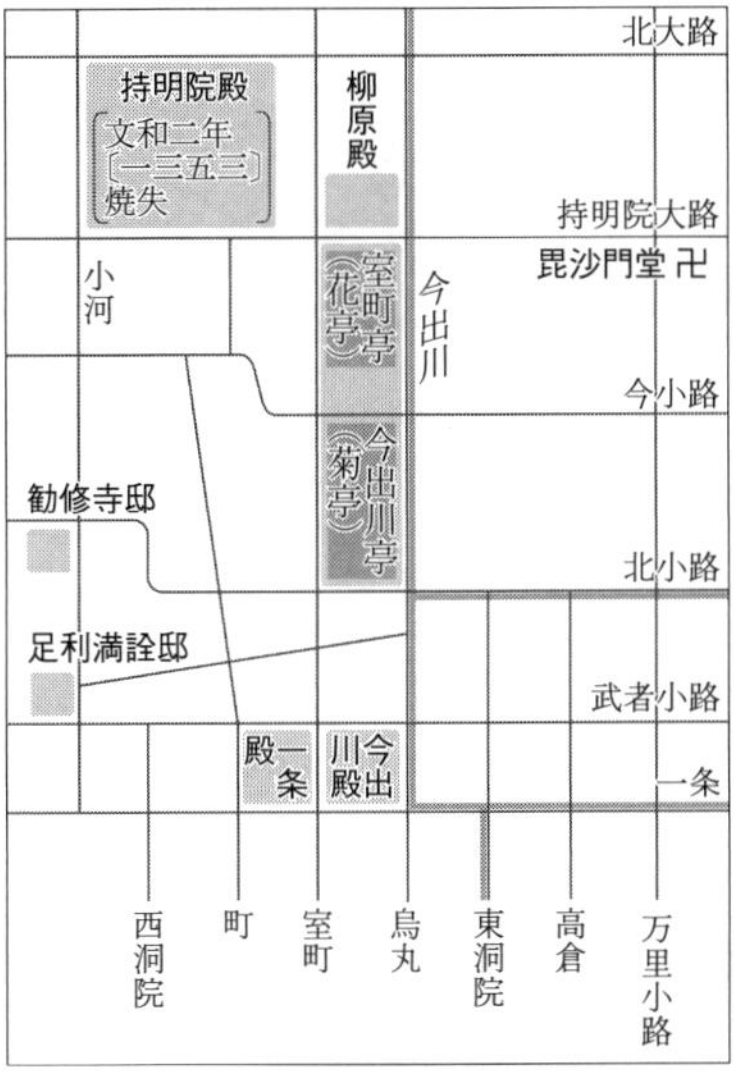

室町第附近図（鎌倉・南北朝期）

室町第の造営

これより先、義満は北小路室町の地に新邸の建設を進めていた。上京《かみぎょう》の一条以北は院政期に開発が進んだ新興地であった。北朝のルーツである仙洞御所持明院殿が北辺に広大な敷地を占め、鎌倉時代に栄華を誇った西園寺公経《きんつね》（一一七一―一二四四）も、一条通に南面して豪壮な今出川殿《いまでがわどの》を営んだ。その北方、室町小路と今出川に挟まれた一帯も西園寺家のもので、菊亭・室町亭・大宮亭といった邸が営まれ、それぞれ庶流が相続した。

最北の室町亭は、南北朝期、足利義詮に買い取られ、別業《べつぎょう》とされた。貞治三年（一三六四）三月九日、義詮の母平登子が「上の山庄」で花見を楽しんでいて（師守記）、既に花の名所であった。義詮の没後、この別業は崇光院に献じられ、「花の御所」と称されたが、永和三年（一三七七）二月の大火で、南隣の菊亭もろとも焼亡してしまった。その後再建の沙汰がなかったので、義満が取り戻し、菊亭をも接収し、あわせて新邸の敷地としたのである。このため設備は南北のブロックに分離したようで、北御所は早く完成し、翌四年三月に移徙《いし》（転居）したが、南御所はなかなか造作が進まなかった。拝賀の直前に寝殿の上棟立柱に漕ぎ着けたが、これは新邸から拝賀に出立したいと義満が強く希望したことによるのである。

ところで、例の二位局宣子の邸も、西園寺家との縁からか、この一角にあって岡松殿《おかまつどの》と呼ばれた（現在も今出川室町上ル東に岡松町の名をとどめる）。これを宣子の没後禅院としたのが尼門跡大聖寺《だいしょうじ》の起源である。義満は室町と北山と、西園寺公経が営んだ豪邸をふたつながら手中に収めたわけで、ここにも宣子の影を見ることができる。

拝賀の日

康暦元年（一三七九）七月二十五日は右大将拝賀の日である。良基はあらかじめ当日の次第（室礼、進行、所作などを記したプログラム）を作成して与えていた。大将拝賀部類（国立公文書館内閣文庫蔵）などにその一部が引用されている。

花営三代記によれば、その隊列は、前駈笠持十人、居飼四人、御厩舎人四人、一員三人、殿上前駈三十七人、地下《じげ》前駈十人、番頭八人、帯刀二十四人、番長一人、義満の車（車副二人、牛童、雨皮持、仮御随身、笠持各一人）、下﨟《げろう》御随身五人、雑色十人、御後官人三人、衛府侍十人、扈従公卿二十一人、布衣馬打十三人というもので、これだけで百六十九人に上る。しかも侍所の山名義幸が率いる百余騎がこれを先導した。頼朝の例に倣ってはいるものの、数倍する規模であった。

とりわけ、公卿・殿上人がこぞって義満に従ったことは、頼朝の拝賀には全く見られなかった（前駈は十人、うち八人は後白河院の上北面《じょうほくめん》をあてたし、公卿の扈従は三人に過ぎない）。公家社会は昨年以来、拝賀の準備を凝視してきたが、五月末に「相伴《しょうばん》せざるの仁は所存に違《たが》ふべし、相訪《あいとぶら》ふに至る人は本意たるべきの由、武辺《ぶへん》の所存なり」(後愚昧記)と、義満のかなりはっきりした意向が伝わると、雪崩をうって扈従に決した。その筆頭に久我具通《こがともみち》以下、義満と同官の権大納言でかつ上臈(先任者)が五人もいる。いずれも清華家の出身者であり、義満はその上位にある者として臨んだことになる。また地下前駈と番頭には、五摂家の諸大夫と随身を莫大な謝礼を積んで召し出した。

内裏に着いた義満は陽明門代《ようめいもんだい》で下車(「代」とあると、実際には建造物はなくその旨が表示されているのみ)、陣小庭《じんのこにわ》を経て弓場代《ゆばだい》に立ち、御前に進み出て拝舞《はいむ》した。二拝の後、上体を屈して左右左と袖《そで》を振って顔を向け、跪いても同じ所作を繰り返すが、拝賀次第によれば、義満が起き上がる時、番長・番頭・舎人ら随身が一斉に前声《さきのこえ》を発した。これは警蹕《けいひつ》ともいい、貴人が公的な場に出る時、随身が「ヲシヲシ」という声を出した。義満はこのような効果を喜んだため、良基が拝舞の場面に採用した演出である。伝え聞いた近衛道嗣は「これ先規無き事なり」と苦り切った(後深心院関白記)。

良基は近代にも「見苦しき阿諛諂佞《あゆてんねい》をなせる」(田中義成『足利時代史』)と悪評頻りであるが、良基にしてみれば、文字通り絵空事でしかなかった武家の右大将が登場し、かつ自らの振り付け通りに動いた。しかもけっこう筋が良い。深い感慨を覚えたに違いないし、興味を持ってくれるなら喜んで新儀も案出したであろう。一方、天皇は六十人もの公卿・殿上人を率いて眼前に現れた将軍に、穏やかならざる思いを抱いたであろう。随身の声は威嚇するように響いたかもしれない。こうして義満は摂関と同格の者として公家社会にデビューし、世間もそのことを確認したのであった。

康暦二年正月二十日には、直衣始をも遂げた。この時の規模は、拝賀の時よりは小さかったが、公卿の扈従は七人で、うち西園寺公兼《きんかぬ》・洞院公定・二条為遠が同官の権大納言であった。この時公卿・殿上人・随身・番長・舎人に下行《げぎょう》（贈与）した料足だけでも、計千二百二十貫（現在の一億二千万円程度か）に達する。硬軟両様を使い分け、室町将軍は摂関家を除く廷臣たちを掌握しつつあった。この変化は、まことに劇的であるとしか言えない。

義満像の和歌賛

鹿苑寺に伝わる二幅の足利義満像は、没後まもなく描かれた由緒正しい肖像画である。そのうち、右向きの像には上部に色紙が押され、義満の和歌三首が散らし書きにされている。この和歌賛は義満に信任された歌人飛鳥井雅縁《まさより》の揮毫《きごう》にかかり、和歌の選定も雅縁によると見てよい。三首とも、生前に奏覧された新後拾遺《しんごしゅうい》集に採られた詠である。このうち、中央に掲げられた歌は、次のようなものである。

たぐしある御階《みはし》の右にうつるよりなを袖ふれて匂《にお》ふたちばな

足利義満像。和歌賛は飛鳥井雅縁（129頁参照）の筆と考えられる

永徳元年（一三八一）五月の内裏三十首歌会の作、題は「軒橘《のきのたちばな》」である。「御階」とは、紫《し》宸殿《しんでん》より南庭に降りる階段のこと、その右にはいわゆる「右近の橘」がある。その近くに佇立《ちょりつ》するとき、芳香がいっそう袖に染みる、というわけで、左中将より右大将へと「うつる」、すなわち転任した自身を誇らしげに詠んだ一首である。「ためし」とは、もちろん、源頼朝の例である。

雅縁は義満のことを最も知り抜いた近臣であった。肖像画に押される和歌は、故人の行跡を彷彿とさせるような作を選択すると考えられるので、義満の生涯にとって、「右大将」任官がきわめて重要であったことが分かる。

頼朝が右大将となって武家政権の国政上の位置を決めてしまったため、武家は公家にとって代わろうという発想が出なかった、とも言える。たとえ形式であっても、自分たちをその官に任じて用いるのは朝廷である。後年、応永十四年（一四〇七）七月十九日、義持が右大将拝賀を遂げたとき、真先に北山第に参ろうとするのを、義満は「堅く御教訓」して、参内させている（押小路文書）。義持とは不和であったと伝えられ、いろいろな解釈ができるが、最初に天皇に奏慶させたのは、やはり前記の理由によるのであろう。頼朝の「権大納言右大将」という官は、まるで足枷のように以後の将軍たちを呪縛した。

義満は、はやばやとこの官に到達し、右大将としても見事に振る舞い、かつこれを大きく超えたのである。しかし、それはあえて言えば義満一人なのである。

第三章　武家にして内大臣

康暦の政変

右大将の拝賀が具体的な日程に上りはじめた頃、幕府は内訌《ないこう》で動揺していた。管領細川頼之への諸大名の反撥が一層強まって、収拾が見出せない状態であったからである。反頼之勢力の中心は斯波義将であり、土岐頼康・京極高秀も同調した。

永和四年（一三七八）冬、興福寺衆徒の要求を入れ、頼之が諸大名の軍勢を徴し大和に発遣しながら、さしたる成果を得なかったことが、破綻《はたん》への導火線となった。頼康・高秀は公然と幕府に叛逆し、頼之は両名を謀叛人として討伐の命を下したが、翌年閏四月十四日、義将を中心とした反頼之派の諸将は一致して義満のもとに参上、頼之罷免を要求した。大名の勢力均衡に腐心しなければならなかった義満はこれを認め、頼之は一族郎党とともに讃岐へ落ちていった。管領には義将が就いた。これがいわゆる康暦の政変である。

しかし、康暦の政変を一つのきっかけとして、義満は頼之の影響から脱し、これまでの東国武家政権の首長である「鎌倉将軍」から、公武両社会に君臨する「室町殿」へと変貌を遂げるのである。

嗷訴の解決

寺社領回復の訴えが一向に聞かれないことに業を煮やした興福寺衆徒は、八月十四日、とうとう神木を奉じて入洛した。二条良基は平穏に帰座を実現すべく水面下で交渉を続けた。今回は、大和の十市遠康の討伐が条件であり、すでに義満や義将に一定の影響力を持つ良基にとって、派兵の確約をとりつけることは比較的容易であった。十一月二十二日には六ヶ国の守護に命じて軍勢を発遣することを確約させ、その陣容が公表された。

公家政権をあれほど悩ませた神輿・神宝の問題も時を同じくして解決を見る。この年八月二十八日、遷宮の遅延にしびれを切らして、外宮神官が上洛し、粟田口《あわたぐち》に神宝を振り捨てた。しかし幕府がただちに神宝の新造を確約したことで神官は嗷訴を止めた。十二月十九日には内裏で神宝発遣の儀が執行され、翌年九月八日には三十六年ぶりに遷宮を遂げている。

日吉神輿の造替も康暦の政変直後から事態が一転する。まず六月九日に祇園社に安置されていたもとの神輿が帰座した。その後の事業も滞りなく進捗し、翌年六月二十九日には新しい神輿七基を日吉社に奉納する、いわゆる奉送の儀を執行している。神輿一基につき二千貫を要したというが、その費用はすべて幕府が拠出した。

幕府はここに朝廷・寺社に対する姿勢を転換した。これまでの不干渉主義を棄て、国政を担う者として公家の側に立ち、早急な解決をはかったのである。これは明らかに義満の朝廷への進出と歩調を一にしており、斯波義将が主導したと見られる。後円融朝の荒廃を挽回《ばんかい》しようとした良基のもくろみは、見事に当たったと言える。

宮廷行事の再興

康暦二年（一三八〇）正月二十九日は故後光厳院の七回忌にあたるため、後円融天皇は内裏で宸筆《しんぴつ》法華《ほっけ》八講《はっこう》を挙行しようとした。しかし、興福寺衆徒は大がかりな法会の挙行に抗議し、なおも神木を洛中に留め置き、藤氏公卿の出仕を妨害した。

後円融も相当に強硬で、一時は藤氏以外の公卿だけで挙行しようとしたが、良基は後円融をなだめて内々の儀として七日間の法華懺法講《せんぼうこう》を企画した。内々といいながら、義満の惜しみない援助もあり、これまでのいかなる宸筆法華八講よりも盛大なものとなった。良基の現実的な手法が成功を収めたと言えよう。また、先皇の周忌に修する法会は時の王権にとって最重要の国家行事であり、そこに武家の参仕を得た意義も大きい。

かつて治天の君や摂関をあれほど手こずらせた春日神木の威光も、異姓《いせい》の将軍にはさっぱり効かなかった。三月三日、御遊始があり、義満も参加した。前年より豊原信秋《とよはらのぶあき》について笙《しょう》を習い、上達目覚ましかった。「神木洛中に在り、先規有るべからずと雖も、武家申し行ふに依り、是非に及ばざるか、右大将今夜初めて所作と云々」（後深心院関白記）。同月二十日の作文始《さくもん》、三日後の歌会始も神慮を憚ったとは言いがたい規模であった。実は詩・歌・御遊の年始御会始はこの両三年中絶していたが、義満の参入を得て悉く復興するのである。

興福寺衆徒はもはや成果を得ることなく、神木は康暦二年十二月十五日に帰座した。院政期以来朝廷を苦しめ続けた神木入洛もこれが最後となったのである。

この年四月から八月までは迎陽記の記事が残っており、義満の公家社会との往来を詳しく追うことができる。

四月二十三日は、二条殿で種々の遊宴が催された。義満は管領義将以下を率いて参加、まず北亭で鳥合《とりあわせ》、ついで百首短冊続歌《たんざくつぎうた》、披講《ひこう》の後は楽会《がくえ》、酒宴があった。また六月二日、良基・義満が参内、良基は新作の羽蟻《はありの》中将絵《ちゅうじょうえ》なる小絵《こえ》を持参し、披見して公私大笑したという。義満はいよいよ足繁く内裏に参るようになった。

良基が目の前に繰り広げて見せる遊藝の数々は義満を魅了し、その藝術愛好心をも開眼させた。六月九日と十七日の二度、良基が二条殿で側近らと行った「花御会《はなのごかい》」とは、歌合のように、左右に分かれて花瓶に生けた花を競わせた遊びで、立花の濫觴《らんしょう》として花道史上に特筆される出来事であった。同じ十九日に義満が室町第でこれを行ったというのも、明らかに良基に感化された結果である。

良基が義満を持ち上げれば、廷臣にも進んで武家に随従する者が現れる。日野家の人々に続いて、長年公家政権の実務を主導してきた万里小路仲房《なかふさ》・嗣房《つぎふさ》父子が良基と行動を共にした。父子は揃《そろ》って後円融天皇の議定衆・伝奏であった。十二月二十四日、義満が参内して貢《く》馬《め》御覧の儀を行った時にも、良基と仲房・嗣房がその場に祗候した。日野一門に加えて、良基・万里小路父子が一体となって義満と癒着したことが、公武関係に大きな波紋を惹起《じゃっき》するのである。

室町第行幸

明けて永徳元年（一三八一）は、神木が前年に帰座したため、ようやく朝儀を正常に挙行できる環境が整った。

白馬節会には義満が出仕した。わずか二年前、物珍しそうに見物していた義満は今や右大将として禁庭に立ち、衆目を浴びるなか、白馬奏を奏聞した。ついで外弁《げべん》（承明門《しょうめいもん》の外で公卿を指図する役）の上首《じょうしゅ》として公卿たちを率いて堂上《どうじょう》し、謝座《しゃざ》・謝酒《しゃしゅ》の拝を行った。はたしてその作法は「頗る以て優美、天性稟《う》くる所か」と称賛される（後深心院関白記）。

その頃、室町第はようやく大廈《たいか》の功《こう》を終え、三月十一日、後円融天皇の行幸を迎えた。その様子を記した仮名日記があり、さかゆく花という。上下巻のうち下巻が失われ、作者も伝えられていないが、良基の作と推定されている。義満はまず内裏に参上し、天皇の輿とともに出立するが、右大将として先導するその行粧《ぎょうそう》は、移馬の居飼、御厩舎人、番頭十人、太刀《たち》帯《はき》の侍二十人が前行し、自身は五尺に余る雲雀毛《ひばりげ》の馬に跨り、随身・副舎人が馬の口を取り、馬副・仮随身・侍ら数十人が従う堂々たるものであった。

さらに、その経路は、図示したごとく、土御門内裏から室町第に直行するのではなく、東洞院を南行、中御門を西行、室町を北行、一条を東行、今出川を北行、北小路を西行、再び室町を北行するという、市中の北部地域を迂回して練り歩くもので、申刻《さる》（午後四時頃）から深夜にまで及んだ。

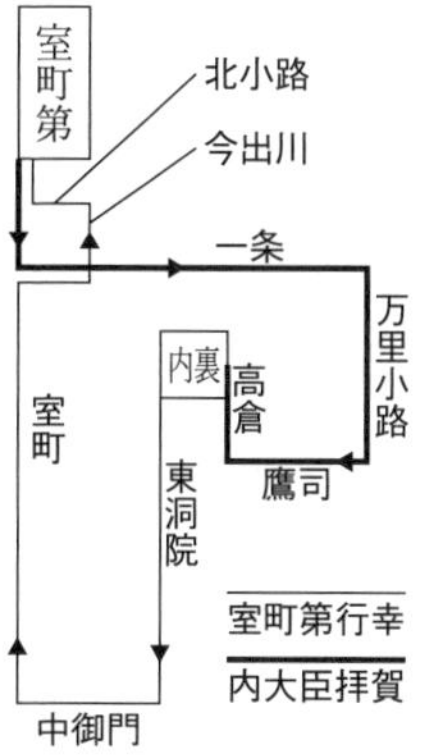

室町第行幸の行程（概念図）

その後、寝殿では天皇・公卿が着座して酒宴が開かれた。ここでは先例に適《かな》った所作をすることで、主従の関係を再確認する効果が期待された。義満は天盃を賜ると、土器《かわらけ》を取り寄せてこれに移し、まず一盞《いっさん》を傾けた。それから座を立ち、謝意を表して、庭上で舞踏した。この点について、さかゆく花には、大方、天子の御盃をたまはる晴の儀、昔よりまれなる事なり。御堂関白《みどう》（藤原道長）、寛弘《かんこう》三年三月かの家に行幸の時、同じき五年十二月、両度なり、宇治関白《うじ》（藤原頼通）万寿《まんじゅ》元年九月、かの邸へ行幸の時、京極大閤《（藤原師実）》嘉保《かほう》三年二月、上東門の邸へ御幸の時、寛《かん》喜《ぎ》三年九月行幸時、光明峯寺関白《こうみょうぶじ》（九条道家）天盃をたまはりし後は、いたくこの事なきにや。行幸の時亭主を御賞翫《しょうがん》の儀なれば、この度いにしへの儀をこなはれぬる事、いとめでたし。

とあり、義満を道長・頼通・師実・道家ら、権勢を誇った関白たちの例に位置づけており、今回の行幸のプランが全盛期の摂関家を模したと分かる。こうして十六日の還御まで、舞御覧・和歌・蹴鞠・三船《さんせん》の遊びと、さまざまな雅宴が繰り広げられた。

官位の推挙と武家家礼

さきの室町第行幸では、義満が庭上に降り舞踏すると、「家礼の人々十五六人、皆庭上に下りて蹲居《そんきょ》」したという。いずれも公家衆であるが、これは主人に対する家臣の作法である。すでにこれだけの人数の廷臣が義満に仕えていたことになる。

武家政権はこれまでも公家政権に干渉することで、官位の任免や所領の給付などでは廷臣の生殺与奪を握っていたが、あくまで執奏によって外圧を加えるやり方であった。直接、彼らを臣従させるのにも、義満が摂関家の作法、制度を学んでこれを採用したことが大きな意味を持つのである。

摂関家は公家社会の頂点に立つ家である。単に家格が高いのみならず、公卿や殿上人の家をも複数従属させた強大な経営体、いわゆる「権門」である。そしてその摂関家との主従関係、あるいはその契約を結んだ廷臣を、もっぱら「家礼《かれい》」と称した。

家礼となると、家領を与えられて得分を収入とし、朝儀や故実の指導を受け、さらに官位を推挙されるといった庇護恩典に与《あずか》る一方、主人の外出に扈従したり、あるいは主家の行事に参仕する義務を負った。ただし、主人側の一方的な支配力が及ぶ「家人」「侍」に対して、家礼は主人と同じ階層に属することもあって、支配力は弱いし、また複数の権門に「家礼」を執ることもできた。

南北朝期に公卿となる家では、たいてい、いずれかの摂関家と関係を結んでいたようである。もっとも、摂関家以外の権門にも、家礼は確認される。たとえば親王の家や西園寺家にも家礼を執った公卿はいたし、何より鎌倉時代の将軍御所には公卿や殿上人が祗候し、将軍からは地頭職を給与されたので、これも家礼である。冷泉家や飛鳥井家はその例で、室町幕府成立後も尊氏・義詮に奉公して庇護を受けたので、これを「武家家礼」と称した。ただし義詮までは、「武家家礼」は鎌倉幕府以来の関係を持つ家に限定されていたが、所領の安堵や官位の昇進といった懸案を有利に運ぶことができるために、摂関家とあわせて武家に家礼を執る公卿が拡大しつつあった。義満が大臣となったことで、そのことが一挙に進展する。

任大臣節会と室町殿家司

室町第行幸の直後から、義満が内大臣となる準備が進められていたようである。

大臣の官は言うまでもなく廟堂では最も重いものであるが、武家出身で大臣となった先例は、例外的存在というべき源実朝を除けば、二百年前の平清盛・重盛・宗盛の父子しかなく、全くの新儀であった。大臣任官には、正式には内裏での任大臣節会《にんだいじんのせちえ》を経て、自邸では大饗を開催する必要があり、ついで拝賀奏慶・直衣始を遂げなければならず、就任儀礼の煩瑣《はんさ》なことは、大将と同等である。このため、南北朝期には大饗はおろか、節会すら省略することが多かったのであるが、義満はすべてしきたり通りの手順を践《ふ》んだ。

まず、良基の指図によって、永徳元年（一三八一）四月二十九日、義満の家司が選定された。この「室町殿家司」は、まずは大臣大饗を遂行するスタッフとして構成され、そのまま義満の朝廷における活動をサポートすることになるが、希望者が殺到したという。摂関家に代わる新たな権門の誕生を、公家社会が渇望していたことを物語っている。選任されたのは、山科教冬《やましなのりふゆ》・山科教遠《のりとお》・清閑寺《せいかんじ》氏房《うじふさ》・甘露寺《かんろじ》兼長《かねなが》・万里小路《までのこうじ》頼房《よりふさ》・勧修寺《かじゅうじ》経豊《つねとよ》・柳原資藤《やなぎわらすけふじ》・広《ひろ》橋兼宣《はしかねのぶ》・安居院知兼《あぐいともかね》・同知輔《ともすけ》・清原良賢《きよはらのよしかた》の十一人であった。その詳細は、初任大饗記《しょにんたいきょうき》（国立公文書館内閣文庫蔵。清原良賢の日記の一部か。石田実洋氏教示による）によって判明する。

教冬・教遠兄弟はともに右中将で、義満の寵臣と見られるが、資藤・兼宣は日野流の、氏房・兼長・頼房・経豊は勧修寺流の、知兼・知輔は文官平家の出身で、蔵人・弁官を経歴する名家の人々が「室町殿家司」の大半を占める。名家はいずれかの摂関家に家礼を執っており（昇進して公卿となれば、今度は子弟を家司として仕えさせるわけである）、長年にわたり培った家司ないし家礼の経験知識をそのままスライドさせ、新たな主人の室町殿に仕えることになった。

ところで、清原良賢だけは、明経道《みょうぎょうどう》（五経など経書を専門とする）の儒学者で、やや異色の存在である。前年から義満に論語を講じていたが、単に学才のみならず、一種の透徹した識見を備えた人物であったらしい。本人は「近日面々競望す、中々斟酌《しんしゃく》せしめ候」と希望しなかったにもかかわらず、義満が直々に指名したという。果たして良賢は義満・義持・義教三代にわたって室町殿に仕え、政治顧問的な役割さえ果たすのである。

五月は凶月であるので、任大臣は六月以後に延期となったが、この間、義満は良基を太政大臣に任ずるよう執奏している。そして六月二十六日に義満に内大臣兼宣旨が下され、七月二十三日に任大臣節会と大臣大饗が行われることに決した。

果たして任大臣節会と大臣大饗は、「凡《およ》そ今日の儀、千載一遇と謂《い》ふべし、珍重々々、況《いわ》んや白昼の礼儀、事に於いて厳然、万人の美談なり」（荒暦）といわれた盛儀であった。当時の儀式は中夜《ちゅうや》より暁にかけて執り行われることが多い。参加者がいわば夜陰に紛れて出仕することで、相互の窮乏を悟らせないためでもあった。「よろづのものの綺羅《きら》・飾り・色ふしも、夜のみこそめでたけれ」（徒然草百九十一段）という美意識は、実はこうした変則的な朝儀の賜物とも言え、白昼に繰り広げられた盛儀に、夜陰の略儀しか知らなかった廷臣たちは、衝撃を受けたに違いない。

しかもこの日は、現任の大臣・納言・参議二十八人のうち二十五人が出仕した。そもそも北朝では、廷臣の朝儀や政務への出席率は極度に低かった。治天の君や摂関がいかに「朝儀復興」を唱えても、人が集まらなければ、なんら実効は上がらなかった。ここでほぼ百パーセントの参仕が実現したのは、もちろん義満が出仕を命令し、従わなければただちに生計の資を断たれるからに他ならない。

さらに義満は参内時に権大納言一条経嗣を扈従させるよう、二条良基に求めた。経嗣は良基の実子で、嗣子のいなかった一条家を継いでいたのである。摂関家の当主が扈従することなど考えられず、良基も再三断ったが、義満は「然らば況んや愚身の如きは、沙汰の外の事なり（ならば私は物の数にも入らぬのだな）」との「述懐」に及んだ。義満が厭味を口にするのは若い頃からの癖であったが、相手は深刻に受け止めざるを得ない。経嗣は「末代至極、かへりてその興ある事なり」と開き直るしかなかった。

八月三日は大臣としての直衣始であった。当日、権大納言転法輪《てぼり》三条実冬《さねふゆ》は義満の車の簾《すだれ》を上げる役を命じられ、従事した。その父公忠は「凡そ臨期《りんご》迷惑、言語道断の沙汰なり。しかれども辞退せしめば、忽《たちま》ち安否に及ぶべきか、無力の次第なり」と漏らした（後愚昧記）。

義満は、家礼・家司の関係にはない廷臣をも頤使《いし》し得たことになる。ここに、私的な主従関係によらない、公的権力の形成を見る考えがある。桃崎有一郎氏は、この事態を受けて世人が用いたのが「公方様」の号であったとする（「足利義満の公家社会支配と「公方様」の誕生」）。それまでの「公方」は、朝廷や天皇など、漠然と上位権力を指す、一種の汎称《はんしょう》であったが、やがて室町殿に限定される。後者の用法が初めて確認されるのはたしかに義満の時代なのである。

もっとも、大臣大饗は一権門の私的な営みを越えた、公的な催しと位置づけられており、たとえば「大饗の如きに於いては、親疎を論ぜず行き向ふ例なり」（玉葉《ぎょくよう》治承《ちしょう》四年〔一一八〇〕正月一日条）など、主催者と特別の関係がなくとも参仕すべしとの故実が、横断的な強制力を行使し得る根拠とされた可能性がある。実際、経嗣や実冬の奉仕は一度限りで、全ての摂家や清華家を従者としたとまでは言いがたい。ただ、重事のたびに、これまでと次元の異なる厳しい動員が積み重ねられることで、新たな公的な権力の誕生を印象づけることになったのは間違いなかろう。

相国寺の建立

翌永徳二年（一三八二）の元日節会で義満は初めて内弁を務めた。内弁は天皇に代わって、節会参仕の公卿（外弁）の動きを指示し、儀式の進行をつかさどる。この実績をもって、正月二十六日、義満は内大臣から左大臣に転じた。左大臣はあらゆる朝儀・政務の際に頭首《とうしゅ》として指揮監督する立場にあり、一上《いちのかみ》と呼ばれる。

十月、義満は座禅工夫のための小寺を建てようとの意を漏らした。その場にいた春屋妙葩・義堂周信はすかさず大伽藍《だいがらん》の必要を説き、かつ「君の位は大丞相《だいじょうしょう》に至る」と、相国寺《しょうこくじ》と命名することを勧めた（空華日用工夫略集）。もっとも「相国」は通常は太政大臣を指し、義満は左大臣である。これまで「相国」も「大丞相」も、単に大臣を指すものと解しているが、檀那《だんな》に対しては、一ランク格上げして接するのが五山の不文律であったようで、これも一流の阿諛《あゆ》と見られる。こうして今出川を挟んで、室町第の東隣に、京都最大の禅宗寺院として建立されたのが相国寺である。また室町第に面する西側には鹿苑院が営まれ、後に義満の塔所《とうしょ》とされた。

義満の愛顧を背景に、夢窓疎石の法流は大いに勢威を誇った。春屋妙葩がその頭首であり、五山文学の巨匠として知られる義堂周信や絶海中津《ぜっかいちゅうしん》も、法兄春屋によって義満に近づいた。もっとも、禅僧の持つ異国とのパイプ、また経済的才覚が重んじられたようである。空華日用工夫略集によれば、義満は座禅工夫や問答に日を費やすこともあるが、南禅寺の秉払《ひんほつ》に赴いて、棒喝《ぼうかつ》（師家が学人に対して棒で打ったり、喝したりして接得《せっとく》させる法）を見て喜び、あるいは過去の名僧には長寿の人が多いことを羨《うらや》むといった、他愛のない事柄が多い。それゆえ義堂たちも、頻りに学問や聯句《れんく》その他の話題で誘掖《ゆうえき》し、檀那の関心をつなぎとめようとした。義満の信仰そのものは、当時の公家・武家と同様、甚だ雑修的であり、天台・真言・浄土にも帰依していて、晩年は顕密僧による祈禱《きとう》への依存が増すのである。

室町殿と相国寺（右下。上杉本洛中洛外屏風）。16世紀中頃の図

ところで義満は、相国寺の寺号が決定したら後円融天皇の了解を取り付けたいと述べ、義堂も、僭称《せんしょう》を懸念したのか、その旨を籠めるべしとして、寺号は「承天相国」と決した。これは当時、義満と後円融との関係が極度に悪化していたことを知っていたからであろう。

後円融天皇（1358—93）像

公武の軋轢

荒暦永徳元年（一三八一）九月二十四日条によれば、右近衛府の出納《すいとう》大石範弘《おおいしのりひろ》が勅勘を蒙ることがあり、かわって中原職富《もととみ》を補すよう義満が執奏したところ、後円融はすぐに返答しなかった。義満は激怒し、慌てた後円融はすぐ勅裁を遣わしたが、義満はこれを突き返し、さらに右大将の辞表を出した。後任には経嗣を推したが、しかし良基が義満を宥《なだ》め賺《すか》して、ようやく大将辞任は沙汰止みとなった。

後円融は癇癖《かんぺき》の強い人であったから、自分と同年の義満が我が物顔に振る舞うことを面白く思うはずはない。良基が間に立って、何とかうまくとりなしてきたが、後円融も態度を硬化させる。

後円融は第一皇子幹仁《もとひと》親王に譲位する意向を固めており、義満が譲位の諸儀を沙汰することになる。義満が節会の内弁を務めることになり、室町第に良基以下を招いて何度も習礼を重ねた。永徳二年四月七日、幹仁親王も乳父日野資教の一条東洞院邸で着袴《ちゃっこ》の儀を行い、義満が腰紐《こしひも》を結んだ。十一日に践祚。後小松《ごこまつ》天皇は六歳、良基が太政大臣のまま摂政に補された。二十一日、義満は院の執事別当に、裏松資康が院執権となった。後円融院政の中枢は義満に握られた格好である。二十八日室町第へ御幸始。良基・義満が供奉した。

院政開始の条件は整えられたが、後愚昧記の五月十三日条に「去月の御幸始以後、左府参院せずと云々、また不快の事有りと云々、勿躰《もったい》無き事なり」とあるように、公武不和が表面化し、院評定は一向に開催されなかった。年内に挙行すべき後小松の即位式に、後円融は一切関与しないと宣言した。九月十八日、良基は左大史《さだいし》小槻兼治《おづきかねはる》を招き、即位の先例や料足《りょうそく》についで諮った。義満も同座した。十月二十五日には良基が室町第に往き、即位の大要を治定し、二十七日夜、義満が参院し、即位式を沙汰することを奏した。荒暦に「今夜武家参院す、後に聞く、御即位の事、漸《ようや》く御沙汰有るべきかの由、申さると雖も、敢《あえ》て御返答無し、仍《より》て腹立せらると云々、叡慮《えいりょ》尤《もっと》も不審なり」とある。後円融は沈黙をもって不快を示し、義満は憤怒して退出した。両者の亀裂は決定的なものとなった。言うまでもなく、新帝を即位させる資格は、治天の君、すなわち後円融院にあったからで、自分をさしおいてできるものならばやってみよ、という気持ちであろう。しかし廷臣間に後円融を支持する者はなく、むしろその頑なな態度を危惧《きぐ》する声が強まるばかりであった。義満は後円融を無視して準備を進め、十二月二十八日、天皇は太政官庁に行幸、翌日大礼を挙げた。

この永徳二年の即位礼の意味するところは深長であるが（小川『二条良基研究』）、根源的には誰が新帝に天子の資格を与えるか、という問題に帰着する。
挙行そのものには何の支障もなかったにせよ、公家社会では後円融が即位式への関与を拒否したことへの懸念も生じたであろう。その盛儀は、後円融の存在を排除し、良基・義満二人が新帝の治世を指導していくことを内外に示すものであった。

聖運の至極

永徳三年（一三八三）は公武関係史上、最もスキャンダラスな年となった。荒暦は元旦から仙洞の異様な雰囲気を伝えている。

新院（後円融院）御薬《みくすり》幷びに拝礼《はいれい》以下、元正《がんしょう》の儀一切停止せらる、希代の珍事なり、旧年より子細有りてかくの如し、言ふ莫れ言ふ莫れ、（中略）抑《そもそ》も新院と武家（義満）との間、以ての外なり、旧冬廿九日貢馬《くめ》幷びに元三要脚《がんさんようきゃく》以下沙汰し進らすと雖も、御違例の由を称して、悉く返し遣《や》らる、所詮御生涯一途に思《おぼ》し食《め》し定めらるゝの由、仰せ遣《や》らる、然《しか》りと雖も武家強《あなが》ち又驚動せられず、仍て貢馬禁裏に引き進らす、要脚以下重ねて進らすことあたはずてへり、随ひて院中格子を下し閉門し給ひ、離宮の如しと云々、仙洞治政の始《まい》、かくの如き事定めて先規無きか、凡そ言詞の覃《およ》ぶ所に非ざるのみ、

治天の君が臣下と抗争するなど前代未聞の光景であった。「所詮御生涯一途に思し食し定

めらるゝの由、仰せ遣らる」とは、義満と対決する覚悟を決め、さらに「御訪」を突き返したのはよいが、そのために仙洞では何の行事も執行できないのである。そして義満ももはや驚かなかったという。

内裏での朝儀は少しも停滞なく行われた。義満は一上として元日・白馬・踏歌の三節会すべての内弁を務めた。後深心院関白記が「近日左相の礼、諸家崇敬君臣の如し」と記したのは白馬節会の時のことである。

義満の威を恐れて仙洞には誰も寄りつかなかった。正月二十九日、故後光厳院のため安楽《あんらく》光院《こういん》（かつての持明院殿）で修された御経供養には、廷臣も僧侶も参仕しなかった。

この直後、後円融の怒りが爆発した。二月一日夜、後円融は上﨟局厳子《げんし》（後小松天皇の生母）を召した。厳子がすぐに参上しなかったところ、院は激昂し、局に乱入して刀の峯で散々に打擲《ちょうちゃく》した。翌日、後円融の母藤原仲子《ちゅうし》（後の崇賢門院《すうけんもんいん》）が参上して宥めたが、なお乱暴に及ぶ危険があるので、ひそかに厳子を実家に帰らせた。後円融はかねて厳子と義満との密通を疑っていて、義満との軋轢が続くなか、遂に理性を失ったのである。

前代未聞の椿事であったが、その後の後円融の態度が混乱の度を増した。周囲は院が落ち着きを取り戻すまでは時間がかかると踏んで、しばらく放っておいたらしい。良基は八日に悠々と作文会《さくもんえ》を催している。義満は厳子のもとに医師を遣り、五日には弟実冬を召して詳しい事情を尋ねた。しかし院の昂奮は収まらず、他の女房にも強い猜疑心を抱いていた。仙洞中園殿は実は室町第から僅か数町しか隔たっていないので、ここから離れた方がよいとの判断であろう、九日になって義満の意をうけ、仲子が参院して北山に御幸することをすすめた。ところが院は流罪に処されると思い込んで恐慌を来したらしい（かつて後鳥羽院や後醍醐天皇もいったん離宮に移されてから、隠岐の配所に向かっている）。よほど狼狽したようで、このため丹波国山国荘（現京都市右京区京北井戸《けいほくいど》町）に逐電したとの噂が流れたほどであった。十五日、義満が裏松資康と広橋仲光を差し向けると、持仏堂で自害を企てた。

ところが気力も尽きたか、翌日、仲子の住む北山梅松《うめまち》〔町〕殿に移ると、急におとなしくなった。密通を否定する義満の誓状も受け容れた。三月三日、後円融は義満と同車して、新たな仙洞と定めた勧修寺家の小河《こかわ》邸に遷幸した。二十八日、良基・義満以下の十余人の廷臣が参仕して、院評定始が行われた。表面上廷臣たちとの関係は旧に復して、院政が開始されたのである。

しかし後円融の権威の失墜ははかり知れなかった。二月九日、上皇逐電の噂が飛び交った夜、経嗣は次のような感想を荒暦に書き付けていた。

或《あ》る説に云ふ、今暁新院逐電し給ふと云々、驚き聞くの処《ところ》、一向虚説なり、但し其の跡有る事か、北山准后(仲子)俄かに院参し、北山の辺に遷御すべきの由、申さるゝか、武家(義満)聊《いささ》か

申す旨有りと云々、言語の覃《およ》ぶ所に非ず、聖運の至極なり、歎きて余り有り、記して益無し、口惜しき次第なり、仍てこれを留む、

院政期以来の、治天の君を頂点とした体制は崩壊に瀕していたが、この事件はそれに最後の引導を渡したわけで、まさに「聖運の至極（後円融の命運も尽きた）」であった。

上臈局――治天の君と室町殿の媒介役

事件の発端は後円融が上臈局厳子と義満との密通を疑ったことにあったが、この三者の関係はその後どうなったのであろうか。少し遡って考えてみたい。

厳子の出仕は応安四年（一三七一）後円融践祚直後で、二位局宣子の執拗な慫慂によるものであった。父転法輪三条公忠は窮困のため女御参りの威儀は整えられず、かといって大臣の娘が典侍以下の女房として出仕するのも家の恥辱とひどく渋ったが、すでに厳子は二十一歳で、進退惟谷《これきわま》って密々に奉仕させた、としている。宣子は喜んで、後円融の生母仲子の局を「取り上げて」、厳子の居室に宛てたという。

こうして厳子は「上臈局」と称されて内裏に祗候する。公的な地位ではなく、言わば格式の高い寵人である。職掌ももっぱら天皇や貴人の陪膳であった。永和三年（一三七七）には後小松天皇となる皇子を産んだが、国母にふさわしい扱いは受けず、やがて後円融が退位し

ても、厳子はそのまま祗候し、仙洞上臈局と称されたのである。

厳子は応永二年（一三九五）にようやく准三后《じゅさんごう》、翌年に女院となるが、その頃になると、厳子の弟太政大臣実冬の女が従弟《いとこ》にあたる後小松天皇に仕え、同じく上臈局と称された。

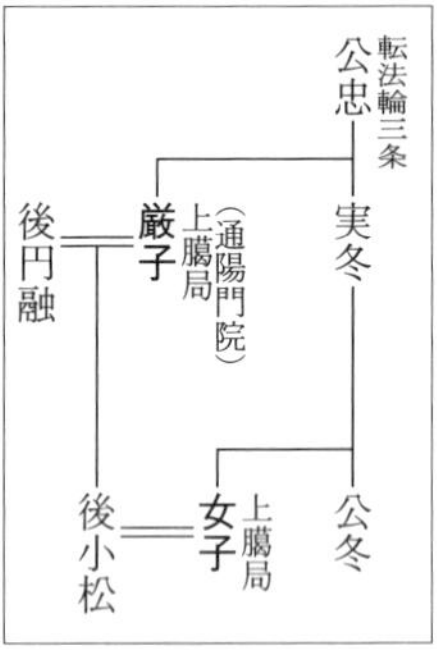

上臈局略系図

この後小松院上臈局は、伯母の役目をほぼ継承し、とくに義満や義持が参内するたびにその世話をしている。称光《しょうこう》天皇の内裏歌会始では、義持は参内するとまず上臈局の居室に入り、直衣を着して御前に参上したが、義満の例に拠ったものという。義満の例とは永徳元年（一三八一）八月十五日の内裏三席御会始を指すから、上臈は厳子の代から、治天の君と室町殿との媒介を重要な任務としていたと見てよい。

なお、上臈局と義持が極めて親密であることは右の例からも分かるが、「上臈は室町殿聊か御手を懸けらる」（看聞日記応永三十一年六月四日条）と、両人が男女の関係にあることは公然の秘密であった。つまり後小松と義持は、上臈局を共通の愛人として何年も平然と過ごしているのである。おそらく後円融と義満との間にも――この事件の後に――同じような関係が成立したのであろう（当時の宮廷の「密通」については四四、二八一頁参照）。

上﨟局は以後転法輪三条家出身の女性に相伝される地位となった（吉野芳恵「室町時代の禁裏の上﨟」）。やはり治天の君と室町殿に仕え続けたと見られる。上﨟局の存在には室町期の公武関係が凝縮されており、今後の詳細な研究が俟たれる。

准三后と書札礼

永徳三年（一三八三）六月二十六日、義満に准三后宣下があった。准三后（准三宮・准后とも）とは、皇后・皇太后・太皇太后に准じて、封戸《ふこ》や年給などの特権を受ける身位で、后妃・内親王に最も多くその例が見られるが、院政期には藤原忠実や平清盛などの重臣にもこの待遇が与えられた。鎌倉期は例が絶えていたものの、南朝の柱石であった北畠親房《きたばたけちかふさ》が正平一統に際して准三后となり、ついで明らかに親房を意識して二条良基も永和二年（一三七六）正月に准三后となったことで、北朝でも功臣を遇する最高の身位として復活した。義満もまたこれを襲ったわけである。

ただちに、良基が准三后義満のために新たな書札礼《しょさつれい》を考案し、諸人に通達したことが吉田家日次記（京都吉田社の神主で二条摂関家の家礼、卜部〔吉田〕兼煕・兼敦父子の日記）に見える。書札礼とは、異なった結びの文言や署名の形式を組み合わせることで、差出人と受取人との社会的な身分差に応じた、敬意を示す仕組みである。

	諸摂家	大臣	親王(一世)	親王(二世以下)
義満 差出	恐々謹言	謹言	恐々謹言	謹言
義満 宛	恐惶謹言	某恐惶謹言	〔恐惶謹言〕	誠恐謹言

義満(准三后)の書札礼。〔 〕は推定。

ここでは書止の文言(現在の「敬具」「草々」に相当)の区別に着目したい。原則「恐々謹言」が対等とされ、「謹言」は薄礼、「恐惶謹言」「誠恐謹言」は厚礼となる。実名を冠した「某恐惶謹言」「某誠恐謹言」の形はさらに鄭重である。良基は直接義満と往来する者を、摂関・大臣・親王(天皇・上皇の伯叔父兄弟)・親王(傍流の宮家)の四層に分け、それぞれ上の表のように規定している。義満から見ると、摂関は対等、大臣は下位であった。逆に義満に対して、摂関は「恐々謹言」、大臣は「誠恐謹言」でよいはずが、それより鄭重にさせている。准三后であるので、そのように取り計らったのである。

そもそも、准三后に対する書札礼は無かった。官を帯びる以上、特段の敬意を払う必要はないとする考えが支配的であった。ところがかつて良基が准三后となった時に、良基を含め前関白が五人いたため、書札礼を一段引き上げさせていた。今回もこの例を踏襲したのである。親王に対しても、仁平年間(一一五一〜三)に准三后が上位と定められたとして(一応事実らしい)、この方針を徹底したのである。なお良基と義満とは対等であるが、准三后の地位を互いに尊重し、「恐惶謹言」に定めたという。良基が他の摂関と格が違うことも認めさせたわけである。このやり方はさすがに顰蹙を買ったが、准三后の社会的地位が定まった意味は大きい。以後、室町殿が摂関や親王と同格ないしこれを越える扱いを受けたのは、准三后という身位が大きく与っている。

義満は積極的に朝廷の政務を裁断している。吉田家日次記の永徳三年六月二十六日条には、「左大臣殿一上今朝より御祗候、今日御番たりと云々」とある。これは義満を頭首とする廷臣たちが日を決めて内裏に詰めたことを意味する。すなわち五―十名程度の廷臣グループが輪番で宿直する、いわゆる禁裏小番《こばん》制度の、最古の所見である。これは義満の発案で、自ら番衆の監督もした。同七月十日条にも「今日　准后御参内、昼夜御祗候、中山中納言《（親雅）》当番なり、翌朝午剋《うまのこく》　准后御退出と云々、厳密の儀なり」とある。親雅も義満の近臣である。当時の内裏は警固の者も少なく、昼夜物騒であったといわれるので、これに配慮した小番の設置は注目されるが、一方、幼少の天皇の周囲に側近を配することで、父院の影響を極力排除しようとするもくろみも感じられる。

義満書状。大臣宛と思われるが、すこぶる薄礼である

この年に行われる後小松天皇の大嘗会も義満がとりしきっ

た。武家昇晋年譜によれば、十月二十日の太政官庁行幸、二十二日の御禊《ごけい》行幸に騎馬で供奉し、十一月十六日から十九日まで連日節会内弁を務めた。ところで国立歴史民俗博物館に蔵される良基公作進大嘗会進退は、十六日の卯日《うのひ》節会の次第である。奥に「摂政四度再任揚名《ようめい》介《のすけ》作進之　良基」とあり、例によって良基が内弁の義満のために仮名で草したと分かる。この奇妙な名乗りは、義満にすっかり政務を委ねるとの表明であるとともに、若干の自嘲も含まれていよう。「揚名介」とは名目のみで職掌も得分もない諸国の介（次官）のことである。

大嘗会は、即位とならび、天皇にその聖性を付与するための重要な儀礼である。一連の諸儀をほとんど独力で沙汰したことで、義満は完全に朝廷を掌握していた。

義満の立場と評価

以上、康暦元年（一三七九）から永徳三年（一三八三）のわずか四年間、義満の登場によって、公武関係は劇的な変化を遂げた。朝儀に精励したことでは立派な一上であった。また准三后宣下によって、その立場は摂関と同格ないしやや上である、と定められた。

とはいえ、義満は摂関ではない。そもそも摂関とは直接朝儀を執行するのではなく、「百《ひゃっ》官総己《かんそうき》」の職、すなわち超越的指導者として臨む存在である（現職の摂関がたとえば節会内弁を務めることがあるが、あくまで例外とされる）。二条良基が頻りに朝儀作法を伝授して諸人の師範となったのもこの考えに出るが、なおかついったん結ばれた師弟関係は鞏固《きょうこ》な先例となり、互いの子孫の間にも継続していくからであった。実際には義満に対して、摂関の方が敬意を払うのだけれども、それでも朝儀の場においては師範—門弟という関係は決して崩れることはなかった。

従来、義満の「朝廷進出」の事実からは、分を過ぎた増長、さらに皇位簒奪《さんだつ》という主張が導かれてきた。しかし、良基より摂関家の説を授けられ、その流儀によって振る舞うことは、摂関家の支配する文化圏の範疇にとどまることを意味する。義満の行動は後世の規範となり、二条持基《もちもと》・一条兼良・二条持通《もちみち》・近衛前久《さきひさ》らが室町殿の顧問として活躍する下地となった。

それにしても、かなり細部まで、義満の行動、周囲の評価を追うことができるのは、この時期の公家日記が比較的よく残存しているゆえである。これは決して偶然ではない。後世から規範と目され、参考とされたからに他ならない。その意味でも、この時期の義満の行動には、室町時代の政治体制を考えるカギがまだあちこちに潜んでいると言える。

第四章　室町将軍の学識

将軍の和歌

室町将軍の和歌好尚は、九代の義尚《よしひさ》がとりわけ有名であるが、初代尊氏以来代々に見られることである。

義満の場合、康暦・永徳の交、彼が公家化していく過程で和歌との関わりが顕著である。新後拾遺集は義満の執奏によって企画されているし、また永徳元年（一三八一）三月、後円融の行幸を迎えた時の歌会、同年八月任大臣後初度の歌会、ともに室町第での盛儀であった。しかしこれらは歌壇の支配者としての事蹟というべきで、自身がどれほど作歌に熱心であったかはあまり知られていない。

勅撰和歌集は、延喜五年（九〇五）の古今集を嚆矢とし、以後五百年にわたり二十一集が作られた。親政の時期ならば天皇、院政ならば上皇・法皇——つまり治天の君が、歌壇の指導者である歌人を撰者に指名し、委嘱して編纂させるものである（稀に下命者が自ら撰ぶ時があるが、これを親撰という)。勅撰集はつまり治世の頌歌《しょうか》であり、鎌倉時代に入ると、その政治的な意味はかえって重くなった。武家政権は勅撰集の編纂に関心を持たざるを得なかったが、南北朝期の新千載集《しんせんざいしゅう》より後は、武家執奏によって勅撰集が企画されることとなり、将軍が、治天の君にかわって勅撰集を撰進させる権利を握った。

しかし、これは同時に、勅撰集が下命され完成するまでのプロセスに武家政権が嫌でも関与することを意味する。その一つに百首歌《ひゃくしゅうた》の詠進がある。中世には、入集資料を提供するため、勅撰集の下命と同時に、当時の有力歌人数十名程度を指名して、百首歌を詠ませる慣例があった。これを応製《おうせい》百首という。将軍が応製百首を詠進することなど、鎌倉時代にはもちろん見られない。

貞和二年(一三四六)に光厳上皇が親撰した風雅《ふうが》和歌集の時の貞和百首の人数には尊氏と直義が加えられたが、なかなか詠進できず、披講を延引させてしまっている。応製百首は、自筆清書が原則であり、何より一首三首の懐紙短冊と違って代作というわけにもいかず、また詠進の際の故実も不案内とくれば、将軍兄弟にとって大きな悩みの種であった。

公家の教養を最もよく身につけたといわれる義満でも、事情は似たようなものであった。新後拾遺集は、後円融天皇の譲位が迫っていたために、二条為重《ためしげ》が永徳二年(一三八二)三月十七日、形式的に奏覧を遂げた後も、撰集作業が続行されていて、翌三年十一月二十八日に返納（最終的な完成）を見た。これは義満の百首詠進が頗《すこぶ》る遅れたことに一因がある。吉田家日次記永徳三年九月二十三日条に「准后御百首四季部先立て先づ遣さる、恋雑部今日出ださる、出ださるの間、今に於いては勅撰返納来月たるべし」と、ようやく義満の百首が完成して、完成の目処《めど》がつき、撰者が安堵したことが見えている。

義満の狂歌

このようなありさまであるから、義満は詠歌に熱心であったとは言いがたく、名実ともに公家社会の頂点に立てば、とたんに和歌事蹟が少なくなることも肯《うなず》けるが、最晩年となって興味深い資料がある。まず、教言《のりとき》卿記応永十四年（一四〇七）十二月二十四日条によると、十首歌を召した時の自詠に、

　我がいほは世を宇治山にあらざれば都のかたをたつみにぞみる

とあって評判を呼んだという。もちろん、あの喜撰《きせん》法師の「我が庵《いお》は都のたつみしかぞすむ世を宇治山と人はいふなり」のパロディーである。すでに将軍を義持に譲って、豪奢《ごうしゃ》な北山第を営み、院政を気取っていた義満の、稚気に満ちた狂歌であろう。義満は側近に「御利口」、つまり軽口冗談をたたくことが常であった。典雅で正統的な和歌ではなく、やや破調で周囲を興じさせる狂歌を好んだとしても不思議ではない。ただ、おのずから北山を讃える

一種の宿褒《やどぼ》めともなっているのである。

この年十一月二十七日には、内裏で九十番歌合《うたあわせ》が催された。三首題、公武緇素《しそ》六十名の歌人が参加する大歌合であった。義満は「浦雪《うらのゆき》」題で次のように詠んでいる。

ききしより名もむつましく思ふなりあしりの浦につもる白雪

第四句の「あしりの浦」とは、「高嶋之《たかしまの》足利湖乎《を》滂過而《こぎすぎて》塩津《しおつ》菅浦《すがうら》今者《いまは》将滂《こぐらむ》」（万葉集・巻九―一七三四、小弁）に由来する歌枕である。ただし、万葉集は漢字だけで表記された歌集であり、時代により人により訓読はまちまちであった。「足利湖」も新点（鎌倉時代の学僧仙覚《せんがく》の付けた訓）で初めて「あどのみなと」と訓んだが、中世には「あしりのうら」という訓も通行していて、義満もこの古い慣用的な訓によったのである。この歌枕は琵琶湖西岸の舟木崎《ふなきざき》、安曇川《あどがわ》の河口一帯（現滋賀県高島市安曇川町）に比定されるが、義満との縁はなく、「足利」の字面が自分にとって懐かしく思える、という意であろう。

義満が自らのルーツである下野国足利荘を訪れたことは一度もなく、まもなく栄華を極めた北山殿として生涯を終えるが、それでも心底にはなお名字の地への思いが横たわっていたことを証する。生涯の最後に詠まれた和歌が北山第と足利荘を題材とするものであったことは、不思議な偶然である。

将軍の読書

武家昇晋年譜によれば、義満の読書始は康暦二年（一三八〇）二月二十一日のことで、文章博士東坊城秀長に就いて貞観政要《じょうがんせいよう》を授けられた。これは天皇や皇太子が七歳になると師範に就いて儒書を読む成人礼の一つで、紀伝道の学者が御注孝経《ごちゅうこうきょう》、稀に史記《しき》五帝本紀《ごていほんぎ》を持参し、貴人を前にしてその外題を読み上げるだけの、ごく形式的な儀式である。義満がすでに二十三歳であることを除けば、公家や鎌倉将軍の読書始に倣ったと言えるであろう。貞観政要は唐の太宗《たいそう》の言行録であり（七五〇年頃、唐の呉兢《ごきょう》の編）、本邦でも尊重された政治学の古典である。源実朝や北条政子もこれを学んだ。

当時は学問と言えば儒学であり、書物と言えば漢籍であった。令の学制では明経道を主柱としている。ただし、日本では歴史書・文学書を専門とする紀伝道の勢力が強く、大学寮の要職、式部大輔・大学頭・文章博士などは菅家《かんけ》・江家《ごうけ》以下の紀伝道の学者の家（博士家）に占有され、天皇・摂関の師範もここから選任された。取り上げられるのはいずれも唐以前、すなわち日本の寛平《かんぴょう》年間（八八九—八九八）以前に将来されていたテキストに限られると言ってよい。

博士家は五経《ごきょう》（毛詩〔詩経〕・尚書〔書経〕・礼記・易・春秋）を中心に、伝来の写本とその訓読法を厳重に相伝した。経文の解釈も、漢代から唐代までの注疏《ちゅうそ》（疏は注の注）をひたすら墨守するものであった。経書はいわば国定教科書であり、その解釈が科挙でも問われたから、諸説紛糾する箇所では正解を一つに定めておかなければならない。このため唐の太宗は五経正義《せいぎ》を定め、諸注を集大成したが、これさえ学んでおけば能事《のうじ》畢《おわ》れりとする弊風を生じた。日本でも全く同様で、考察は正義の外に出なかった。経文の解釈に限れば、日本の儒学はおよそ五百年もの間、ほとんど進歩していなかったのである。

四書の講読

ところで義満は同じ年の六月二十三日にも再び読書始を行い、清原良賢から論語を授けられた。明経道の学者が召されるのは異例であり、論語が取り上げられることもまた珍しい。これは義満の意志が働いたとみなさなければならない。果たして義満はそれから論語・孟子・大学・中庸《ちゅうよう》の、いわゆる四書を読んでいったことが確認される。さらに至徳二年（一三八五）のことと推定される後小松天皇の読書始では、義満の指示を受けた良賢がまず孝経、次に大学・論語・孟子・中庸の順に授けたという。これは本邦で四書が経書として定立する最終的段階を示し、義満の学問上の功績と言えるであろう。

四書は南宋の朱熹《しゅき》の定めた新たな儒学の枠組みである。宋代には、五経正義以後固定してしまった漢・唐の古注（訓詁《くんこ》学）を批判して、新しい義（性理《せいり》学）を主張する学者が現れた。

この過程では、久しく諸子のうちにあって忘れられていた孟子が注目され、遂に経書として定立される。また朱熹は、礼記《らいき》のうち大学・中庸の二篇を独立させ、大学に至っては章段の順序を入れ替え、伝来の間に欠脱した（とされる）字句を補うことまでした。

さらに朱熹は四書或問《わくもん》・四書集註《しっちゅう》といった注釈書を著し顕彰に努めた。たとえば論語でも、魏の何晏《かあん》の著した集解《しっかい》（古注）によるか朱熹の集註（新注）によるかとで、読み方は大きく違ってくる。そして以後の儒学は、さまざまな批判はあっても、依然として四書を基礎としており、朱熹の立てた体系は現在なお続いている。こうして漢・唐と、宋・元・明とでは学風が一変したため、「漢学」「宋学」との二つの名をもって区別する。

我が国の禅僧はいちはやく宋学に触れて学書を将来し、たとえば後醍醐天皇と側近が熱心に自習するなど、鎌倉後期には四書はかなり一般的になっていた。紀伝道の学者はこうした地殻変動にもほとんど無関心であったが、明経道の学者、とりわけ清原良賢は新注へも理解を示し、古注との折衷的な学風は諸人の安心して従うところで、以後の学界のイニシアティヴを握る。義満が良賢を引き立てたのは、このような事情も背景にある。室町殿と清原家（のち舟橋《ふなはし》と称する）との関係は、以後長く続き、多くの学問的成果を遺した。有名な宣賢《のぶかた》は良賢より五代目の子孫である。

室町殿文談と四書の末疏

実は義満は読書始に先だって、儒者や公卿とともに儒書を講読する、「室町殿文談《ぶんだん》」と呼ばれる輪読会を月に三度開催していた。その初見は康暦二年（一三八〇）四月八日で、以後毎月八の日を式日とし、少なくとも永徳三年（一三八三）十月頃までは継続されていた。

その参加者は良基の掌握するところで、裏松資康・万里小路嗣房《つぎふさ》・坊城俊任《としとう》ら側近の廷臣のほか、東坊城秀長・清原良賢・五条淳嗣《あつつぎ》らの儒者であった。孟子・論語・礼記・孝経などのもっぱら経書が取り上げられており、学者が輪番で講師となって講釈し、時に討議する形式であったらしい。

ただし、この文談における講釈も、義満にはなお理解の届かないところもあったようで、その時は信頼を置く禅僧義堂周信に個人的に質問した。義堂は夢窓疎石晩年の弟子で、長く鎌倉円覚寺《えんがくじ》に住したが、康暦の政変後、法兄の春屋妙葩によって京都に戻され、等持寺《とうじじ》・建仁寺・南禅寺の住持を歴任した。そしてその日記空華日用工夫略集には、義満の問いかけに丁寧に対応するやりとりが記されている。権力者としてはまことに稀有なことに、具体的な修学のプロセス、そして読書の実態を知ることができるのである。

たとえば、永徳元年九月二十二日条には、「昨日儒学者孟子書を講じ、其の義各々同じからず、如何《いかん》」と尋ねている。孟子の解釈をめぐって、新注が参照され、古注（後漢の趙岐《ちょうき》の

注）との対立があったものであろう。

さらに同年十二月二日、「孟子、聖人は百世の師、柳下恵《りゅうかけい》（魯《ろ》国の賢者）の事など」との問いを発した義満に対し、義堂は元《げん》の倪士毅《げいしき》の編んだ四書輯釈《しゅうしゃく》を引いて解説し、その疑問を解いている。

四書輯釈は元の至正《しせい》二年（一三四二）の刊行、当時の感覚ではごく新しい注釈書であった。この最新の書を日本の禅僧が手にしていたのは、あちらでのベストセラーであったからである。元末に科挙が復活すると、四書の解釈は朱熹の集註に拠るべしと定められた。しかし集註は難解であるから、これを受験生向きに敷衍《ふえん》祖述した、まさに現在の「教科書ガイド」に相当する末疏《まっそ》の類が、洪水のように出版される。新見はなくとも先行書を継ぎ接ぎして作り出すことも「教科書ガイド」と同じで、四書輯釈も出版業者の思惑も絡み、四書発明《はつめい》（元・陳櫟《ちんれき》編）と四書通《つう》（元・胡炳文《こへいぶん》編）とを合体したつくりになっているが、この種のものでは最もよく流行した。しかも同書は後に明の永楽《えいらく》帝が欽定した四書大全《たいぜん》の藍本《らんぽん》となっている。

宋・元代は、読者層の急速な拡大により、初めて営利出版が可能になり、浙江《せっこう》や福建《ふっけん》などの先進地域には書肆《しょし》が蝟集《いしゅう》していた。本文と注文を合わせたり、注疏同士を比較対照できるよう工夫された合注本、あるいは図解入りの纂図《さんと》本などが、坊刻《ぼうこく》本（民間の商業出版）として刊行され、日本にも時日を置かずにもたらされた。実際、宋学の発展自体、こうした新しいメディアに支えられていたわけである。義満の学習の形態も、たしかにこれまでの紀伝道の学者による儒書講誦《こうしょう》とは一線を劃すもので、大いに注目されるのである。

和漢聯句の流行

この頃、空前の流行を見ていた文藝が和漢聯句《わかんれんく》である。これもまた当時の学問や書物の形態、そして義満の学習とも密接な関係を見ることができる。

和漢聯句とは、いわば中国の聯句と日本の連歌が結合したもので、五七五ないし七七の和句と五言の漢句を列《つら》ねる、きわめて特殊な文藝である（狭義には発句が和句で始まるものを和漢聯句、漢句に始まるものを漢和《かんな》聯句と呼んで区別する）。およそ鎌倉中期に、和句と漢句を混在させながら、百句を列ねていく形式（聯句では百韻と呼ぶ）が定まったらしい。

ところで、連歌の大成者としても知られる二条良基は、若い頃から和漢聯句にも関心を持っていて、菟玖波集《つくばしゅう》にも「聯句連歌」の部を設けているが、上洛した義堂周信と意気投合して交流を深めたことで、公家・武家・禅僧が一堂に会する和漢聯句が大流行した。

たとえば永徳三年（一三八三）は、四月二十五日に内裏で、六月三日に室町第で良基・義満が行った。学習の成果か、義満は「将軍漢句済々《せいせい》（たくさん）あそばして候、希代の事に候」と、良基に褒められるまでになっていた。二十九日には義堂の住する等持寺で、七月四日には太清宗渭《たいしんそうい》の建仁寺大龍庵《だいりゅうあん》で和漢聯句を行った。良基も「昨日和漢二百、又建仁寺大龍庵四日又候べく候、けしからずはやりて候」と述懐した（吉田家日次記）。八日の義堂が兼管した南禅寺 上生院《じょうしょういん》の駒瀧《こまがたき》での会では、義満が爽涼《そうりょう》の気を「待ち暮らせ秋の月毛《つきげ》の駒が瀧」という発句に詠み、良基の称賛を浴びた（空華日用工夫略集）。さらに十三日にも万寿寺で、八月十二日には二条殿で、翌日にまた南禅寺でと、ほとんど狂ったかのように和漢聯句にうち興じている。良基・義堂のほか、春屋妙葩・絶海中津など夢窓派の要僧が顔を揃え、義満は必ず管領の斯波義将を伴ったし、近衛道嗣・万里小路嗣房のような重臣も常連であった。

この和漢聯句のサークルが、この時代の公・武・禅の権力のヘゲモニーを握る人々とよく重なることは否定しようがない。もっとも文藝としての質的な高さとなると別で、単に社交消閑の具として翫《もてあそ》んだに過ぎないとする評価もあった。しかし、この異常な流行からは、和漢聯句という文藝が当時の人々を深く魅了していたことは疑いを容れない。この時代の権力と文化を解くカギがある、としても、あながち言い過ぎではなかろう。ここで肝腎なことは、作品を虚心に読むことであろう。

残念ながら、この時期の作品は、記録類への断片的な引用のみで、一座完存したものは遺っていないと考えられていた。ところが、『連歌総目録』によれば、二条（良基）・義堂・室町（義満）といった作者二十五名が参加した、某年の和漢聯句百韻を収める写本（和漢聯句集）が、京都大学附属図書館谷村文庫に蔵されることが報告されている。近年、京都大学文学部の国文学研究室・中国文学研究室に属する研究者を中心に和漢聯句に関する共同研究が開始され、これまで室町期の作品集成の公刊を見た。その結果、この百韻にはもう一本、京都女子大学蔵本があることが紹介され、京大本と互いの誤写を糺《ただ》せることが判明、詳細な注釈が施され、『良基・絶海・義満等一座和漢聯句譯注』（臨川書店）として刊行された。

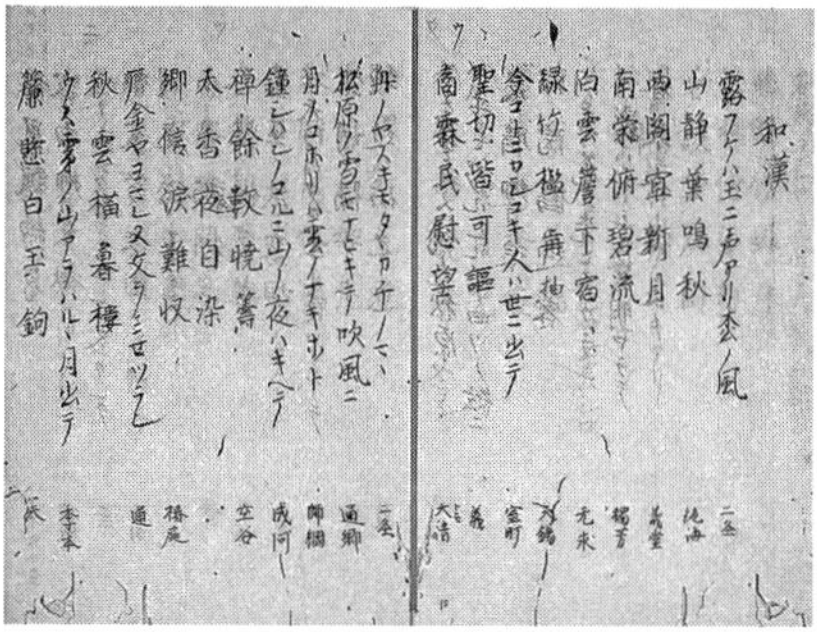
至徳三年秋和漢聯句（京都大学附属図書館蔵）

和漢聯句を味読する環境が整備されたことは大慶であるが、一般にはまだなじみのうすい文藝でもあるので、以下にこの百韻を詳しく紹介してみたい。

至徳三年秋和漢聯句

両写本とも、端に「和漢」と題されるのみで、開催事情を示す記述はなく、古記録にも徴すべき記事がないが、公家衆の官職表記に着目すれば、至徳三年（一三八六）秋の開催と推定できる。発句は良基、「露ふけば玉に声あり松の風」。入韻句《じゅいんく》（連歌の脇《わき》にあたる）の「山静葉鳴秋（山静かにして葉秋を鳴らす）」は絶海が出した。おそらくその八月、絶海の住する等持寺での開催か。絶海は至徳元年に義満と衝突し、勘気を受けて四国に隠遁《いんとん》していたが、至徳三年二月に許されて上京、等持寺に住している。

ついで具体的な付け方を例示する。せっかくなので義満の句の前後を引用することにしたい。作者は実名を示す。

6　緑竹檻前脩（緑竹檻前《かんぜん》に脩《なが》し）　天錫貲疇《てんしゃくしちゅう》
7　今ことに賢き人は世に出でて　足利義満
8　聖功皆可謳（聖功《せいこう》皆謳《うた》ふべし）　義堂周信
9　商霖民慰望（商霖《しょうりん》民望みを慰《い》す）　太清宗渭
10　舟のやすきもただかぢのまま　二条良基

6は、欄干の前の緑の竹が長く伸びた僧坊の情景、同工の表現を持つ、三体詩巻二に収められる李山甫《りさんぽ》の「方干《ほうかん》隠居」は「渓畔印沙多鶴跡、檻前題竹有僧名（渓畔沙《けいはんさ》に印して鶴跡《かくせき》多く、檻前竹に題して僧名有り）」は、方干という僧を訪ねた詩の一節で、鶴や竹は世俗を離れた隠者の境涯を暗示する材であることが分かる。

この句を義満が和にとりなした。「賢き人」と「世」は前句の「緑竹」を受けたもので、前者は竹林の七賢の故事によって、後者は世は節と同音であることから、それぞれ竹の縁語となる。前句との連接をスムーズにする技法で、連歌では寄合《よりあい》と呼ばれるものである。もっとも句意には寄合は必ずしも直接影響せず、これは七賢とは反対に、秦の始皇や漢の高祖を避けて商山《しょうざん》に隠棲した四賢人が、漢の恵《けい》帝の徳を慕って世に出て来た、商山四皓《しこう》の逸話を利用して前句をとりなしている。このような意味上の連結をなす要素を付合《つけあい》と呼び、和漢の古典に取材するものであった。連歌師が古典研究に熱心であったのもこのためである。義満の句は、前句では隠棲していた賢者も現れるほどに治まった世である、と宣言したもので、自信を披瀝《ひれき》したものと読める。

そして再び義堂が漢句を出す。この句の「聖功」は帝王のいさおしということであるが、これも義満の政治を祝言すると見てよい。大檀那に対する一流の追従である。

次の太清の句は、旱魃《かんばつ》の時に大雨が降り民が喜ぶとの意で、商（殷《いん》の別名）の高宗が名臣の傅説《ふえつ》を召し、「朝夕納誨、以輔台徳。若金、用汝作礪。若濟巨川、用汝作舟楫。若歳大旱、用汝作霖雨。（朝夕誨《おしえ》を納《い》れ、以《もっ》て台徳《たいとく》を輔《たす》けよ。若《も》し金ならば、汝を用《もっ》て礪《といし》と作《な》さん。若し巨川《きょせん》を濟《わた》らば、汝を用て舟楫《しゅうしゅう》と作さん。若し歳大旱《としたいかん》ならば、汝を用て霖雨《りんう》と作さん）」（尚書・商書説命上）と命じたことを踏まえる。転じて「商霖」とはすぐれた輔弼の臣を指すので、こちらは摂政良基に対して、民も慈雨のごとく待ち望んだ宰相を得て喜んでいる、と挨拶したのであろう。

源実朝の「時によりすぐれば民の歎きなり八大龍王《はちだいりゅうおう》雨止《や》めたまへ」（金槐《きんかい》和歌集）という古

歌も同様に、雨が降るように、あるいは降り過ぎないように祈ることは古今の為政者の重要な仕事であった。このため前の句とよく付いている。もっとも7・8・9は主題が密着し過ぎていて、句境の変化がない。そのため10で良基が和句を出す。句材の「舟」と「楫」とは9と同じく尚書から取ったもの。9を受けて傅説（商霖）に擬《なぞら》えてもらった我が身であるが、輔弼の功労など小さいもの、と謙遜《けんそん》しつつ、しかし「舟の往来のたやすいことは、楫を操るままである」と、旅の句にとりなしている。なかなか思い切った変化で、ここから一座はようやく流れていくのである。

実はこの百韻のうち、和句は四十一、漢句は五十九である。後世には和句と漢句の割合は五十・五十とするように決められているので、かなり不均衡と言わなければならない。また禅林の作者は漢句を、俗人は和句（ただし良基と東坊城秀長のみ兼作）を出している。何より、連歌が句境の自在な変転を楽しむ文藝であり、そのために季節や題材にも連続や使用の制限を設けたのに対して、聯句は変化を求めず一人が作ったように見せるのをよしとした。したがって、公家の連歌と禅林の聯句とは、一見似ていながら、容易に交流融和するものではなかったのである。

実際に、この和漢聯句で、和を漢で受ける、あるいは漢から和に転ずる句の作者を見ると、前者は当然ながら禅僧が均等にあたっているが、後者の十九句のうち、実に十三句が良基の句なのである。つまり漢句の世界を受け止めて和の世界にとりなすことがきわめて難事であり、停滞した句運びを良基一人が救っていたことを物語っている。また義満は和句二句を出したに過ぎないが、ともに漢句を受けたものであることは、それだけ漢籍や中国故事の世界への造詣《ぞうけい》を示すもので、注意されてよい。

二条良基のごとき、生涯をかけて連歌を大成し、遂には応安新式《おうあんしんしき》という公的なルールを初めて制定したような指導者が監督することで、あるいは義満のような絶対的な権力者のもとで、そもそも相容れない二つの社会の文学者が同座して、共同して一つの作品を完成させる稀有な機会が生じた、と言えるのである。

「知」の基盤の共有

和漢聯句の付合は文字通り古今雅俗にわたっており、その典拠の調査は一苦労である。とりわけ漢故事については、全く理解の届かない付合も多い。これほど難解な文藝を、当座で創作して享受していたとは、にわかに信じがたい気もする。

この時、注目されるのが、中国宋代に編纂された韻書（韻目で分類された字書）である。北宋の大中祥符《たいちゅうしょうふ》元年（一〇〇八）、陳彭年《ちんぽうねん》らが切韻《せついん》（隋代の韻書）を増訂した広韻《こういん》が最も有名である。

広韻はその後も改編を加えられ、科挙の参考書として刊行された。出版は大部な韻書の流布に福音をもたらす。礼部韻略《れいぶいんりゃく》、増修互注《ぞうしゅうごちゅう》礼部韻略、古今韻会挙要《ここんいんかいきょよう》などが陸続と編まれては刊行され、日本にも広く流布した。これらは旧来の字書と違って、文字を検索するための工夫が凝らされ、さらに字義・用例も豊富に収載し、類書としての機能も有している（類書は、古典の文章を抄出して項目別に分類した、一種の百科事典）。和漢聯句では偶数句に漢句を出した時には押韻する。この時、韻書によって押韻字を調べることになるが、その時に典拠となる用例が載っていれば、非常に有用であろう。

さて、中世で最も重要と思われる韻書が、元の陰時夫《いんじふ》が編んだ韻府群玉《いんぷぐんぎょく》である。これも科挙対策の坊刻本として元の元統《げんとう》二年（一三三四）初刊、至正《しせい》二十八年（一三六八）再刊以後、用例を増補されて何度も刊行され、その流布は朝鮮・日本・ヴェトナムと漢字文化圏の全域にわたる。

実際、至徳三年（一三八六）秋和漢聯句の押韻もまた韻府群玉に基づいていることが確認されている。左のような漢和の付合は、韻府群玉を介在させた方が分かりやすい。

56　題詩付御溝（詩を題して御溝《ぎょこう》に付す）　播侍者《ばんじしゃ》
57　玉章《たまずさ》と柿の一葉《ひとは》の流れきて　二条良基

前句の、詩を木の葉に書いて流すことは好まれた趣向とはいえ、その道具立ては和漢でさまざまである。付句は柿にとりなしたが、韻府群玉で韻字の「溝」字を引くと、熟語「御溝」が立項され、「于祐、御溝に紅葉を得て詩を題す。「葉」に詳らかなり」とある。「葉」字へと導かれると、「紅葉良媒《こうようりょうばい》」の物語を載せる―于祐《うゆう》なる男が禁中のせせらぎで、孤閨を歎く詩の書かれた紅葉を拾ったので、自分も葉に詩を書いて上流から流した。のち結婚した相手は不思議にも紅葉を流した女官であった。語句の共通、当時の流布状況から、前句は韻府群玉に拠ったと見られる。

　環境も教育も異にする会衆が、句を出し、付合を楽しんだのも、教養の基盤をある程度まで共有できていたからである。それは韻府群玉のような、韻書・類書の刊本の登場を俟って初めて実現した。網羅する情報量といい、立項・分類・検索の便宜が凝らされた構成といい、それまでの学書とは比較を絶していた。このことは学術の変革を確実に促したのであった。

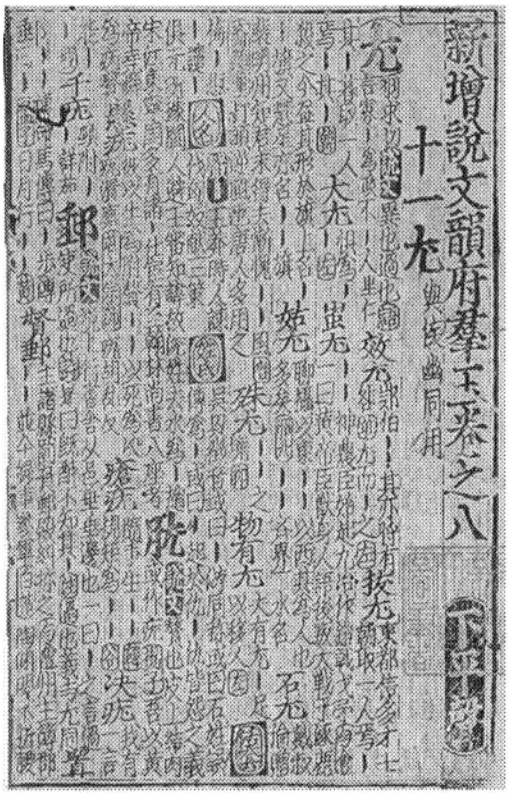
新増説文韻府羣玉巻之八
十一尤

韻府群玉（京都大学附属図書館蔵）元至正16年（1356）刊。

　足利義政は、慈照寺東求堂《じしょうじとうぐどう》の書院に、李白《りはく》の詩集、蘇軾《そしょく》の文集、そして古今韻会挙要・大広益会《だいこうえきかい》玉篇《ぎょくへん》（北宋陳彭年撰の字書）・方輿勝覧《ほうよしょうらん》（南宋 祝《しゅく》穆《ぼく》撰の地誌）の五部をとくに選んで置いたという。こうした大部な書物によって、世界の知識を所有するという意識の現れであろう。少し前まで、家庭の応接間には必ず百科事典一セットが備えられていたが、その源流は室町殿の書斎にあったと言ってもよいかもしれない。

「唐物」と和漢聯句

以上、考察してきた和漢聯句とは、一応は和と漢との融合した文藝とは言い得るものの、しかしそう単純に整理できるものではない。時代が下るにつれて、禅僧たちは連歌の式目に歩み寄っていくのであるが、連歌の式目に従うことで、禅林の聯句の伝統は失われ、全く別のものとなってしまうので、漢句・和句の絶えざるせめぎ合いのなかで何とか妥協点を見出していたと言えるかもしれない。良基と義堂は、漢句をもって第唱句《だいしょうく》（発句）とし、句末の語に漢字を宛てることで、和句にも押韻する、いわゆる漢和聯句を初めて試みているのであるが、この漢和聯句は禅林の側に立った形式といえ、室町後期に盛んになっていくので、これは漢句作者の巻き返しと言えるであろう（深沢眞二『「和漢」の世界』）。

さて和漢聯句に詠まれた中国故事は、本国の文学のそれと等しいのであろうか。二条良基のごとき名手によって、意味内容の響き合う日本の古典に対置された時、それはすでに本来の「漢」からは逸脱した、異質なコンテキストとして読まれるものとなっている。いわば「和」から見た「漢」なのである。

　このように整理する時、ただちに想起されるのは島尾新氏の「唐物《からもの》」についての考察である（「会所と唐物」）。やはり南北朝の婆娑羅大名、義満の室町第や北山第が取り上げられている。彼らが財力に物を言わせて営んだ公的な空間、すなわち「会所」と呼ばれるスペースには、高価な「唐物」が所狭しと陳列されていた。この「唐物」とは中国舶来の贅沢品、絵画・彫刻・調度・書物などを総称するもので、現在のいわゆるブランド物にあたると考えればよいであろう。鎌倉幕府の要人や後醍醐天皇も「唐物」の蒐集《しゅうしゅう》に熱中したことは有名であり、権力を荘厳するアイテムとして欠かせないものであったが、いかに「唐物」によって中国風に設えられた空間も、実は「和」の美的センスによって構成されたものであった。

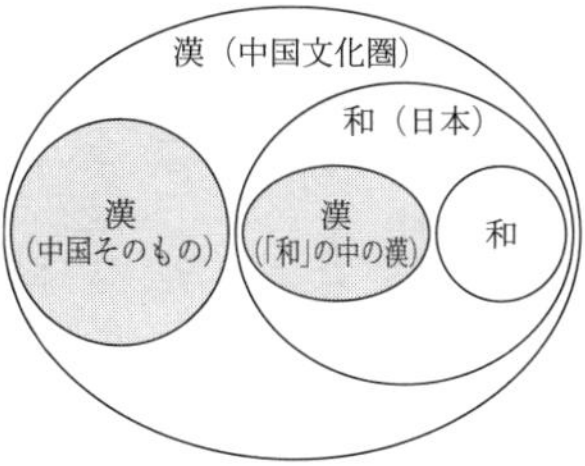

「和」のなかの漢（島尾新「会所と唐物」鈴木博之他編『中世の文化と場』東京大学出版会　平18より）

「漢」は「和」のうちに、あたかも入れ子のようになって存在する。もはやそれは本国の「漢」ではあり得ず、いわばキッチュ、まがいものの「漢」である。島尾氏が「唐物はたしかに中国で造られた「漢」だけれど、北山第の天鏡閣《てんきょうかく》などはあくまでも「和」の中で形成された「漢」であり、室町殿の会所では異国風という色彩はかなり薄まっている」と述べるのは、和漢聯句の「漢」の扱いと面白いほどに一致する。さらに「義満が目指したのは和漢の対比を見せることではなく、北山殿に当時のありとあらゆるものを詰め込んで、それらに支配者としての秩序を与えかつそれを実感させることだった」という文章は、当時の「中国文化」に対する日本人の姿勢を端的に言い表している。

「唐名」も和名の一種

近年、中国を中心とした世界秩序に、日本文化を位置づけることで、新たな視点を得る研究が隆盛である。ただし、いささか過熱気味であり、一部には国内での享受や伝統を無視してまで大陸に起源を求める傾向が見られる。

たとえば、日本の令制下の官職には、ほとんどすべてに中国風の異称、唐名《とうみょう》がある。中務卿を「中書令《ちゅうしょれい》」、修理大夫を「匠作《しょうさく》」とする類である。しかし、唐名は古くから浸透しており、官職が形骸化した中世も同様で、ことに武士が好んだ。なぜなら他人を唐名で呼ぶことは敬意を表し、自ら名乗れば尊大の気があった。室町期に斯波氏を「武衛《ぶえい》」、細川氏を「京《けい》兆《ちょう》」と称するのも、それぞれ当主が任じられた左兵衛督と右京大夫の唐名に因む。唐名とは重要な官職故実であり、むしろ日本文化の一部といってよい。しかるにこれを用いる背景には中国文化への憧憬があるとか、同時代の大陸の官制を模したなどとする学説を目にすることもあるが、余り意味をなさず、従いがたいことは自明であろう。

時間空間とも懸隔する二つの現象を、それぞれの環境も考えず安易に結びつけることは自戒したい。この点では、これまでに分厚い蓄積を持つ対外交渉史の業績が、むしろ醒《さ》めていて判断には慎重であるように思う。

ここに挙げた事例に明らかなように、大陸の文物は日本に入れば「唐物」として和様化されるのである。そこではすぐれて国内の問題として、独自性―辺境性が浮かび上がってくるが、別に悲観する必要はなかろう。文化史の考察を深化させるためにも、「東アジア文化圏」という壮大な見取り図を描いて能事畢《のうじおわ》れりとするより、文物を受容した側が何をどのように消化したか、一つでも多くの事実を掘り起こし、正確に位置づけた方がよい。中国文化の影響がしばしば指摘される義満の学問思想についても、現代人の予断に基づいた推測が多く、十分に検討されているとは思えない。

この時、典籍に着目した目録学的な研究はやはり有効である。そこでもう一つ、宋代の出版文化の恩恵を受けて鎌倉時代に将来され、義満をはじめとする室町将軍の上にも影響を及ぼした、不思議な書物について紹介してみよう。

年号と義満――韻鏡のいたずら

義満が北朝年号の決定にも容喙《ようかい》していたことはよく知られている。年号勘文《かんもん》を仗議《じょうぎ》の前に内覧し、自らの意中とする候補を伝えるのを常としたが、とりわけ応永改元（一三九四年）の時には、明の年号「洪武《こうぶ》」に倣って、「洪徳」という号を提出させ、公卿の反対に遭って断念したことは、著名なエピソードである。

ところで、康応改元（一三八九年）の時にも、これまでと同様、東坊城秀長を召して、事前に四つの年号候補を報告させた。迎陽記の嘉慶三年（一三八九）二月七日条によれば、この日、義満はその「反音《はんおん》」を調べさせ、うち一つを不可とした。

> 室町殿に参る、愚勘文に御合点三ありて返し下さる、畏《かしこま》り存ずる者なり、御対面あり、委細仰せ下さる、眉目《びもく》なり、今日等持寺に御出、尊宿の僧達と反音等の事御談合あるか。康応反は慶、・正永反は整、・応仁反は贇、この三字共に以て反字珍重なり、出だすべきの由仰せ下さる、慶徳の反は克なり。「カツ」は子細無しと雖も、「争」こそ克つ義もあればなほむつかしきの由仰あり。

ここに「康応の反は慶」などとあるのは、「反切《はんせつ》」のことで、平易な漢字二文字A・Bの「反音」をもって、任意の一文字Cの音を示す方法である。すなわちAの頭子音（a）とBの韻（b）を組み合わせたabで表されるのが反音で、別の文字Cの音と同じである時、「CはABの反（切）」、Cは反切上字Aと下字Bの帰字などと言われる。

この記事では「慶徳」の反は克となった（中古音で示すと、慶 k'iaŋ ＋徳 tək で克 k'ək となる)。義満はこの帰字を問題として、「克のカッという読みは結構であるが、争いがあるからこそ克つということになる」として斥《しりぞ》けた、というものである。大名との対決に乗り出した頃(第六章参照)、争乱に結びつく文字を忌避する心理は興味深いことである。

ところで、年号の反音は問題視しない、というのが、朝廷のこれまでの一貫した見解であった。まず反切はあくまで任意の一文字の字音を知る手段に過ぎず、二字の熟語を反切させたところで、語学的には何の意味を持たない。さらに、反切で示されるのは音だけで、帰字は必ずしも一つに定められないからである。義満がこんなことにこだわって年号を決定したのは、頗《すこぶ》る異常なことであった。

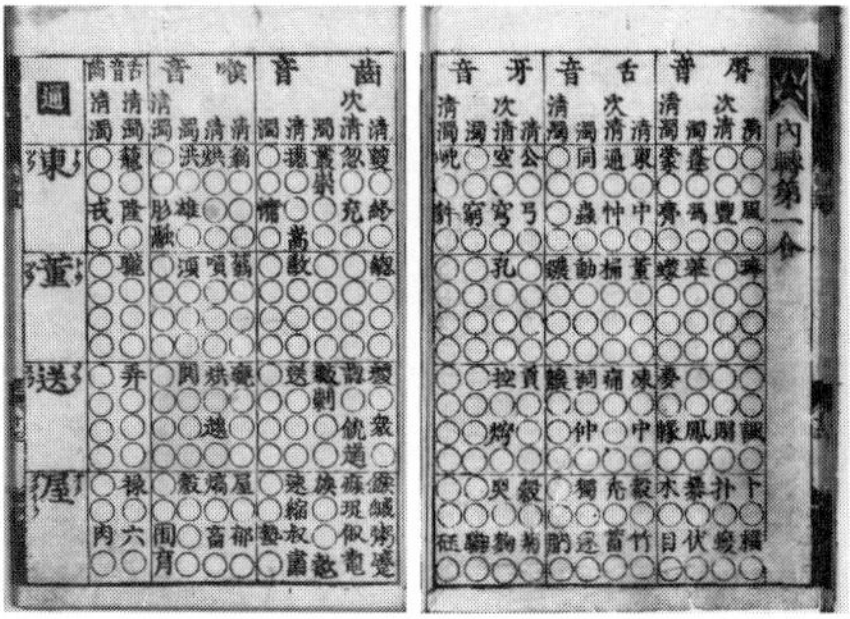
韻鏡。日本でも早く享禄元年(1528)に堺で刊行された。これは元禄九年(1696)の覆刻本。

ここに韻鏡《いんきょう》という、中国の韻図がある。その構成はきわめて複雑なものであるが、基づく原理は日本の五十音図と同じである。すなわち、縦行には唇・舌・牙《が》・歯・喉《こう》・半舌・半歯の七音とそれぞれの清濁からなる二十三の声母《せいぼ》(頭子音《とうしおん》)を、横列には平上去入の四声《しせい》をさらに四分割した十六の韻母を示して転図とし、その転図四十三

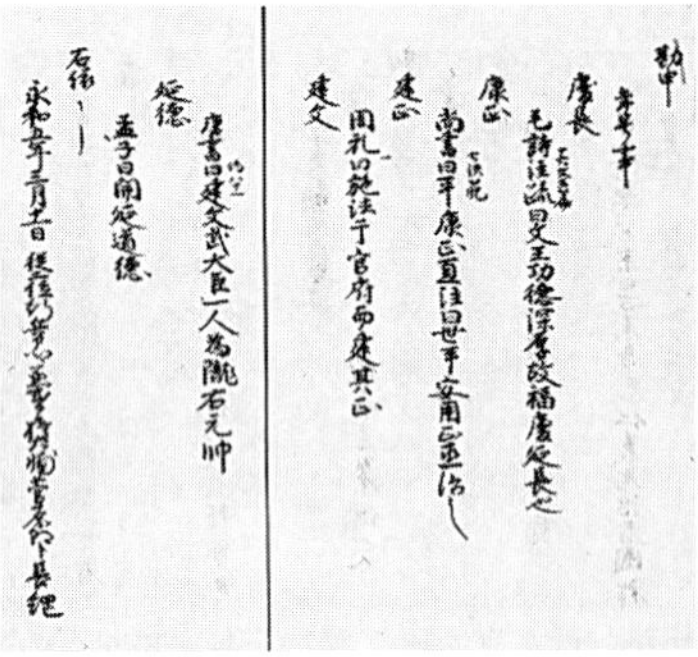

康暦度改元勘文（国立歴史民俗博物館蔵年号勘文部類より）。東坊城長綱の勘文

枚に、四千余の文字を配置したもので、文字が置かれた場所（すなわち縦行と横列の交点）から、字音が導き出せる仕組みである。

韻鏡は中古音の基本資料として中国音韻学に欠かせない文献であるが、成立は謎に包まれている。中国の五代末から宋初にかけて成立したと見られるものの、編者は全く不明である。南宋慶元《けいげん》三年（一一九七）になって張麟之《ちょうりんし》（この人物も伝未詳）が刊行したが、本国では湮滅《いんめつ》し、日本にのみ伝来したのである。鎌倉時代には悉曇《しったん》（梵字《ぼんじ》の字母）を学ぶ顕密の学僧の手で多少研究されたものの、社会的には微々たる動きに過ぎない。それが南北朝期になって、韻鏡は突如脚光を浴びる。実に北朝の康暦改元（一三七九年）の仗議に、その変化が如実に見られる。公卿たちがめいめい年号を推薦した後、その候補に対する長い難陳《なんちん》の一部を迎陽記から引用する。

次に万里小路中納言（嗣房）は康暦、侍従中納言（三条西公時）は慶長・康暦、洞院大納言（公定）は文安・安永、中院《なかのいん》大納言（具通）は慶長、かくの如く定め申し畢《おわ》んぬ、（中略）洞院大納言曰く、慶長の反、羌《きょう》字なり。反音強《あなが》ち沙汰無しと雖も、又憚らるべき事か、先づ憚らるべきや否や、沙汰あるべきか。侍従中納言曰く、反字の事、漢家憚る事見及ぶ様に候、本朝に於いては、強ち古来憚らず、随《したが》ひて天暦《てんりゃく》の反は敵、延喜の反は異、共に以て聖代の元号、吾朝の規模なり、已《すで》に敵の反を用ゐらるるの上は、羌の字なほ軽かるべし、其の故は敵は四方の凶族に渉《わた》るべし、羌は庸《よう》・蜀《しょく》・羌・髳《ぼう》と云々、西戎《せいじゅう》の一名か、敵字に比すれば太《はなは》だ軽かるべし。縦《たと》ひ反の沙汰有りと雖も、子細無し、況《いわ》んや又反の難に及ぶべからずんば、弥《いよい》よ又勿論かの間、挙《きょ》し申し了《おわ》んぬ。洞院大納言曰く、天暦・延喜の比《ころ》、韻鏡は未だ渡朝せず、よつて反音の沙汰に及ばざるか。已に渡朝以後、字反分明の上は、不吉の字を以て憚らるべきか、且《か》つ此の段向後《こうご》の為に治定せらるべきか、（下略）

三条西公時の推した「慶長」の号に対して、洞院公定は「慶」と「長」とで反切を取ると「羌」となる、と批判した。「羌」は西域の異民族を指す語だから、この号は避けるべきである、というわけである。

果たして「日本の年号では反切を問題視したことはない、延喜（醍醐天皇の年号）の反は「異」、天暦（村上《むらかみ》天皇の年号）は「敵」となるが、聖代ではないか」との反論が出ると、公定は重ねて「延喜・天暦にはまだ韻鏡が我が国に将来されていない。そこで反切の詮議《せんぎ》に到らなかったまでだ。将来された後は、二文字の反切の文字が明白になったのだから、不吉の字は避けた方がよい」と言い切った。

韻鏡を使って反切をとれば、求める帰字は少なくとも一つの代表的な字に定められる。康暦改元では、公定の主張は斥けられたが、この点が人々を幻惑したらしい。義満もその虜になってしまったのである。先の康応改元の時には、候補の号の反音となる文字をすべて求めさせて、「慶徳」のみを斥けたのは、実に義満が韻鏡を参照させた結果だったのである。

しかも義満だけではない。いったい、室町将軍は、いわゆる縁起をかついで、何度も改名した人が多いが、これにも必ず韻鏡が絡んでいるのである。

応永三十五年（一四二八）、青蓮院義円《しょうれんいんぎえん》（義教）が将軍に指名されて還俗《げんぞく》した時には、命名候補の二字の反切をすべて調べさせた。いったん「義豊」に決まりかけていたのであるが、これの反切が韻鏡では「豜《ぎょう》」になる。あまり見ない字であるが、豚の一種らしいと分かったため、慌てて撤回されている。

また九代将軍の義尚も、長享《ちょうきょう》二年（一四八八）六月、「義煕」と改名している。その理由もまた「義尚」の反切が不快、という理由であった。やはり韻鏡によれば、「軥」字となり、これは隘路《あいろ》を進む小さな車のことで、義尚は気に病んだ。「軥字の注尺、駟馬《しば》高蓋《こうがい》の車に非ず、大将軍天下の柄《へい》を執る人の御名字、然るべからざるかの儀なり」（実隆《さねたか》公記）とある。義尚は六角氏討伐のために近江国の鉤陣《まがりのじん》に長期滞在中であり、それから一年も経たず陣中に没した。戦果を挙げられないまま、酒色に心身を蝕まれていた若き将軍は、韻鏡の呪術的な力にとらえられてしまったと言える。

室町殿の病的なまでの韻鏡への傾倒は、義満の跡を襲ったところが多分にあると考えられる。将軍ですらこうであるから、韻鏡は中世を経過するうち、日本の社会にもしっかりと浸透していった。ただし、韻鏡は、転図に位置づけられた一字の字音を知るための道具である。年号や人名二字の反切をとり、韻鏡によって得られた字の吉凶を問題にすることなどは、本来の用途とはかけはなれている。しかしながら、江戸時代中期になって全否定されるまで、韻鏡は占いの書物として尊重され続け、厖大《ぼうだい》な注釈書を生み出したのである。

韻鏡の流行は、あたかもかろうじて絶滅を免れた一粒の種子が、異国で繁茂して異様な果実を結ぶ現象にも喩《たと》えられる。広義には漢籍受容史の上に位置づけられているにしても、全く日本文化のうちの独自の展開というほかなく、他にもこのような展開を遂げた文物は多くあろう。

第五章　寵臣と稚児

「愛悪掲焉、貧富顕然たり」

興福寺一乗院門跡に仕えた南都の僧光暁《こうぎょう》は、日記に京都の要路に献じた進物のリストをしばしば記している。その東院毎日雑々記《とういんまいにちざつざつき》によれば、応永六年（一三九九）夏の進物は瓜《うり》の櫃《ひつ》であり、義満のほか九名に献じた。その構成は権力の構造を示していて興味深いが、広橋仲光は南都伝奏、畠山基国は幕府管領、結城満藤《みつふじ》は山城守護、牧秀知《まきひでとも》は同守護代、摂津能秀《よしひで》は評定奉行であった。光暁にとって公的に折衝する相手と思われるが、このほかに裏松重光・日野資教・高倉永行《ながゆき》・坂士仏《さかしぶつ》の四名がいる。いずれも義満の近くにいたゆえに、配慮を怠ってはならない存在であった。

義満の寵遇を受けた者は、公・武・僧にわたる。伝奏・家司のように職務を定められて活動する者から、幕府の近習として仕える者、一方で全く私的な関係の者もいる。坂士仏は医師、高倉永行は衣文《えもん》道の廷臣で義満の装束師であり、いずれも家業をもって引き立てられた。

結城満藤は山城守護に三任された権力者であるが、素性は賤《いや》しい近習で、成り上がりの嬖臣《へいしん》と見られていた。同月に政所奉行も兼ねいよいよ時めいたが、八月突然全ての地位を奪われ、但馬国に没落した。大名の反撥を受けたと見られる。光暁は満藤の浮沈に驚く風もなく、ただちに新任の山城守護に挨拶の使者を遣わしている。

およそ宮廷政治につきものなのは、君主の好悪の情が恣《し》意的かつ露骨で、臣下がわずかな罪科で処罰されたり、反対にさしたる功績がないのに大いに栄典を与えられたりすることであろう。「愛悪掲焉《あいおけちえん》、貧富顕然たり（好き嫌いが露骨で、格差も明白）」と言われた、院政期の上皇と近臣のごとき、その好例である。室町殿もまた気まぐれなことでは人後に落ちない。富み栄えていた者が、寵愛を失ってたちまち没落することも珍しくなく、そこには朋輩《ほうばい》の嫉《しっ》視《し》、鬱憤《うっぷん》、嘲笑《ちょうしょう》と、あらゆる負の感情が渦巻く。執政の間、数百人を処罰して「万人恐怖」と言われた義教ほどではないが、義満にもこうした話題は事欠かない。義満に親しく仕えることは、社会的・経済的に最強の支援者を得るとともに、はなはだしい精神的負担を強いられることでもあった。ここでは義満に寵遇されたり処罰されたりした廷臣たちの悲喜劇を、いくつか紹介してみたい。もって義満の人柄もよく窺うことができるであろう。

義満	10
広橋仲光	10
結城満藤	10
裏松重光	10
日野資教	10
牧 秀知	10
高倉永行	5
坂士仏	5
摂津能秀	5
畠山基国	10

瓜の献上先と櫃数

近衛道嗣との交流

義満と親しい廷臣といえば、二条良基と外戚の日野家がその筆頭であり、そのことはこれまでに比較的詳しく記したから、それ以外の人々との交際を見ていきたい。

近衛道嗣は、後深心院関白記の筆者としてこれまでも何度か触れた。近衛家は経営の安定した荘園を多く伝領していたゆえ、歴代の関白は政治的野心に乏しく、内乱期ですら泰然としていたように見える。道嗣も後光厳天皇の関白を一年半ほど務めた後は、朝廷にはほとんど出仕せず、早くも隠居した感がある。日記を見ても直接の交流があるのは家礼と家司だけで、閑雅な生活を楽しんでいた。義満の朝廷進出も、当初冷ややかに眺めているだけであった。

ところが、永徳元年（一三八一）室町第行幸では、道嗣が召されて蹴鞠の妙技を披露したことで、急速に義満との距離が縮まる。おそらく良基とは違った才能を持つ道嗣を慕っていたように見える。永徳二年頃からは直接の交流を持つようになる。そして至徳年間（一三八四―八七）は、義満・良基・道嗣三者の会合が頻繁であった。

至徳二年八月には、義満・良基と南都に下向し、四日間をかけて春日社・興福寺・東大寺などに参詣した。滞在中、義満は道嗣と一乗院門跡に同宿し、良基には毎晩ここへ通わせているから、よほど道嗣のことが気に入っていたのであろう。また三年五月二十八日には後円融院仙洞で晴儀蹴鞠が行われ、義満も鞠場に立ち、道嗣が「蹴鞠師範」として万事指南した。義満は莫大な謝礼を与えた。一条経嗣は「継富の謂《いい》か」とのみ記した。論語第六雍也《ようや》の「吾聞く、君子は急を周《すく》いて富めるを継《たす》けずと」によるもの。非難しつつ、羨望《せんぼう》を隠さない。

しかし、年ごとに専横の度を増す義満やもともと気性の合わなかった良基と行楽を共にすることは、生活環境の激変を意味し、かつたいへんな心労を強いることであった。嘉慶元年（一三八七）三月九日、義満が鷹司《たかつかさ》第で蹴鞠を楽しんだ時には、道嗣が結構《けっこう》したが、その直後に病に倒れた。実冬公記は、

去る鷹司の花下《はなのもと》の鞠の時、病初めて萌《きざ》すと云々、若《も》しくは世間《せけん》の病か。又聞く、去月の比より少便に血下る、大略内損、一つは、室町准后（義満）と昵近《じっこん》以来、財産を得る事多しと雖も、心労繁多、病初めなりと云々、

という風説を記す。義満に接近したことで財産を多く得たかわりに、心労によって健康を損ねてしまったという。この時も無理を押して鞠場に立ったのであろう。十七日、五十六歳をもって死去したが、「准后の悲歎尋常を越ゆ」とあり、義満がひどく悲しんだと伝えている。さしもの驕児《きょうじ》も、晩年散々に引っ張り回した道嗣の死に、思い当たるところがあったからではないか。

洞院公定の反抗

権大納言洞院公定は、義満が右大将に任じられた当初、拝賀の指導者に擬された廷臣である。これは実現しなかったが、その後も武家家礼として奉仕し、義満もその学識をそれなりに重んじていたように見える。韻鏡を改元定で取り上げたのも公定であるし、古代・中世で最も信頼できる系譜集成、尊卑分脈《そんぴぶんみゃく》の編者と言えば、思い出される方も多いであろう。

ところが、公定は突如として義満に反抗的な姿勢を取るようになる。そして、永徳二年(一三八二)九月十八日、等持寺法華懺法《ほっけせんぽう》の場で何らかの暴言を吐いて、義満の激怒を買った。たちまち官を奪われ、左馬寮領以下の所領を没収された。荒暦には「一家の滅亡、悲しむべし悲しむべし。凡《およ》そ此の仁所存、事に於いて異様、殆《ほとん》ど直《ただ》なる事に非ず、随ひて懺法の時荒言を吐く、果して此の如し、嗚呼《おこ》と謂ふべし」とある。

公定は平生から奇矯な言動が見られたらしく、荒暦は当然の結果として冷ややかである。ただし、洞院家の歴代は院の大別当(執事別当)となっており、仙洞の行事を差配した。そのため、治天の君が、持明院統・大覚寺統、両統から交替で政務をとった鎌倉後期にも等しく重んじられた。公定の時にも、その中園第《なかぞの》が後円融院の仙洞御所に提供されている。それにもかかわらず、後円融が院政を始めた時、義満が執事別当となったことは、洞院家の当主として心穏やかではなかったかもしれず、その不満が爆発したものであろう。ただそれは、後円融と義満の軋轢が嵩《こう》じていくなかで、最悪のタイミングであった。

もっとも、公定は細川頼之と姻戚関係があり（頼之室は公定母の姪）、その支援を受けていたようで、あれほど義満の怒りを買ったにもかかわらず、不思議に官途に復することを得た。至徳二年（一三八五）三月には権大納言に還任し、最終的には左大臣右大将にまで昇っている。もっとも左馬寮領は返付されず、根本的な困窮を解決できないまま、洞院家は戦国期に断絶している。

飛鳥井雅縁の出家

飛鳥井家は鎌倉時代に雅経《まさつね》・雅有《まさあり》と二人の勅撰集の撰者を出した和歌の家であり、蹴鞠も家藝としたが、歌壇でとりたてての存在感はなかった。ところが、雅縁《まさより》に至って、父祖をはるかに越える栄達を遂げた。これはひとえに義満の寵愛によるものであった。

雅縁は早くから室町第に出入りしていたが、自身の官位昇進はそう早いものではなかった。義満の出家した応永二年（一三九五）にも正四位下左中将に過ぎない。ところが、四年四月十五日従三位に叙されると一転、右衛門督・参議・権中納言へと、やつぎばやに昇進、五年三月二十四日には遂に権中納言となって、即日官を辞して出家する。

雅縁の祖父雅孝《まさたか》は晩年権中納言になったので、雅縁がその官に昇って家格を復興する希望を抱いたのは自然なことで、それを義満が叶えてやったのである。ただしそれは、約一年の間に六度昇進という、摂関家にすらないような異例を通したもので、雅縁の出家を前提としてのはなむけであった。そして、いよいよ出家の時には、雅縁は室町第に招かれ、金襴《きんらん》の袈裟に身を包んだ義満が自ら髪を剃り、また法名を宋雅と命名し、さらに白練平絹《しらねりへいけん》の道服と小袖とを賜った。これはどう考えても、一日も早く雅縁を出家させようとする——かれを法体《ほったい》にさせたいという意志の現れとしか思えない。応永二年に出家した義満は廟堂から離れた後も雅縁を必要とした、とも言えよう。吉田家日次記はこれを難じ「本鳥《もとどり》一事の労、希代の由、世以てこれを称す（まげ一本で大儲《おおもう》けをした）」と皮肉っている。その後の雅縁は「中納言入道」と号し、常に義満と行動を共にし、俗体の時にも増して公武の間に幅広く活動したのであった。

二条為右の最期

二条為右《ためみぎ》は新後拾遺集撰者となった権中納言為重《ためしげ》の息で、応永初年（一三九四）の内裏歌会・蹴鞠の指導者として活動した歌人である。この二条家は御子左《みこひだり》家の嫡系で二百年にわたり繁栄し、歌壇における重みは、新興の飛鳥井家などの比ではなかった。かつ武家家礼でもあるから、室町殿にも奉仕している。ところが為右は応永七年頃、突然に消息不明となり、その後、二条家の血脈は絶えてしまう。この間の事情について、吉田家日次記の応永七年十一月二十二日条に衝撃的な記事があるので、引用してみよう。

二条少将為右朝臣二条故中納言為重卿息、一昨廿日、侍所所司代浦上美濃入道の宿所北山に召し籠めらる。事の子細を尋ぬるの処《ところ》、宋女字テルに蜜〔密〕通し、懐妊せしめ了《おわ》んぬ、已に当月に及ぶの刻《きざみ》、後勘《こうかん》を恐れ、小野庄江州に於いて産所を用意するの由、これを示す、則ち自身異形の躰たりと云々、同道せしめ、勢多橋《せたはし》に於いて件《くだん》の女性を湖上に落とし入れしむるの処、かの女存命せしめ、浮き流れしむるの時分、旅人か漁夫か船を寄さしめ、これを引き出だす、更に以て相違無し、この事上聞に達せしむるの故なり、先代未聞《せんだいみもん》の所行、万人弾指《だんし》す、抑もまたかの女性存命、未曽有《みぞう》未曽聞の事なり、平生信心他に異なり、毎日観音経三巻転読、多歳を経ると

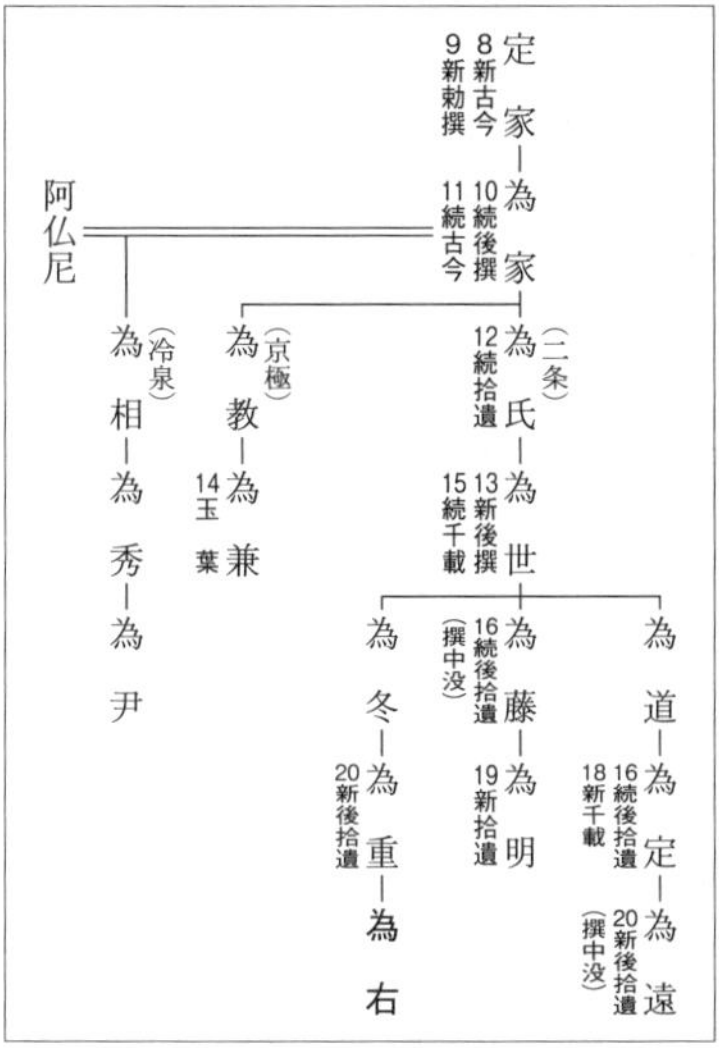

御子左家系図と撰進した勅撰集。数字は二十一代集のうちの順。

云々、或る説、海中に沈むの時分、誰とも覚えずして口耳をとらへ、命ばかりは助くべしと示すの由覚ゆ、その後更に覚えずと云々、誠に化現《けげん》の利生《りしょう》、言詞《げんし》を費やすに匪《あら》ざるか、

為右はテルという名の「采女」に通じて、懐妊させた。これは義満に仕えていた、明国出身の女性と考えてよいであろう。このため、譴責《けんせき》を懼《おそ》れた為右は、近江国小野荘(現滋賀県彦根市)に産所を設けたと偽って、自らは「異形《いぎょう》の躰《てい》」(公家にふさわしくない装束、多く直垂姿を指す)に身をやつし、彼女を誘い出した。小野荘は「和歌所の永領《えいりょう》」と称されたように、勅撰集の撰者に付与された荘園で、当時は為右が知行していた。そして、瀬田橋にさしかかったところで湖面に突き落としたのである。しかし彼女が奇跡的に助かったことですべては露顕し、ただちに拘禁される。侍所が捕縛に動いたことから、義満の命令であることは自明である。

廷臣の処罰は、義満といえども、官途の望みや生計の資を断つのにとどまり、直接手を下して生命や財産を奪うことはなかったが、女性が絡んだ場合は深刻であった。応永二年六月、参議左大弁日野西資国《ひのにしすけくに》が解官《げかん》されている。その罪科は、義満の寵愛する内裏女房今参局《いままいりつぼね》に密通したことであった。資国は御台所業子《なりこ》の末弟で、最も羽振りの良い近臣であったにもかかわらず、義満の怒りは烈しく、以後四年にわたり謹慎を余儀なくされた。義満は他にも今

参局に通じた殿上人がいないか一ヶ月にもわたり厳しく詮議した。この間、佐渡国に流人のための宿所を建てたとの巷説が乱れ飛んでいる。

果たして為右も、佐渡に遠流と決したが、義満の怒りは収まらなかったようで、洛外に出たところで斬られた。吉田家日次記同月二十九日条を続ける。

後に聞く、二条少将為右朝臣佐渡国に遣はすべきの由、守護上野民部大輔入道に仰せ付けられ、路次《ろし》西坂本の辺と云々、に於いて誅《ちゅう》せらると云々。造意《ぞうい》の企て、常篇に絶ゆ。罪責遁るる所無き事か。しかりと雖も当時道の宗匠たり、死罪尤《もっと》も不便か、これをなすに如何、

為右の罪状はたしかにきわめて悪質であるが、それが「造意の企て」、義満への叛逆《はんぎゃく》とみなされていることが注意される。つまり謀叛《むほん》などの重事を除いては、武家が公家を殺した例はないために、世の驚愕震撼《きょうがくしんかん》が伝わってくる。さらに罪人として処刑されたゆえか、後人も為右の最期についてあからさまに触れることを避けた節がある。ともあれ二条家はこの事件をもって断絶に追い込まれ、現在、定家の血筋としては冷泉家のみを伝える結果となった。

「虎狼」か「大猿」か

ところで、さきの洞院公定は、義満によって官職を奪われての逼塞《ひっそく》のなか、怪しげな予言書の読解に手を染めていた。

戦乱の続いた中世には、明日をも知れぬ世上の不安に乗じ、さまざまな予言の書（未来《みらい》記《き》）が行われた。有名な邪馬台詩《やまたいし》もその一つであるが、むしろ聖徳太子に仮託した未来記が定番のものであった。これは太子入滅後より現在までの歴史を語るもので、諸本により増減差異はあるものの、重要なプロットは共通する。たとえば、太平記では楠木正成《くすのきまさしげ》が太子ゆかりの天王寺で披見して、討幕の兵を挙げることになっている。その文面は「人王九十五代ニ当リテ、天下一タビ乱レテ主安カラズ。此ノ時東魚《とうぎょ》来リテ四海ヲ呑ム。日西天ニ没シテ三百七十余箇日、西鳥《せいちょう》来リテ東魚ヲ食ラフ。其ノ後海内《かいだい》一ニ帰スル事三年。獼猴《みこう》ノ如キ者ノ天下ヲ掠《かす》ムル事三十余年、大凶変ジテ一元ニ帰ス」というものであった。

公定が見ていた未来記も似たようなものである。ここで鎌倉・南北朝時代についての予言を現代語で引用すると、次の通りである。

第一　ある王の時に、東の蛮族が国を奪う。
第二　それから百余年した王の時に、東の蛮族が滅び去り、三年後、「建」の字を上に置く年号となる。
第三　二年して、丙子の年の四月二十三日に西の蛮族が国を奪う。
第四　七年して、私（太子）が南から来て、仏法を広め、国は豊かになる。
第五　それから王の治世が三十余年続く。

第六　以後、猿のごとき動物が天から降って人間を喰《く》らう。

いったい、未来記の本文は、暗号や判じ物のような、いかようにも解釈できる曖昧《あいまい》な文章であり、これを実際に起きた事件や実在の人物と吻合《ふんごう》させる注釈が世に行われた。公定による謎解きを聞いてみると、

第一・第二　人皇九十六代は後醍醐天皇にあたる。その元弘元年（一三三一）に天皇は都を出奔し天下が大いに乱れた。二年後、関東武家は悉く滅んだ。そして、たしかに「建」の字を上に置く年号、建武元年となった。

第三　建武三年（一三三六）は丙子にあたる。この年五月に足利尊氏卿が鎮西《ちんぜい》から上洛し後醍醐天皇の官軍を討った。その四月に尊氏は鎮西で蜂起《ほうき》し西国を従えたという。この時、後醍醐天皇は山門に行幸して防戦した。官軍は遂に敗北し、その後、足利氏が天下を取り、武家政権を再興した。

第四　建武四年から七年というと康永二年（一三四三）にあたる。その時南方から来て仏法を広《ひろ》めるというのは夢窓疎石のことであろう。その時には公家も武家も帰依し、世は挙げて崇《たっと》び、その宗派が繁栄した。夢窓を開基として康永二年に天龍寺を建立した。これは武家が主に造営し、天子の臨幸を賜わったのである。

第五・第六　康永二年から現在まで三、四代のうち、三十五年にあたるのは永和四年

（一三七八）である。この時は武家にあっては、細川頼之が幼稚な将軍を輔佐したので、天下は平穏であった。翌永和五年は康暦元年である。頼之朝臣は失脚して没落した。「以後」とはこの三十五年間よりの後である。その後のありさまはどうであったか。世間の人よ、比較して考えてみたらいい。

傍線部は原文で「頼之朝臣没落已後《いご》の事、かの三十五年以後の事たるべき也、その後の儀如何、世人勘《かんが》ふべきか、莫言々々」となっている。第六の「猿のごとき動物が天から降って」という予言が的中したことを示唆したもので、義満を猿（太平記では「獼猴」とあるのがそれ）になぞらえて謗《そし》ったのである。それまでとうってかわって、武家が廷臣たちを頤使《いし》するようになった事態を、公定はまさしくこの世の終わりと眺めていたのである。

ちょうどこの頃、義満の怒りは「虎狼の怒り」と表現されているが（実冬公記嘉慶元年〔一三八七〕正月三日条）、敵意侮蔑《ぶべつ》の籠もった「獼猴」の渾名《あだな》も、意外と広まっていたと見られる節がある。公定と親しかった、正親町三条公豊《おおぎまちさんじょうきんとよ》の日記でも、後円融院をないがしろにして我が物顔に振る舞う義満のことを憤り、「所詮、無窮の鼻工《びこう》有るか、末代の至極、無端《あじきなき》の世なり」と記している（公豊公記同年正月六日条）。これが何を意味するのか不明であるが、明らかに何かに事寄せて義満を非難する文脈である。もし「鼻工《みこう》」が「獼猴」の宛字とすれば、やはり義満を大猿になぞらえて、溜飲を下げたのではないか。

もちろん、義満への反感はごく隠微なもので、当時においてすら怪誕《かいたん》の書と見られていた、予言書に託さざるを得ないような状況であった。ただし、これは伏流水のごとく続いていったかもしれない。

随従する三門跡

応永二年（一三九五）の出家を契機に、義満の周囲に侍《はべ》って行動を共にする人の顔ぶれも変わるようである。康暦から嘉慶にかけては摂関家を規範としており、また禅宗に惹《ひ》かれたゆえか、学藝教養の顧問として二条良基や近衛道嗣、あるいは春屋妙葩・義堂周信らの存在感が大きい。ところがこの人々は嘉慶元年（一三八七）から翌年にかけてあいついで没した。その後、出家した義満の心をとらえたのは、青蓮院尊道《そんどう》、聖護院道意《どうい》、三宝院満済《まんさい》の三門跡であった。それぞれ山門・寺門・東密を代表し、室町殿祈禱に力を尽くす面々であった。

義満は在俗時にもまして、行楽の機会を楽しんだ。かねて信仰の深い、北野社参籠は、この頃二月・八月・十一月の年三度に定まり、連歌を楽しんだり猿楽を演じさせるのが常であった。日吉社には五月の小五月会にあわせてしばしば参籠し、法華八講を修した。そして大《おお》原野《はらの》の花見、宇治の松茸《まつたけ》賞翫、高雄《たかお》・栂尾《とがのお》の紅葉見物と洛外近郊はもちろん、伊勢・南都・兵庫・天橋立などにも足を伸ばしたが、その御共衆には、公家・武家の近習のほか、尊道と道意の姿が見られるようになり、応永六年からは三宝院を継承した満済が加わる。この年には義満四十二歳、尊道六十八歳、道意四十六歳、満済二十二歳。法体の義満に寄り添う老壮青の高僧の姿は、宗教の世界にも君臨する義満の姿を荘厳する。まずは、この三人について簡単に紹介しておきたい。

青蓮院尊道

後伏見院の末子で、正慶《しょうきょう》元年（一三三二）生、母は権大納言正親町実明《さねあきら》の女。叔父入道尊円《そんえん》親王より青蓮院を継承し、暦応《りゃくおう》四年（一三四一）七月親王宣下、ついで尊円を戒師として出家する。文和四年（一三五五）十月天台座主。北朝の天子にとり、血縁的にも近しかったので、信任されて禁中の祈禱に尽力したが、一方で義詮の代から武家との関係も深かった。正式に義満の護持僧になったことはないが、康暦二年（一三八〇）六月の室町殿五壇法《ごだんぽう》で中壇不動法を修したのを嚆矢に、義満のために祈禱することははなはだ多かった。土岐康行《ときやすゆき》の乱、明徳の乱、応永の乱と、義満の戦争にあたっては必ず敵方調伏の祈禱を修し、法力抜群と称された。そして応永二年（一三九五）には天台座主に三任され、同六年には相国寺塔供養の導師を務めている。

まさに当代随一の貴僧である。さらに歌道と書道にも秀でた文化人であったが、洒脱《しゃだつ》で気の置けない人柄であったらしい。話が面白い上に酒にも滅法強いとなれば、義満に気に入られないはずはない。尊道が再建なった内裏で安鎮法《あんちんほう》を修した時、連日雨が降った。義満は正《しょう》鎮定《ちんてい》の日も降るに違いない、と冷やかした。案の定降雨だったので、からかうためにわざわざ人を遣わした。すると尊道は「降雨で結構。秘密の法文がありますゆえ」と答える。それは何でしょうか、と尋ねられると、おもむろに「雨フリテ地固マル」と。これを聞き義満は「御入輿《じゅきょう》極まり無し」であった（吉田家日次記応永九年十二月十四日条）。

義満の厚遇は際立ち、仁和寺《にんなじ》御室《おむろ》の入道永助《えいじょ》親王より上位に着かしめる異例をあえてし、遂に庶長子の尊満《そんまん》を親王の弟子として青蓮院に入室させるに至った。尊満遁世の後はただちに義円（後の義教）をして後継させる。応永十年七月、七十二歳で入滅した。最晩年には住房を白河から北山に移し、慈円《じえん》以来の熾盛光堂《しじょうこうどう》すら移築しようとして門徒に諌止《かんし》されるありさまであった。なお、義満没後百箇日の七僧法会が北山の青蓮院で修されており、義持の捧げた願文に「この堂は、大王の故居、小弟の住院」とある。この「大王」を義満と見る説があるが（臼井信義『足利義満』ほか）、尊道のことである。「大王」は親王を指して普通に使われる語であり、また「小弟」との対比効果を狙った文飾である。「小弟」とは字義通り年少の弟、つまり当時の門跡義円を指すのである。

聖護院道意

二条良基の息で、文和三年（一三五四）生。初名は道基《どうき》。同じ二条摂関家出身の寺門僧、良瑜《りょうゆ》の資《し》となった。応安五年（一三七二）に園城寺長吏《おんじょうじちょうり》となった。続いて入峯《にゅうぶ》も遂げている。良基は言うまでもないが、良瑜も武家政権に近く、早くから義満の護持僧であった。道意はその地位をも引き継いだとおぼしく、明徳二年（一三九一）六月の室町殿五壇法で初めて降《ごう》三世《ざんぜ》法《ほう》を修してより、室町殿祈禱を担う中核メンバーとなり、応永二年（一三九五）六月には中壇不動法を修している。

道意ははじめ常住院《じょうじゅういん》を住坊とした。現在では廃絶しているが、岡崎のあたりに位置したと見られ、九条良経《よしつね》の子良尊《りょうそん》に始まり、代々九条流摂関家の子弟に相続されてきた院家である。寺門で最も格式高い院家は聖護院であるが、道意はこれも継承している。さらに応永三年十二月には常住院が聖護院に附属する白河熊野社領を併合したのは、いずれも義満の配慮と言えるであろう（酒井彰子「中世園城寺の門跡と熊野三山検校職の相承」）。

道意は父良基譲りか、連歌の名手であったらしく、早く明徳二年二月に義満が勧進した北野社一万句連歌にも加えられている。さらに尊道と同じく上戸《じょうご》で、連日の鯨飲《げいいん》にも実によくつきあっている。北山第造営の後、義満のために修された毎月の祈禱、いわゆる北山殿大法は、尊道・道意隔月で阿闍梨《あじゃり》となり、尊道の入滅後は道意一人が担当した。応永八年七月には尊道と同様に、北山に住坊を移した。義満の後も、義持・義教に引き続いて護持僧として仕え、正長《しょうちょう》二年（一四二九）十月十五日に七十六歳で入滅した。

三宝院満済

室町将軍ときわめて縁が深かった三宝院門跡の主として、また義持・義教の顧問としてよくこれを輔佐し、幕府政治の安定に多大な貢献をした、文字通りの「黒衣の宰相」である。その厖大克明な日記、満済准后日記は、室町幕府政治の最重要史料とされており、現代の研究者にも恩恵を与えている。ところが、後に「天下の義者」と讃えられた人物像は、最近の森茂暁氏の評伝があるくらいで、その細部は意外に知られていない。とりわけ二十歳以前の動向は全く不明で、義満に知られるようになった事情なども今後の課題である。

満済（1378—1435）像

満済は永和四年（一三七八）生、義満より二十歳若い。二条摂関家の傍流、権大納言今小路《いまこうじ》基冬《もとふゆ》の子で、家格は決して低くはないが、父は大臣にもならずに早世し、何より家系には三宝院とのつながりは一切認められない。

応永二年（一三九五）十一月、三宝院門跡の定忠《じょうちゅう》（柳原

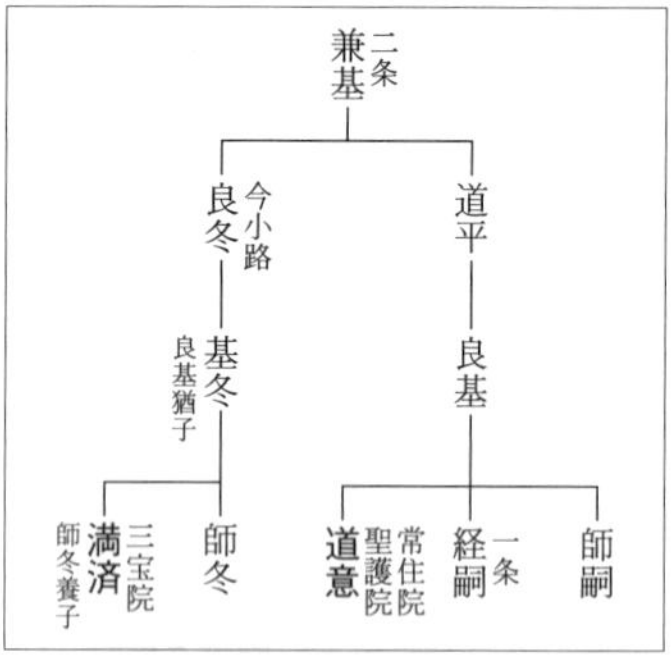

道意と満済略系図

忠光の子）が突如退けられ、かわって満済が迎えられた。わずか十八歳である。新たな門跡の通過すべき儀礼として、十二月一日には洛中の法身院《ほっしんいん》の坊に入り、十七日には六条新八幡宮の別当として初めて拝社し、続いて十二月二十九日には醍醐寺座主となっているが、義満はそのすべてに立ち会っている。翌三年正月十二日参内する時も、いまだ大僧都に過ぎない満済を同伴した。これは後小松天皇や廷臣に披露する意味があろう。その場には尊道も招かれた。

満済の得度の年月や師承《ししょう》も実は明らかではなく（灌頂《かんじょう》を受けるのは門跡継承後）、賢俊《けんしゅん》・光《こう》済《さい》・光助《こうじょ》・定忠と、日野氏一門に独占されてきた三宝院門跡に、何のゆかりもなかった満済を押し込み、かくも手厚い庇護を与え続けたことからは、ちょうど稚児が「落飾の事、十七若しくは十九をもって、その年限を定むべきなり」（右記《うき》）という一般的な考えを併せてみても、満済の前身が、義満が側近くに置いた児《ちご》であった可能性は頗る高いように思われる。父基冬は二条良基の猶子であり、また兄師冬《もろふゆ》の室白川殿は日野業子に仕えており、いずれかの線で義満に近づいたものであろう。

こうして満済は宗教界で頭角を現していくが、若くて世慣れず、かつ生真面目な性格であったためか、義満の度を過ごす歓楽についていけないことがあったらしい。応永八年七月十二日、尊道の宴席で、飲酒しなかったために義満の不興を買い、北山から退出を命じられたことがあった。もっとも義満も本気ではなく、一月ほどで許している。

門跡文化圏

義満とこうした高僧たちとの交際は、その法力や人柄にもよるが、ここで注目しておきたいのは、門跡寺院で培われた伝統文化への親近であろう。つまり、朝廷に進出した義満は、摂関家の進退を学ぶことで、先例のない領域で見事にこれを演じおおせたが、出家して再び、未知の領域に踏み込んだわけである。出家してもなお政務を執る武家の先例は、もはや鎌倉幕府の執権などには求められない。たとえば装束の場合、緒の結び様《よう》一つとっても、山門・寺門・南都それぞれにさまざまなスタイルがあった。この時、義満が手本としたのが尊道や道意のそれであった。

義満の装束師、高倉永行《たかくらながゆき》は応永三年（一三九六）、法躰装束抄という故実書を著している。その識語で自ら述べているように、義満の出家にあわせて、法体装束の知識をまとめた珍しい書物である。これによると、義満は出家の時には道意の鈍色《どんじき》（白い無文の練絹の法衣）を借りて着用し、そのサイズをもって自らのを新調させたという。

また、そのスタイルは尊道の青蓮院様に倣った。たとえば、指狩《さしかり》という袴《はかま》がある。六幅の指貫《さしぬき》で、高貴の僧の着用するものであり、慈円がふつうの指貫を嫌って、編み出したのが濫觴という。このため、青蓮院門跡しか着用しなかったというが、果たして「室町殿は指狩をよしとて、さいさい御出などの時、御裘袋《きゅうたい》御付衣《つけころも》に召さるゝなり」と見える。出家直後には尊道から指狩を贈られたことを謝する書状も遺っている。応永三年四月二十八日、尊道の天台座主を拝命する儀式をわざわざ見物しているのも、その威儀を正した姿に執心したからであろう。

金襴の袈裟——装われる身体

義満は若いうちから法体となることを好んだらしい。永徳三年（一三八三）九月二十日、絶海中津の鹿苑院入院式には道服（袖丈長く幅広の上着と襞《ひだ》のある裳《も》とがつながった、ゆったりした禅衣）を着け、袈裟を懸け、挿鞋《そうかい》を履いて臨んだ。また武家昇晋年譜にも、嘉慶二年（一三八八）七月、同様のスタイルで相国寺に詣でたとある。亀山法皇、誰とも明記されないが宋の皇帝の先例があるとするが、これは法皇や皇帝に自らを擬《なぞら》えるというよりも、単に法体のファッションが好みで、その先例を強いて求めたに過ぎないように思われる。

そして実際に出家すると、追従して出家する公武の要人が続出したという話は有名であるが、義満が彼らの法体姿を見て喜んだからであろう。先に寵臣の飛鳥井雅縁は、出家に際し、義満から平絹の道服を贈られたことを述べたが、雅縁は絹の衣袴《きぬはかま》を着けて参内・参院していた。また斯波義将も絹の直綴《じきとつ》（上着と裳とを直接に綴じつけた法衣）を賜り、義満の葬儀の時にも着用したという。そもそも、道服や直綴は、粗末な布製であって、ファッション性などは皆無のはずであるが、贅沢な絹を用いることで、この頃、義満の周辺では許しを得ての着用を名誉とする考えさえ生じていた。義満はその上に金襴の袈裟を懸けることを愛用しており、これも尊道に倣っていたらしい。

囲繞する稚児

法体とは、もちろん自身の装束だけで完結するものではない。僧侶の場合、多くの稚児・童を随従させて、自らの威儀を繕うのが常であった。貴人の外出の際に引き連れる、出自の高い稚児は上童《うえわらわ》とも称され、えりすぐりの美童がその役にあたった。

中世寺院社会における稚児の役割は改めての説明を必要としない。義満には若い頃から寵童趣味があったが、出家以後はその意味もスケ

直綴

ールも異なる。

義満と三門跡が遊山に出かける時にも、それぞれの稚児をここぞとばかりに華美に飾り立てて、都人の耳目を惹きつけた。たとえば応永七年（一四〇〇）十一月二日に高雄・栂尾に紅葉狩りを楽しんだ時には、義満が二十人、尊道・道意が十人、満済が六人の稚児を従えていた。翌八年二月二十五日は大原野の花見で、騎馬の稚児に色とりどりの単衣《ひとえ》を着させ、やはり義満十人、尊道は九―六人前後、道意五人、満済四人を引き連れている。

そして同年五月、日吉社に参詣するに際しては、僧俗公武を問わず、稚児を共とするように命じ、狩襖《かりあお》一具と水干《すいかん》二具を準備するように通達した。家格・身分に相応する美麗な稚児、そして装束を揃えるには一苦労であったらしい。斯波義将ですら、親しい飛鳥井雅縁を介して、歌人尭尋《ぎょうじん》僧都の子春賀丸《しゅんがまる》を急遽借り出さなければならず、その後も装束織物の談合に余念がなかった。また十二年四月二十六日、後円融院十三回忌の宸筆法華八講では、義満の上童は慶御丸《けいぎょまる》・御賀丸以下六人で、これも金襴の狩衣、唐織物の指貫、それぞれ紫陽花《あじさい》・躑躅《つつじ》・薔薇《ばら》・金帯《きんたい》などの結花《ゆいばな》を付けていたという。この頂点が、十五年三月十四日の北山第に行幸を迎えての童舞《どうぶ》御覧であり、垣代《かいしろ》となった上童二十人、うち十人は義満の稚児、残りは諸門跡から召したものであった。

慶御丸と御賀丸

こうした稚児は、山門・寺門・南都などの有力な門跡に仕えていたものが、義満の目に留まってスカウトされることが多かったらしい。

ここでも注意すべきは青蓮院であった。稚児は容姿のみならず、さまざまな学問藝能を習得することが必要不可欠とされた。この意味で青蓮院の伝統はまことに厚いものがあった。慈円自らが童舞という藝能を興したと伝えられ、尊道のもとでも義満が「稚児連歌」を楽しみ（応永八ヵ年五月二十二日義満書状）、あるいは「手突鞠童《てつきまりわらわ》」が妙技を披露する（迎陽記応永八年正月八日条）など、さまざまな学藝に秀でた稚児を擁することでは一頭地を抜いていたと思われる。

たとえば慶御丸は、青蓮院の坊官の子で、もと尊道に仕えていた。おそらく名童ぶりに義満が懇願して譲り受けたのであろう。年未詳八月九日の尊道宛の義満書状でも、「先日児の事、仰を蒙り候の間、堅固御戯れの由相存じ候の処、厳重に召し下され候条、先づ以て眉目の至りに候」とあり、二人の会話に上った児が、尊道に召されて義満のもとに参上したことにひどく恐縮しているが、これが慶御丸であろうか。そして応永六年六月九日、日野資教《すけのり》の東洞院邸で慶御丸の披露を行った。迎陽記に「今日室町殿日野亜相《あしょう》亭に渡御す、慶御丸初めて賞翫す、此の間御寵愛他に異なる、桟敷以下、諸大名結構この事なり、青蓮院・聖護院・

三宝院ら参会と云々」とある。同年九月の相国寺七重大塔供養では陵王《りょうおう》の姿となり、金糸銀《きんしぎんし》繍《ゆう》の装束を身にまとって義満の後に立ち、その容儀は「かの朱雀院《すざくいん》の行幸に、光源氏の青海《せいがい》波《は》の姿もこれにはまさらじとぞおぼえたる」（相国寺塔供養記）と絶賛された。以後は北山に宿所を構え、しばしば義満も足を向けた。「権門」（教言《のりとき》卿記応永十三年八月一日条）と呼ばれ、義満の威を借る者として怖れられたらしい。

慶御丸に続き、最晩年の義満の寵愛をほしいままにしたのが御賀丸であった。大和国人領主奥《おく》氏の子弟で、一乗院門跡の稚児であったらしい。南都の門跡は、義満の主催する法会や行事に招集され、着飾った上童を引き連れていったから、眼に留まったものであろう。「天下無双の権門」とまで言われ、もとの主人である門跡でさえその権勢を憚るほどであった。

御賀丸は大和国出身ということもあってか、応永十一年五月、同国の東寺領河原城《かわらじょう》荘の代官請負を要求し、東寺が渋ると、義満の意をちらつかせて、百五十貫文で強引に購入したのである。さらに翌十二年には同じく宇陀《うだ》郡以下に散在する興福寺領を押領し、衆徒の烈しい抗議を惹き起こすなど、まさにやりたい放題であった。しかし義満はいよいよこれを偏愛し、十四年の末頃には和泉守護に補している。すでに薹《とう》が立っていたはずで、元服しないまま身辺に置かれたものであろう。稚児が守護となることは前代未聞で、寵臣優遇もここに極まったと言える。

一般には、男子は髪を結うことで冠《かぶ》り物《もの》を戴くことが可能となり、さらに官位に叙任されて、もって社会的存在の指標を得る。元服（理髪加冠）・命名・叙位任官がほぼ同時となる。ところが、中世にはこの三つは時期的に齟齬《そご》する。つまり稚児の姿（当時は童形といった）で社会に出る場合が多かった。たとえば、伏見宮近臣の庭田《にわた》重賢《しげかた》という廷臣は、八歳以前に重賢と命名され、十一歳で従五位下に叙されたが、この間も周囲からは慶寿丸《けいじゅまる》と呼ばれて童形であり、元服したのは十七歳であった。宮家遊宴の常連であったことからすれば、周囲に少しでも長く童形のままにしたい心情が働いたのであろう。そして、童形の叙位は当時非常に多かったらしく、後花園《ごはなぞの》天皇の代に停止されたが、なお大臣の子孫は許され、童形で侍従に任官することを例とした家もあった。つまり出家も元服も遂げない、しかし肉体的には成人した童形が、内裏や室町第に多く祗候していたことになる。

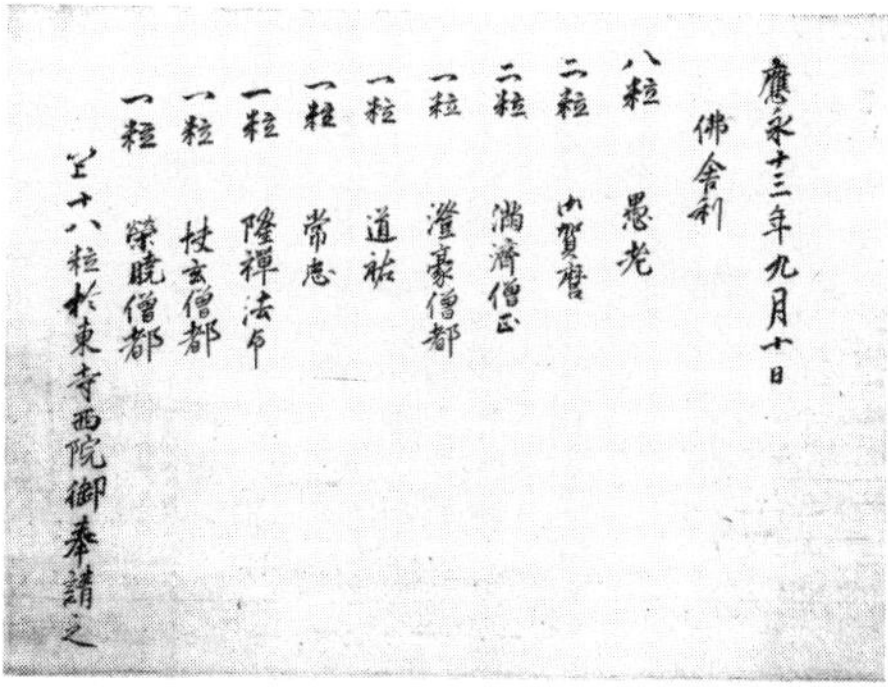
應永十三年九月十日
佛舎利
八粒　愚老
二粒　御賀麿
二粒　満済僧正
一粒　澄豪僧都
一粒　道祐
一粒　常忠
一粒　隆禅法印
一粒　杖玄僧都
一粒　榮暁僧都
以上十八粒　於東寺西院御奉請之

足利義満自筆仏舎利奉請状。（東寺百合文書）49歳の時の筆。御賀麿（丸）と満済の名が見える。

正徹と尭孝

このように稚児によって囲繞《いにょう》され、荘厳された権力が、当時の風俗にいかなる影響を与えたか。実にこの時期ほど、稚児（あるいは童形の男たち）が活動の場を得たことはなかったように思われる。もとより慶御丸や御賀丸のごとき、義満の寵愛を笠に着て振る舞ったことは、強い反感を買って、義満の急死後、全く排除されるのであるが、ただし、公武上層の子弟は、いったん門跡に入り、教養や礼儀を身につけた後、生家に戻るケースも多かった。つまり、義満の時代に門跡の稚児であった者は、実は結構いたようである。

たとえば、前に触れた尭尋の子春賀丸は、後に義満にも召されたらしく、北山第行幸の童舞にも参仕しているが、これは著名な歌人尭孝《ぎょうこう》（一三九一―一四五五）の幼名らしい。尭孝といえば、例の二条家の血筋が断絶した歌壇で活躍した指導者であり、六代将軍義教には篤く信任され、名望は飛鳥井家を凌駕した。最後の勅撰集新続古今集《しんしょくこきんしゅう》を実質上撰進したのも尭孝であった。

そして、尭孝の終生の好敵手であり、中世最高の歌人とも讃えられる正徹《しょうてつ》（一三八一―一四五九）は、幕府奉公衆小田氏の出身で、東福寺に入り禅僧となるが、およそ十六歳をはさんだ前後数年間、南都一乗院に稚児として仕え、応永三年（一三九六）九月、義満が臨席した延暦寺講堂供養の盛儀には、上童の一人として門跡に付き随ったという。

なお、正徹の「懐旧」題の和歌で、このようなものがある。

忘れずよわがたらちねとたちなれし鹿のそのふの露のめぐみを
（草根集《そうこんしゅう》・巻十五・一一二二二）

「鹿のそのふ」とは鹿苑院を訓じた歌語で、すなわち義満の号である。はるか昔に父子ならんで、義満の恩恵を受けたことを回想しているのである。父は奉公衆であったのでまだしも、正徹本人が義満といかなる交渉があったかは全く不明というほかない。ただし、正徹が一乗院門跡のすぐれた稚児であったとすれば、義満との接点が浮かび上がってくる。

正徹と尭孝、室町時代を代表する歌人が、多感な少年期に、ともに足利義満の文化圏で稚児として華やかな生活を経験していたことは、その後の両人の大成を思うと、無視し得ない事柄であろう。

第六章　地域権力の叛乱と掌握

「関東の人謙遜太だ過ぐ」

晩年、義満から敬愛され、しきりに学問や教義の相談に与った義堂周信であるが、それより先、延文四年（一三五九）鎌倉に下り、円覚寺に住すること二十余年の長きに及んでいた。関東は武家政権発祥の地であり、鎌倉は依然として国内最重要の都市であった。室町幕府は鎌倉府を置き、尊氏の四男基氏《もとうじ》（一三四〇―六七）が関東公方に据えられた。基氏早世の後、息氏満《うじみつ》（一三五九―九八）が幼くして継承すると、義堂はこれを薫育し、管領以下の人望を集めていた。康暦二年（一三八〇）、義満より召された義堂は、惜しまれながら上洛したのである。

義堂は懐かしい鎌倉に戻る希望を捨てていなかった。思わずそのことを口にしては、新たな主君となった義満の機嫌を損ねることもあった。義堂の日記空華日用工夫略集の永徳二年（一三八二）二月十八日の条には、次のようなやりとりが交わされている。時に義満二十五歳、義堂五十八歳。
上府（幕府）よりの請に応じ、太清《たいしん》（宗渭《そうい》）など諸老皆参ず。点心罷《てんじんおわ》り、府君（義満）一巻の書を出し、余に講を命ず。展視《てんし》すれば乃《すなわ》ち魯論《ろろん》（論語）第十九章、子張《しちょう》問なり。余固辞すること再三、曰《いわ》く、儒書は則ち少年にしてほぼ渉猟し、敢《あ》えてせず、君強いて曰く、儒・釈異なると雖も、その善に帰するは是同じ。何ぞ必ずしもその跡に拘《こだわ》らんや。余固執して敢えてせず。君必ず余の講を欲し、仍《より》て戯《たわぶ》れて曰く、吾聞く、関東の人謙遜《けんそん》太《はなは》だ過ぐと、和尚 比《このころ》関東に在りき、是その習俗か、と、なほやむを得ず十余章を講じ、遂に仏教宗門中の事に及ぶ。

義堂周信（1325—88）塑像

論語を講義せよ、という義満のたっての希望にも、義堂は若い時に読んだだけなのでその任ではない、と固辞し続けた。遂に義満は戯れて言った。「関東人は謙遜が過ぎるという。和尚は長年関東にいたから、その風習に染まったのか」。義満は軽口を好んだというから、その一つであろう。しかし、この冗談は義堂にとっては有無を言わせぬ力を秘めていた。

義満は一歳下の従弟である、関東公方氏満の野心

足利氏満（1359―98）木像

をかねて疑っていた。公方には将軍と同等の権限が認められており、氏満も長ずるに及んで自己の力を恃《たの》んで、強権を振るおうとしたのである。二年前の康暦の政変に際しては、義満を援《たす》けるとの名目で、兵を動かした。ところが、氏満を輔佐する関東管領上杉憲春《のりはる》は、義満に替わろうとする野望を見抜き、自害して諫止《かんし》したのであった。

その後上洛した義堂は、京鎌間《きょうれん》の融和を心がけた。日記には義満の疑心暗鬼を晴らそうと弁疏《べんそ》する場面が頻繁に見られる。義満は一応耳を傾けたものの、決して警戒を怠っていたわけではない。「それほど氏満のもとに帰りたいのか」――禅宗始まって以来最大のパトロンとなった将軍の言外の問いかけに、義堂は恐懼《きょうく》して首を横に振るしかなかった。

公方と管領

関東の公方が京都の将軍と冷たい関係に終始したことは、鎌倉府の構造にも原因があった。鎌倉府は幕府と同様に、侍所《さむらいどころ》・問注所《もんちゅうじょ》・政所《まんどころ》以下の機関を設け、それぞれ軍事・警察、司法、行政を担当していた。これを宰領し、公方を輔佐する関東管領は、足利氏の外戚で執事でもあった上杉氏一門より選ばれていた。ところが、管領職の任免は、一貫して公方ではなく将軍の指示によるものであった。関東管領は将軍の意を受け公方を掣肘《せいちゅう》する働きを期待された。公方と管領は同床異夢であり、君臣水魚の間柄が不信と憎悪に終わることも多かった。上杉憲春の諫死も板挟みの悲劇であった。憲春の前任者上杉朝房《ともふさ》も、応安三年（一三七〇）頃、義堂に頻りに辞意を洩《も》らしており、その後鎌倉を去って上洛しているのは、公方側勢力との軋轢によって辞職したと考えられている。

氏満は、野望を抑えられた鬱屈を晴らすかのように、関東の大名を攻撃し始める。大名は自立志向が強く、幕府もまた公方への牽制を兼ねて彼らを支援していたので、氏満はかねて憤懣《ふんまん》を抱いていたらしい。最初の標的は下野の雄族小山《おやま》氏であった。康暦二年（一三八〇）六月、挑発に堪えかねた小山義政《よしまさ》が挙兵すると、氏満は関東管領上杉憲方《のりかた》（憲春の弟）・同朝宗《ともむね》（後に管領となる）を進発させた。義政はすぐ降伏したものの、氏満は追及の手を緩めることはなく、翌永徳元年二月、再び義政を攻め立て、同年十二月、義政は出家遁世と諸城の明け渡しを余儀なくされた。鎌倉幕府の

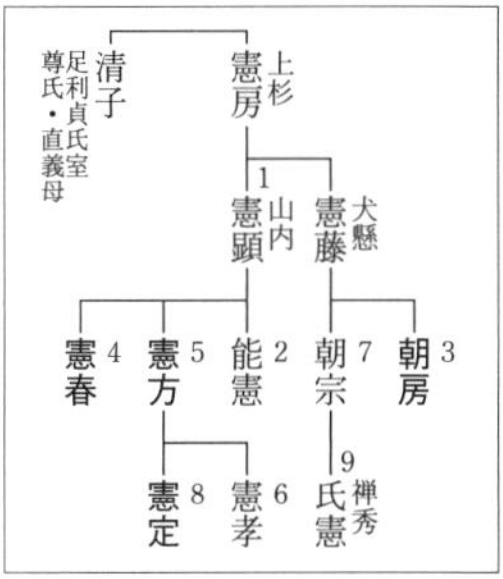

上杉氏略系図。数字は関東管領の就任順

御家人として始まり、強大をもって知られた小山氏滅亡の報は、京都にも衝撃を与えた。氏満の姿勢には、当初は従っていた管領憲方も危惧を抱き、義満の指示を仰ぐことで抑制しようとしたが、効果がないと見たか、永徳二年正月十六日に突然管領を辞した。これはポーズであり、まもなく復職している。

こうした情勢は逐一幕府に報告され、義満の危惧は高まっていた。すでに永徳元年十一月七日には、義堂は「(氏満の野心について)流言を聴くこと勿《なか》れ」と諌めている。論語をめぐるやりとりが交わされた室内にも、公方・関東管領の両者から、小山氏の乱に関する報告がもたらされていたのであろう。

「殷に三仁あり」

ところで、先の問答から十一日後、永徳二年二月二十九日に、義満は再び論語解釈の疑問を話題にしている。

府君、書閣の説に就いて、昨日例のごとく諸儒を集め論語を講ず。「殷《いん》に三仁《さんじん》あり」、諸儒の義皆同じ。或一人の説、「紂《ちゅう》一人のみ不仁、其の国の人皆仁なり」と云々。

これは室町殿の文談を受けてのことであろう(文談は一〇三頁参照)。東坊城秀長・清原良賢ら紀伝・明経の儒者が輪番で講師となって章節ごとに講釈し、義満側近の廷臣からなる講衆が疑義を討議するものであった。もっとも学問的な議論ばかりでは将軍を飽きさせてしまう。義満を公家社会に馴致《じゅんち》させようとする良基の思惑が働いたとすれば、文談もおのずとサロン風な談論を宗《むね》としたことは想像に難くない。時事的な話題も上ったことであろう。

　前日の文談で問題になったのは、論語第十八微子《びし》篇の冒頭、「微子去之、箕子為之奴、比干諫而死。孔子曰、殷有三仁焉（微子はこれを去り、箕子《きし》はこれが奴《ど》となり、比干《ひかん》は諫めて死す。孔子曰く、殷に三仁あり、と）」という一節の解釈であった。微子・箕子・比干とは、いずれも殷の王族で紂王の臣であった。殷の紂王と言えば、古今東西の代表的暴君であるが、三人はそれぞれのやり方で忠を尽くし、道を保とうとした。いま応永二十七年本論語抄なる抄物《しょうもの》の敷衍《ふえん》するところを引用すれば、微子は紂王の庶兄、「年兄ナレバ、殷ノ世ヲ持ツベキ程ノ者ナリ、故ニ殷ヲ去リ、周ニ帰シテ宗廟ヲ失ハジトスルナリ、案ノ如ク周ノ武王、紂ヲ伐《う》チテ殷ヲ亡ボセリ。是《ここ》ニ於テ微子ヲ宋ノ国ニ封ジテ、殷ノ後胤《こういん》トスル也」、箕子は紂王の叔父、「コレハ張子《（長）》ニアラザレバ、去リテ殷ノアトヲヤラルベキニ非ズ。故ニソラ狂人ヲシテ奴《やっこ》トナリテイル也。（中略）是モ武王ノ紂ニ勝ッテ後ニ、縛縄《しばりづな》ヲト（イ）テ、箕子ヲツレテ帰レリ」、比干も紂王の叔父、「我ハ殺サル、トモ諫メイデハト思ヒテ、極諫《きょっかん》スルホドニ、心《むね》ヲ割カレテ死ニタリ。武王、紂ヲ伐チテ後、比干ガ墓ニユイテ、車ヨリ下リ、自ラ土ヲ上ヘカケラレシ也」とある。

そして孔子は「殷にも三人の仁者がいたのだ」と感歎した、という。これも応永二十七年本論語抄に「仁ハ世ヲ憂へ、己ガ身ヲ忘ル、ヲ肝要トス。三人ノ行迹《こうせき》ハ皆カハレドモ、愛君憂君トコロハ共ニ同ジ。若シ去ル者ナクバ、誰カ先祖ノ祀《まつり》ヲ守ランヤ。佯狂《いつはりくる》ヒテツキキ〔テ〕従フ者アラ（ママ）バ、誰カ親戚トセンヤ。死ヌル者アラ（ママ）バ、誰カ良臣ノ節ヲ守ラン。各ソノ宜《よろ》シキ処ヲモテ臣ノ道ヲ尽セリ。故ニ共ニ仁者トノタマヘルナリ」と釈するのに尽きている。諸注間で解釈の分かれる箇所ではないが、義満は前日の文談で「或一人」の者が「紂王一人のみが不仁であり、殷の国人はみな仁者である」と言った、と語るのである。

義満の学問が進み、異説を取り上げ、このような質問をすることを、義堂が喜ばしいと思った、と解すれば足りるかもしれない。しかし、「紂一人のみ不仁、其の国の人皆仁なり」は、きわめて奇妙な解釈と言わなければならない。敢えて義満がこれを質問し、義堂が書き留めた理由は、この頃両者の胸中にわだかまっていた話題から忖度《そんたく》すべきであろう。

つまり、この解は、氏満を紂王になぞらえ、氏満のみは無道であるが、鎌倉府の臣は仁者である、という含意を持っているのである。そこで、先に紹介した関東管領たちを「三仁」としたらどうであろうか。氏満を諫めて切腹した憲春の印象は強烈であり、ただちに胸を割かれて死んだ比干のことが浮かんだであろう。管領の職を捨てて鎌倉を去った朝房は、あたかも紂王のもとから逃亡した微子を彷彿《ほうふつ》とさせよう。氏満に唯々諾々と従っていた憲方は、わざと奴隷となった箕子になぞらえられよう。そして、この三人は、いずれも義堂と親交があったが、行動には程度の差こそあれ、将軍によって公方へのブレーキ役を期待されたのであった。

文談でこの解を提示した儒者は誰とも知られない。義満自身の思いつきを他人の説としてよそおったのかもしれない。何より、殷の紂王は無道の君として討たれ、三仁には名誉恢復《かいふく》の沙汰が下された。これも文談にかこつけ、氏満の廃立をも辞さないと仄《ほの》めかしたものなのである。義堂はまた慄然《りつぜん》としたであろう。義満の狐疑《こぎ》をよく窺《うかが》うことができるし、学問を話題とした、一見穏やかな会話の裏側にはこのような現実政治の厳しさがひそんでいた。何気ない会話も、国政の大事を担う者にとっては重要な道具であり、皮肉や警句は寸鉄人を刺す武器となる。義満はこれまでさまざまな駆け引きの場にさらされ、こうした術に練達していたであろう。

九州探題今川了俊

ついで九州探題《たんだい》の今川了俊《いまがわりょうしゅん》（一三二六―一四一四?）の活動に目を転じたい。了俊は俗名貞世《さだよ》、言うまでもなく遠江国今川荘を本貫とする足利氏一門の大名で、父範国《のりくに》とともに尊氏に従って頭角を現し、義詮の代には侍所頭人《とうにん》に補された。細川頼之と親しく、その推薦によ

九州と守護

って、応安四年（一三七一）、九州探題に抜擢されたのである。

当時、九州では後醍醐天皇の皇子征西将軍宮懐良《かねよし》親王が、菊《きく》池《ち》氏・阿蘇《あそ》氏以下の豪族を従えて猛威を振るい、十二年もの間、大宰府《だざいふ》を占領していた。前探題の渋川義行《しぶかわよしゆき》は九州の地を踏むことすらできなかった。もっとも、これは九州の特殊な事情によるものであった。九州に盤踞《ばんきょ》する大名、わけても大友《おおとも》・少弐《しょうに》・島《しま》津《づ》の三氏は、いずれも鎌倉時代以来の名門であり、遠隔地ということもあってはなはだ独立の気風が強かった。このため南朝にも幕府にも、首鼠両端《しゅそりょうたん》を持し、その帰趨《きすう》は一向に定まらなかった。了俊は地縁も血縁もない余所者であり、探題といっても、支配域における権力はむろん最初から徹底したものではなかった。したがって、九州経略の成功は、南朝を制することではなく、三大名を帰服させることに懸っていたと言えよう。了俊はまもなく懐良親王を肥後へと追ったが、新探題に対する三大名の態度はきわめて曖昧なものであった。

永和元年（一三七五）、了俊は少弐冬資《ふゆすけ》を謀殺するという非常手段に訴えたが、大友氏・島津氏を離反させる結果を招いた。大友氏はその後に一応は服従させたものの、島津氏久《うじひさ》は決して了俊のもとに帰参しようとしなかった。永徳二年（一三八二）までにほぼ南朝勢力を壊滅させた了俊は、以後、南九州への進出を目指し、島津氏対策に没頭するのである。

探題は将軍の分身

了俊は島津氏を帰順させるべく執拗に説得を試みた。永和四年（一三七八）三月五日、南九州に下向させていた一族の今川満範《みつのり》に宛てて次のように報告している。長文であるので冒頭を引用する。

一、氏久事、久庵主《きゅうあんしゅ》何とく□はかされて候やらん、すぐに京へ吹挙《すいきょ》申され候て、氏久が分国幷に所領等の安堵を申されて候けるほどに、探題注進も吹挙も候はで、直に氏久と久庵主申て候事、比興《ひきょう》也といふ御意にて、是《これ》の代官齋藤兵庫を公方にめし出され候て、此事心えがたく候、いそぎ〳〵九州にたづね候へと仰候けるとて、正月六日状、一日下向候間《あいだ》、いかにもかやうの公方の御意をきゝ定候て、氏久は手返して候やらんと推して

候、（大隅《おおすみ》禰寝《ねじめ》文書　今川了俊書状案）

「久庵主」こと瞬庵宗久《しゅんあんそうきゅう》は、当時了俊の使僧として九州を奔走していた人物である。その宗久に対し、島津氏久は領国と所領の安堵を求めた。宗久が直接に幕府に伝えたところ、将軍は「探題の注進も吹挙もないのに要求するのはけしからん」と不審に思われ、了俊の代官を召し出され「事情を尋ねよ」と仰せつけられた。先日その手紙が到着した。氏久もこれを聞いたら、手のひらを返したように恭順の意を示すであろう、という。

しかし、島津氏の勢威は強大であり、硬軟とりまぜた説得にも、色よい返事は引き出せなかった。了俊に与《くみ》した地方武家からは成果の乏しさを憂慮され、探題の権威が通じないではないかと疑われたためであろう、了俊は長々と弁解し、遂に「我が事は、将軍の御身をわけられてくだされ申候間、誰人もいやしまれ候はじと存候」と言い切るのである。

たしかに了俊に与えられた権限はまことに大きく、九州の武士たちの官位・所領に関する申請は、すべて了俊の承諾なしでは認められなかった。「将軍の分身である」と自負するに足るものであった。しかし、それもおのずと限界があろう。現に、永和二年正月には義満の弟満詮《みつあきら》の九州下向の計画が持ち上がっている。膠着《こうちゃく》状態を打開するため、貴種を迎えて、もって反幕府勢力を帰服させるもくろみである。もっとも、「将軍の分身」を自称する了俊としては、「九州公方」の登場を内心では歓迎していなかったことも容易に想像され、結局満詮の下向は沙汰止みとなるのである。

後に康応元年（一三八九）三月、義満は島津氏らを牽制すべく九州へと海路旅立つが、周防国に至って逆風烈しく二度までも船団は吹き戻された。随行していた了俊は引き返すことを進言した。自ら「探題は我が方に入らせ給ふを申しとどめん事、世の誹《そし》りもやと思ひけめども（探題は自分の支配する九州に将軍がお入りになることを制止したとして、世間から誹謗《ひぼう》されると思ったけれども）、この度の浪風《なみかぜ》のさはりただごととも覚え侍らず、かつは都にも急がせ給ふべき事のわたらせ給ふにこそと思ふに、人の誹りを忘れつつ帰りのぼらせ給ふべき由を申しけり」（鹿苑院殿厳島詣記《ろくおんいんどのいつくしまもうでき》）と弁解しているが、見事に本心が現れていよう。

了俊の文学活動

了俊の方針は、その地域内での支配を徹底させるため、大いに中央の権威を借りたが、しかし具体的な干渉が及ぶことはできるだけ避けたい、という二律背反的なものであった。

この点で了俊がすぐれた文化人であったことは幸いした。了俊は冷泉為秀《ためひで》の門弟であり、弱冠二十一にして風雅集に入集した勅撰歌人である。さらに二条良基に連歌を学んで高い評価を受けていた。探題に任命された時には、九州までの道中を記した、道ゆきぶりという仮名紀行文を著し、文才を遺憾なく発揮している。注意すべきは同書を九州の武士たちに積極的に示したことである。「はじめたびたび自筆に書き付けしは、あなたこなたひきちらされ侍りて」と、あちこちに流布していると記す。現存の本も永和四年（一三七八）三月、「筑後国竹野《たけの》庄内善道寺《ぜんどうじ》（現福岡県久留米市善導寺町）の陣」で書写した本の写しである。さらに「院の御製よりはじめて、宮々・大臣・公卿・殿上人まで、このうちの歌を和して、一句を書き添えられたり。鎌倉にては寺々の長老など皆以《もっ》て一首の詩を贈らるれば、今は卑下し侍るに及ばず」と記した意図は、自身がいかに中央の要人と太いパイプがあるかを誇示するためである。

また探題在任中、書札礼や故実書を著している。文化的に洗練された進退作法は社会的なステイタスを得るためには必須の条件で、その点でも了俊は九州で最高の権威であった。さきの今川満範宛の書状で、島津氏久が送ってきた手紙の書式を無礼であるとして、「氏久が状の礼なども、以ての外に尾籠《おこ》に書きてまゐらせ候なり、あさましきゐ中人《なかびと》に成り候て候」と評するのは、単なる田舎者としてではない、強烈な侮蔑であった。

ところで、武家教訓書として広く読まれた伝斯波義将作の竹馬抄《ちくばしょう》は、「永徳三年（一三八三）二月九日　沙弥《しゃみ》」という署名があり、義将の筆になるとは考えがたく（義将はまだ出家していない）、実は了俊が探題在任中、子弟に与えたものである。このうち「おとなしき人は、かならず光源氏の物語、清少納言が枕草子などを目をとどめていくかへりも覚え侍るべきなり」とは武家の教養にも王朝文学が必須であったことを示して有名であるが、実はこれも、さらに「能のある人は心の程も思ひやられ、その家も心にくきなり、世の中は名利のみなり、能は名聞なれば、不堪といふとも猶嗜《なおたしな》むべし」とあるように、教養や文才は対人関係上きわめて有利であり、たとえその才能がなくとも熱心に嗜めば人なみに扱ってもらえる、というはなはだ功利的な教えなのである。しかしこれは了俊の活動を顧みれば、至極納得がいくのである。

日向・大隅の国境志布志《しぶし》に大慈寺《だいじじ》という古刹《こさつ》がある。康暦二年（一三八〇）、了俊はその大慈寺周辺の勝景を題材にした詩歌を、時の公家・武家・禅僧に賦詠《ふえい》させ、二条良基と義堂周信に真名《まな》仮名両序を執筆させた。当時の詩人・歌人を総動員したこの大慈八景詩歌の催しは、南九州の国人層に対する示威でもあり、何よりも志布志へと進出してきた島津氏久への牽制であった。和歌のような伝統的な文学は、地方でも熱愛されていたが、そこでは中央とのつながりが重視された。文学活動がこうした側面から地方にあっても統治を補完することは見逃せない現象であり、了俊はこの点を最もうまく利用した武将であった。

「関東の事をば万事を閣かるる様に候」

室町幕府は、その初期に、将軍の子弟や一門を派遣して、奥州管領・関東公方・九州探題など遠隔地を支配する統治機関の首長に据えた。このように日本をブロックごとに分割し、大幅に権限を委譲したのは、全国的な内乱に対処するための非常措置であった。

戦時体制が解消された時、こうした統治機関の意義はおのずと変化した。義満にとって、氏満はもちろん、「将軍の分身」と自称し、在任二十五年を超えて自立の傾向すら見せる了俊も、やはり障碍《しょうがい》であった。いかにしてその脅威を取り除くかが大きな課題となっていたのであった。関東と九州とは、その版図の広大さといい、また武家との由緒といい、義満の念頭を去らなかったに違いない。果たして、最大の理解者であった細川頼之の死後、応永二年（一三九五）、了俊は突然に召還され、そのまま探題を解任されるのであるが、そのことは後に詳しく述べよう。

一方、氏満に対しては、意外なことに、明徳二年（一三九一）十一月、関東に加え、陸奥・出羽二国の支配を委ねているのである。大幅な譲歩、少なくとも融和しているように見える。後に管領を務めた畠山満家《みついえ》が「鹿苑院殿御代、小目《こめ》ニテ見及申候シモ、関東事ヲハ万事ヲ被閣様《さしおかるるように》候シ（鹿苑院様の治世では、拙者が拝見した限りでは、関東のことはすべて不問に付されていたようでございます）」（満済准后日記）と語っているように、鎌倉府に対しては妥協的であったと見られたようである。しかし、ここであえて好餌《こうじ》を与えて懐柔したのは、遠隔地の鎌倉府よりも、まずは畿内・西国の有力守護の抑圧を優先したからに他ならないであろう。

守護と大名

室町幕府は守護大名に支えられていたと理解されている。「室町幕府は守護大名の集合体であった」とする説明もしばしば見受けられる。しかし、守護と大名とは別次元の概念であり、複合した形は同時代の史料には現れない。

守護とは、鎌倉幕府以来、警察と治安維持のために各国に設置された職名である。建武式目に「守護は上古の吏務（国司）なり」と謳われたように、南北朝期にも守護は中央から任命される地方行政官で、恩賞として与えられたり一家で独占世襲してはならないとされた。

一方、大名《たいめい》は、名田《みょうでん》・領地を所有し、家子郎党《いえのころうとう》を抱える豪族を指す語であり、転じて組内の有力者をも意味し、幕府の重臣を当時こう称した。ところで、戦国期の辞書には「大名《たいめい》国守護」（塵芥集《じんかいしゅう》）、「Taimei 土地を支配していて、vreadores〔訳注・行政官〕のようなある職務を持つ、偉大にして高貴な領主」（日葡《にっぽ》辞書）などと記載され、守護の公権に裏付けられた一国領主との理解が定着している。その劃期は十五世紀はじめ頃、つまり義満・義持の時代ということになろう。

たしかに、南北朝期、内乱に対処すべく軍事指揮を日常のものとしたため、守護の権限は前代と比較にならないほど拡大した。「守護大名」なる造語は、守護が任国への支配を強め、具体的には「使節遵行《じゅんぎょう》（幕府の裁許を受けた現地での執行手続き）」「半済《はんぜい》兵粮料所《ひょうろうりょうしょ》の設置（兵糧の現地調達のため荘園の年貢の半分を徴収すること）」などの権限行使を通じ、地域の領主（国人）・武士を被官（家臣）として編成し、領国化を進めた、と広く考えられてきたことによる。しかし、近年、守護の支配は、ある一門に固定して世襲された国であっても、さほど浸透しなかった、とする学説が有力である。しかも前章で探題の例を見たように、守護が任国で権限を行使するには、将軍を戴いていることが必要不可欠であった。

さらに国人領主には独立志向が頗る強く、やはり中央とのつながりを求めることで守護の権限に抵抗し、将軍も大名牽制のためこうした国人を物心両面で支援したから、支配の構造は必ずしも将軍—守護—国人という垂直方向にならないところにこの時代の特色がある。そして鎌倉時代より守護を置かず興福寺に委ねられた大和国はもとより、「飛驒《ひだ》国司」と称された姉小路《あねがこうじ》氏、紀伊の日前国懸《ひのくまくにかかす》両宮神主の国造《こくぞう》氏など、数郡から半国の範囲ながら、将軍から自立的支配を承認された領主的存在がいたことにも注意しなくてはならない。

さきに記したように、鎌倉時代以来の大名が守護を引き続いて務めていたのは東国と九州の僻遠《へきえん》の地であり、畿内・北陸・中国・西国の四十五ヶ国は「室町殿御分国」と呼ばれ、足利氏一門ないし譜代の家人が、新たに守護に補されている。斯波—越前、細川—讃岐のように、大名の家系と任国とはセットにされ、そのことで地方の政治史を理解しがちであるが、大名は原則在京していて、平時の支配は守護代や又《また》守護代の手に委ねていた。大名は、むしろ京都で幕府権力の一角をなしていたと評価するのが正鵠《せいこく》を射ていることになろう。

「横暴な」大名と「弱腰の」将軍

康暦から永徳にかけて、義満が右大将から左大臣准三后と廟堂を駆け上がり、廷臣として華やかな生活を繰り広げていた時期にも、幕閣の大名は決して義満に慴伏《しょうふく》していたわけではない。将軍と大名との間の疑心暗鬼は抜きがたいもので、たとえば将軍がひそかに誰某を討とうとしている、といった「巷説」から、大名のもとに武士が群集する騒動はこの頃もしばしば起こった。そのつど将軍が出向いて、説得慰撫に努め、時には何らかの妥協を強いられる、という繰り返しである。とりわけ、失脚した細川頼之への反撥は根深く残っていた。たとえば、美濃・尾張・伊勢の守護であった土岐頼康は、頼之と対立し、勝手に美濃国へ下ってしまった。このため、義満の追討命令を受けると帰順し、甥の土岐詮直《あきなお》を上洛させたが、康暦の政変で、頼之の罷免を要求して室町第を取り囲んだのはこの詮直の手兵であった。

頼康自身も康暦二年（一三八〇）正月七日に上洛してきたが、義満は悦ばず、巷説が頻りに囁かれた。しかし頼康は幕府創業以来の宿老であり、公家社会にも知己が多い。二条良基は頼康女を室としている。これ以上関係を悪化させるのは得策ではないと見たか、五月二十七日、義満は自ら土岐邸に出向き、不穏な噂を打ち消した。さらに六月の祇園会では、頼康が義満見物の桟敷を造営し、良基・義将らを招くなど、ことさらな親善をアピールしている。同じく六月二十三日、良基が義満を招いて鳥合・管絃・百首続歌などさまざまな遊宴を催した時には、義将・頼康が人数に入っているし、永徳二年（一三八二）正月十一日には古剣妙快《こけんみようかい》の東光寺にも、斯波義将・同義種《よしたね》・土岐詮直・山名氏清が招かれるなど、公家や禅僧の雅会を利用して、将軍・大名の融和がはかられていることが窺える。これはおそらく斯波義将の配慮でもあろう。もっとも、その後も頼康と打ち解けることはなかったようである。

またこの頃、山陰地方を中心に十一ヶ国の守護を占め、勢威をもって知られた山名氏も何度か洛中で騒動を惹き起こした。永徳元年五月、四国の細川頼之が義満の同意のもとに復権を画策し、弟頼元を上洛させると、斯波義将が反撥し、山名時義《ときよし》も同調した。義満は諸大名に武士たちを帰国させるよう説得し、ついで山名邸に赴かなければならなかった。六月五日、義満は頼元の細川邸に出向き、義将・時義および裏松資康・日野資教ら側近も参集した。後深心院関白記には「酒宴快然と云々」とあるが、もちろん見せかけの融和であり、果たして義将は憤懣に堪えず、九月、管領を辞退して分国に下向しようとし、義満が今度は斯波邸に赴いて、ようやく翻意させている。

この騒動の起こった永徳元年夏から秋にかけては、義満の任内大臣という華やかな慶事があり、公家社会は大臣大饗をはじめとする儀式の準備に明け暮れていたが、当の義満は大名の統制を失いかけて、必死に調停を試みていた。その様子は父義詮と比較しても、五十歩百歩である。義満は安楽な日々を送っていたわけではなく、大名との関係は緊張を孕《はら》むものであった。義将の穏健な執政によって、決定的な破局が回避されていたのであろう。

義満の諸国遊覧

ところが嘉慶元年（一三八七）十二月に土岐頼康が、続いて康応元年（一三八九）五月には山名時義が病死した。義満はこれを奇貨として、両氏を分裂抗争させるように仕向けた。

ところで、義満は嘉慶二年九月十六日、富士見物と称して京都を立ち、駿河まで下向した。室町将軍が東国に向かったのは、尊氏の遠征以来、三十五年ぶりのことであった。残念ながら同時代史料に乏しく詳細は不明である。鎌倉府との境界である駿河に出向いたことは、足利氏満に対する示威であろうと古くから言われているが、むしろ土岐氏の分国が路次にあたったことに注意したい。頼康の跡は甥の康行が継いでいた。

将軍の旅では、通過する国々の守護は京都から随行し、宿駅の設営も負担した。美濃では土岐氏の惣領康行の、尾張ではその弟満貞《みつさだ》の歓迎を受けることになった。頼康の分国のうち、

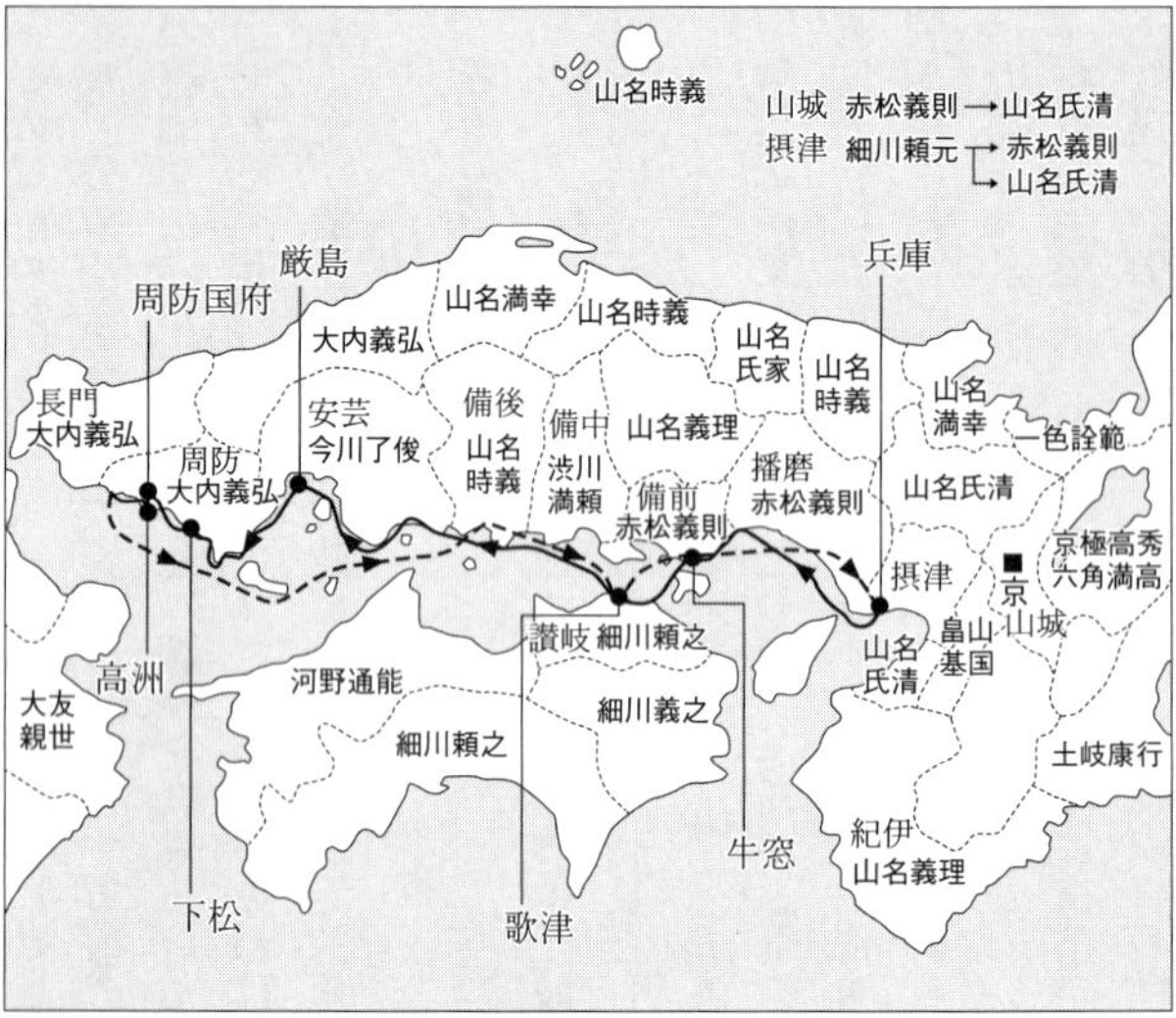

康応元年（1389）の西国守護と義満の航路図

尾張は康行ではなく、満貞に継承させたからである。名字に「満」字を戴くことからも分かるように、満貞は義満の近習であった。土岐一門は強い不満を抱き、惣領に忠実な土岐詮直は、あたかもこの五月、尾張黒田《くろだ》宿で満貞を襲撃する内紛を起こしていた。義満を迎える康行は苦境に立たされる。翌夏、遂に康行は詮直を援けて蹶起《けっき》し、幕府から追討される身となった。そして明徳元年（一三九〇）閏三月、康行は本拠の美濃小島《おじま》城を陥《おと》され、没落したのである。これを土岐康行の乱と称する。義満の大名抑圧はこうして始まった。

康応元年（一三八九）三月、義満ははるか九州を目指して旅立った。随従百余隻という船団を列ね、距離といい規模といい、その頂点というべき盛事であった。

この旅には、九州探題今川了俊の慫慂《しょうよう》があり、了俊は仮名で紀行文を著している。有名な鹿苑院殿厳島詣記である。しばらく同書によって旅程を辿《たど》ってみる。

京都を出たのは三月四日の払暁で、その日のうちに兵庫に到着し、播磨守護の赤松義則の子息とおぼしき千菊丸が一行を歓待した。ここから乗船、明石《あかし》・牛窓《うしまど》を経て、六日に讃岐の歌津《うたづ》（現香川県綾歌《あやうた》郡宇多津町）に停泊する。ここで二泊して、守護の細川頼之の歓待を受けた。「かの入道心を尽くしつつ、手の舞ひ足の踏む所を知らず、まどひありくさま、げにもことはりと見ゆ」と記されるように、かつて心ならずも追討を命じた頼之との関係を修復することが旅の目的の一つであった。ついで備後の沖合をかすめ、安芸の沿岸を経て、十日に厳島に到着する。

明神に参拝の後、さらに西航する。周防の下松《くだまつ》に着くと守護の大内義弘が待ち受けていた。義弘の導きによって、翌十三日は国府の南、三田尻《みたじり》の高浜《たかはま》（高洲《たかす》）に建設された御旅所に入る。ところが逆風が烈しくて進めず、十六日、九州上陸を断念してここから引き返すことになったのは前述した。帰途には再び歌津に立ち寄り、頼之

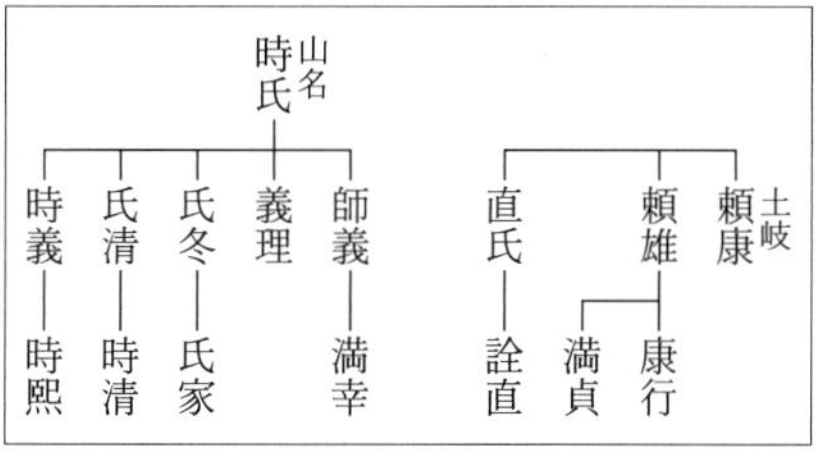

山名氏（左）と土岐氏の略系図

との旧交を温める。「武蔵入道召されて、はるかに御物語ありけるとかや、何事にかありけん、涙をおさへて罷《まか》でけるときこゆ」と、頼之の感激のさまを記している。京都に戻ったのは二十六日であった。

九州下向は、頼之・了俊の献策によって、なおも抵抗の姿勢を見せる島津氏・大友氏に将軍の権威を誇示して威嚇するためとされるが、了俊は必ずしも義満が九州に足を踏み入れることを期待していない。むしろ、頼之との関係修復を第一としていた節もある。果たして頼之は二年後に帰京し、管領には頼元を据え、再び幕政の指導者に返り咲くのである。

歌津での会談が、今後の頼之復帰を決定する内容であったことは想像に難くないが、もう一つ注目されるのは山名氏のことで、備後を領する山名氏もまた義満を迎える立場にあったが、守護時義はすでに重病で、やむを得ず子息時熙《ときひろ》が参上したとある。ちょうど一年の後、義満はこの旅にも同行した近習の山名満幸に命じて、時熙らを討伐させ、備後国に蟄居《ちっきょ》させる。山名氏の勢力を殺《そ》ぐことになる明徳の乱は、これを序章とする。

明徳の乱

このように義満の当面の敵は、土岐氏・山名氏であり、両度の旅行が、その分国の支配状況を窺うもので、周到な計画が練られたことも想像に難くないのである。

さて、山名時義の庶兄氏清は、歴戦の猛将であり、当時は丹波・和泉の守護を兼ねていた。時熙の没落の時は、婿の満幸と行動を共にしたが、義満が事前の約を違えて、時熙らをすぐに赦免したことを聞いて、敢然と叛旗を翻す。

そして明徳二年（一三九一）十二月、細川・赤松・畠山ら守護の軍勢と、義満の奉公衆が待ち構える京都に突入、氏清は壮絶な討死を遂げ、満幸は逃亡した（のち応永二年〔一三九五〕に洛中に潜んでいたところを殺される）。四十年ぶりの市街戦は大きな衝撃を与えた。醍醐寺の僧隆源《りゅうげん》は学問のついでに「室町殿御陣は内野《うちの》なり、（氏清）奥州二条大宮に於いて討死、播磨守（満幸）丹波没落、一時の間に落居し了んぬ」（枝葉抄）と記している。また乱後すぐ、おそらくは戦場で活動していた時宗《じしゅう》僧の手によって、軍記物語である明徳記が製作されている。明徳記では、山名氏清滅亡の原因をこう分析する。

分国の寺社本所領を押領し、寺官・社人を殺害し、商家・民屋《みんおく》を追捕《ついぶ》し、事に触れて悪事をのみ振る舞ひ給ひしかども、守護は公方の御代官なれば、上様へ恐れてあざむく人もなかりしを、「わが権勢に憚りて、世の人の懼《おそ》るぞ」と心得て、今度の大逆を企てられし心の程こそ短慮なれ。

まさに前述の「守護吏務観」に基づく評価であり、驕慢の心が生じた理由として語っているが、守護の分国支配がさして徹底したものではなく、上様、すなわち将軍を推戴することで維持された側面を見事に浮かび上がらせている。

こうして義満は大きな戦果を挙げ、大名抑圧に成功するが、土岐氏・山名氏とも滅亡したわけではなく、分国を減らしたのみにとどまる。最も根幹となる本領は一門の者に安堵せざるを得なかった。

そもそも、室町幕府の実力からいって、遠国の反乱を「御退治」、鎮圧することは困難であり、また積極的でもなかったらしい。九州・関東については前述したし、また実際、斯波高経や細川頼之が政争に敗れて分国に遁れた時には、軍勢を派遣しながら、両者の守りが堅固であることを確認すると、討伐を断念し、まもなく赦免している。こうした前例がありながら成功したのは、遠方の敵を、都近くにおびき寄せて粉砕したからであろう。この作戦は大内氏に対しても発揮されることになる。

第七章　応永の乱と難太平記

西国大名の雄大内氏

大内氏は西国最強の大名である。百済聖明王《くだらせいめいおう》の末裔と伝えられ、本姓は多々良《たたら》、周防国吉敷《よしき》郡大内村（現山口県山口市）を本拠とした。平安後期には在庁官人として国府に出仕し、大内介《すけ》を自称した。その後、いち早く源頼朝の麾下《きか》に参じた。鎌倉後期には六波羅探題《ろくはらたんだい》の評定衆に加えられ、中央の事情にもよく通じた。

南北朝期の当主弘世《ひろよ》（一三二五―八〇）は、観応の擾乱《じょうらん》に際し、幕府に離叛したが、貞治二年（一三六三）に至り、上洛して義詮に降伏を申し出た。実際には和睦であり、この間、守護厚東《こうとう》氏と合戦して奪った隣国の長門国も分国として認められ、「在京ノ間数万貫ノ銭貨・新渡《しんと》ノ唐物等、美ヲ尽シテ、奉行・頭人・評定衆・傾城《けいせい》・田楽・猿楽・遁世者マデ是ヲ引キ与ヘケル間、此ノ人ニマサル御用人有ルマジト、未ダ見ヘタル事モナキ先ニ、誉メヌ人コソ無カリケレ」（太平記巻三十九）と、弘世は莫大な金品を惜しみなく幕府要路に賦《くば》り批判

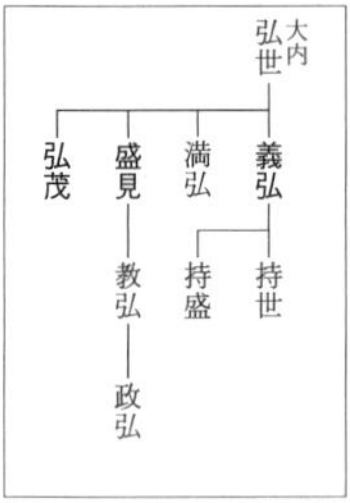

大内氏略系図

の口を噤《つぐ》ませた。この記事からは、大陸・半島への玄関を扼《やく》し、交易によって獲得した巨額の銭貨が繁栄の基となったことも窺える。大内氏は斯波義将と近かったようで、康暦の政変の後、石見国を加えられている。

弘世には男子が多くいた。兄弟は必ずしも融和しなかったが、長子義弘《よしひろ》（一三五六―九九）が家督を継承した。義弘は武勇にすぐれて今川了俊の九州平定にも協力を惜しまず、康暦二年（一三八〇）頃に豊前の守護職を得ている。これは大内氏の北九州進出の橋頭堡《きょうとうほ》となった。康暦元年八月十八日左京大夫となり、同二年十月十三日には従四位下に叙された（口宣綸旨院宣御教書案《くぜんりんじいんぜんみぎょうしょあん》）。左京大夫・右京大夫・修理《しゅり》大夫・大膳《だいぜん》大夫は四職《しき》大夫と呼ばれて、武家の名誉とする官であった。ただし四位に叙される者は関東公方や斯波氏くらいで、大名としてはきわめて異例である。武家の官位叙任は将軍の吹挙によるので、家督継承後の義弘への優遇はきわだっている。

しかも義弘は和歌・連歌を好んで京都にも聞こえ、パトロンをもって任じていたらしい。新後拾遺集に「多々良義弘朝臣」として二首入集し、二十八歳で勅撰歌人となった。二条良基は義弘を「近日人多しといへども当道の数寄《すき》他に異なる」と激賞して、永徳三年（一三八三）十月には連歌論書の十問最秘抄《じゅうもんさいひしょう》を執筆して与えた。後世開花する山口文化の源流は義弘にあるといってよい。

以上の点においては、同じく義満に叛逆したといっても、足利氏の一門でほんらい家人であった山名氏などとは隔絶していた。

鹿苑院西国下向記

一七三頁に触れた義満の九州下向には、もう一つ詳細な記録が残っている。作者未詳の鹿苑院西国下向記である。了俊の鹿苑院殿厳島詣記と同じく、仮名書きであるが、長い序があり、ある人が北野に参詣して通夜した際に、別に参籠した貴人の従者の語る「けふこのごろ人の尋ねもてあそぶ物語、室町殿しのびたる御旅、西国への御出立のありさま」を書き留めたという体裁を取る。末尾には「今夜の通夜の利生めでたき物語を聞きつゝ、故郷のつとにかきあつめ侍り。康応元年九月二十五夜」とある。大鏡《おおかがみ》など鏡ものと同じく、座の物語という設定を取ったと見られる。

同書は了俊とは異なった視点で義満の旅を描いており、印象は随分異なる。最も注目されるのは、大内義弘関係の記述の手厚さである。とくに全体半分以上の紙数を、義弘が周防国佐波《さば》郡に設《しつら》えた高洲御所における、義満一行への接待の記事に費やしているのである。

旅の目的地はあくまで九州であり、たまたま暴風によって引き返すことになったに過ぎない。それにもかかわらず、この地に執着するのは、大内氏の本貫に最も近かったからに他ならない。そこにはかなりの潤色も認められる。

たとえば、浜辺を逍遥する義満一行が「大内と申す所はこれよりいづかたへあたりたるやらん、道のほどいかほど侍るぞ、ゆかしき所とこそきこゆれ」と尋ねると、語り手は偶然そこに居合わせたという法師の口を借りて、「家居事柄尋常なる（立派な）躰なり。四方大略深山にて、をのづから無双の切所《せっしょ》（要害の地）なり、遠近皆分国分領なり。数ヶ国の集なれば、田舎ながらも興ある在所とみえたり」と力説する。このような問答が実際に交わされたものかどうかは疑義なしとせず、大内氏を顕彰するための虚構と考えるべきであろう。

了俊の記と比較する時、大内氏の存在が異様なまでにクローズアップされている。すなわち、同書によれば、義満が、あたかも義弘のもとに挨拶に出向いていったようにさえ見えてくる。

この時代の仮名日記は、雅会、遊宴、御幸や法会などを題材に、治天の君や室町殿の権勢を優美に描き出し、その記憶を古典を借りることで後世に伝える使命を持つ。二条良基の仮名日記はその典型である。良基の著作であることは公然の秘密であるものの、見物人の筆に仮託され、三人称を取ることで、著者の視点をかなり大胆に拡大することもできる。そこには多少の虚構が入り込むことは読者も了解済みであろう。さらに享受の過程で原作者の姿はしだいに後退していき、内容は読者によって改編され得るので、極論すれば個別の伝本ごとに異なる世界を有することになる。物語と日記の境界は曖昧であり、もとよりその描写は、細部では史実と離れるかもしれないが、かといって決して後世に捏造されたようなものではない。森茂暁氏によれば、少なくとも同書の一部は、南北朝期ではなく、百年近く降った文明年間（一四六九―八七）の頃に改編されているという（「大内氏の興隆と祖先伝承」）。当時は応仁《おうにん》の乱の最中であって、当主の大内政弘《まさひろ》が西軍の中心として将軍を扶持していたことが注意される。

鹿苑院西国下向記は、大内氏の政治神話によって脚色された、いわば紀行文に擬装された物語という側面も持っている。大内氏側から見た、室町殿との関係を浮き彫りにしており、これもたしかに室町期の政治的真実を伝えるのである。

義弘の驕慢

義満に随行して義弘も上洛し、そのまま幕府に出仕した。明徳の乱には義弘も部将として参戦し、内野合戦で山名氏清を討ち取る功績を立てた。その賞として山名氏の分国である紀伊・和泉の守護となった。水陸交通によって発展した大内氏が都市堺《さかい》を押さえた意味は大きく、義満・義将らを堺に迎えて盛大な犬追物を挙行している。さらに明徳三年（一三九二）、南朝との和睦をとりまとめ、後亀山天皇らを帰京させたのも、義弘の斡旋《あっせん》であったと言われる。義満の信任殊に篤く、明徳四年十二月の御内書《おないしょ》では「一ぞくの准《じゅん》に思ひ給へ候（足利氏一門と同じように思わせていただきます）」と激賞した。応永二年（一三九五）七月には義満の出家に殉じて、自身も出家している。その頃、今川了俊が突然に召還され、そのまま九州探題を更迭されたが、これも義弘の讒言《ざんげん》を義満・義将が受け容れたことによるという。ただし、その跡には義将の婿渋川満頼《みつより》が補されたが、これ以後、義弘は頻りに朝鮮に遣使しており、かつては了俊が独占していた権益を手中に収めたごとくである。

　このように忠誠を誓い大功を立てた義弘を、義満はしだいに疎んずる。あまりの強大な威勢から警戒に転じたことが第一であろうが、「およそは義弘ほどの勇士をば御持ち候まじきものを」（明徳記）と自賛し、さらに「今在京仕りて見及ぶ如くんば、諸大名・御一族達の事、さらに心にくく存ぜざるなり」（難太平記）とうそぶいた、傲岸な姿勢が朋輩《ほうばい》の憎しみを買っていたことは想像に難くない。

　応永四年三月、九州の少弐貞頼《さだより》・菊池武朝《たけとも》が蜂起した。新任の探題は非力であり、義弘が鎮圧を命じられた。まず弟の満弘《みつひろ》・盛見《もりはる》を筑紫に派遣したが、戦況は悪化した。このため翌五年十月十六日、自ら九州に下向し、ただちに平定したのである。ところが義弘はそのまま分国にとどまり、謀叛の準備を進める。

二条摂関家の没落

吉田家日次記の記主、吉田兼熙・兼敦父子はこの頃義弘の動向を注視している。たとえば応永五年（一三九八）七月二十三日条に「世上夜々物忩《ぶっそう》」と、洛中は不穏な空気に包まれ、「大内の身上たるの由謳歌と云々」とあり、義弘が討たれるともっぱらの噂であった。義満はただちに大内邸を訪ねて、巷説を打ち消したが、義弘周辺には不穏な空気が立ち籠めていた。後に謀叛を決意した第一の理由として、軍記物語の応永記には、「後日に承れば、入道（義弘）を退治すべきの由、少弐・菊池が方へひそかに仰せらると云々」として、少弐・菊池の挙兵が自分を滅ぼす義満の計略であったとするが、おそらくこうした風説がすでに囁かれていたのであろう。不信を拭《ぬぐ》えないまま、義弘は鎮西に向けて進発したのである。

翌年四月、関白二条師嗣が突然義満の不興を買って失脚した。その理由は、義満の南都下向の際、嫡男の左大将満基が馬副《うまぞい》（近衛大将の乗馬に付く従者）を連れていなかったというもので、理不尽な言いがかりであった。師嗣は義満を蔑ろにするつもりはないと平身低頭して詫びたが、辞表すら受理されずに出家に追い込まれた。師嗣の兄聖護院僧正道意は、義満の前で絶交を誓わざるを得なかった。

大恩ある二条摂関家に対して、義満がこのような苛酷な仕打ちをした理由は、ただ一つ、良基・師嗣父子が義弘と親しかったせいであろう。義満の怒りに触れた時に家領はことごとく「飛行《ひぎょう》（没収）」となってしまったが、さらに「旧冬の擾乱、悉く違乱の間」とあるように、義弘の滅亡後、迫害はさらに強まり、師嗣は餓死同然の窮死を遂げた（吉田家日次記応永七年十一月二十一日条）。

他にも、妙心寺《みょうしんじ》の住持拙堂宗朴《せつどうそうぼく》はかねて義弘と「師檀の好《よし》み」があったため、義満から疑惑の目で見られていた（正法山六祖伝）。応永の乱後、寺領は没収され、境内は青蓮院門跡に編入された。花園《はなぞの》法皇が宗峯妙超《しゅうほうみょうちょう》を語らって創建した、林下《りんか》第一の禅院も、ここにいったん廃絶を余儀なくされたのである。

義弘と親しい人々に対する迫害の噂は、もとより鎮西にも届いたであろうし、いよいよ義満への反感を募らせたことと想像させる。

堺落城

義弘は謀叛を決意し東上の途につき、末弟の新介弘茂《しんすけひろもち》らを率いて、応永六年（一三九九）十月十三日に堺に入った。関東公方の足利氏満は前年十一月に死去し、その子満兼が嗣いだ。義弘はこの満兼を首領と頼み、挙兵上洛を懇願した。美濃の土岐詮直、丹波の山名時清（氏清の遺児）・近江の京極五郎左衛門（秀満《ひでみつ》）など義満に遺恨をいだく者はもとより、楠木以下の南朝残党も同調し、延暦寺・興福寺にも満兼の名で御教書を遣わした。これほど叛逆者が広範にわたったことは、周到な準備があったことを察知させるが、やはり義満によって遠ざけられた今川了俊の協力が大であったと考えられている。

　義満は絶海中津を堺に派遣し、義弘の疑念を解くよう努めた。興福寺の学侶長専《ちょうせん》の記録によれば、義弘は絶海の説得に対して、次のように述べたという。

> 御自筆自判の御教書を以て、大内入道を追討すべきの由、菊地〔池〕以下西国に皆以て御下知を成さる、更にその謂《いわ》れを弁《わきま》へず、不便〔憫〕の次第なり、所詮、御振舞毎事背儀〔義〕の間、関東より仰せ下さるる子細在るの上は、自専《じせん》すべからざる旨申し切り了《おわ》んぬ、（寺門事《じもんのこと》条々聞書）

　義弘を討つよう西国一円に命じられたのは一体どのような御料簡《ごりょうけん》かと、義満の陰謀を確信していたことを最大の理由とするが、さらに「御振舞毎事背義の間」、つまり義満の行いがことごとく道義に悖《もと》るとして、関東公方の満兼に討伐を命じられた以上、一存では決められない、として恭順を拒否したのである。この内容は後述する応永記や難太平記ともよく一致し、それらの史的価値を判断する一証となろう。

　かくして戦争は不可避となり、義満は青蓮院尊道親王以下の高僧に討伐の祈禱を命じ、大名を招集して十一月八日に八幡に進み陣を置いた。一方、義弘の計画はすべて誤算であった。

関東の満兼は十一月二十一日に鎌倉を出て武蔵府中《むさしふちゅう》に進んだが、管領上杉憲定によって釘づけにされ、わずかに下野足利に移動して軍勢を募ったのみであった。また丹波・美濃・近江での挙兵も、ただちに軍勢が差し向けられて個別に撃破され、散発的なものに終わった。

堺の大内の陣中では、紀伊・和泉に下り、楠木正成の故智に倣って山城を築きこれに拠れば、長期の抵抗に堪えるだろう、とするもの、あるいは迂回して尼崎に上陸し義満の本陣を衝くべしとするものが出たが、義弘はこれらを斥け、堺に城郭を構えて籠城する方策を採った。果たして義満は一息にこれを潰《つぶ》そうと大軍を遣わした。一度は撃退に成功したものの、十二月二十一日、火攻めにあって落城、義弘は勇将の名にふさわしい奮戦の末、畠山満家によって首級を上げられた。人家一万軒を誇った堺は焦土と化して合戦は終わる。

平井道助の深謀遠慮

軍記物語の明徳記と応永記は、義満の治世に畿内で起きた大名の謀叛・合戦を題材とする点で、兄弟のごとき作品である。両書とも作者未詳ながら、合戦の終わった直後に、幕府側の人物によって執筆されたことが指摘され、かなり流布して多くの読者を獲得したらしい。

ただし、明徳記が三巻からなり、合戦の凄惨《せいさん》な描写はもとより、勇猛・怯懦《きょうだ》の振る舞いを書き分け、敗者の末路にも一掬《いっきく》の涙を注いで叙情的であり、実際に早くから物語僧によって語られたのに対して、応永記は構成が単純であり、滅びた義弘への同情は感じられるものの、記述態度は記録に近く文章は生硬であるとして、文学史的な評価は低い。

さてその応永記を通読するとき、「平井備前入道」なる家臣の活躍に誰しも気づくであろう。今、最も構成が整っている尊経閣《そんけいかく》文庫蔵後崇光院《ごすこういん》筆本（堺記《さかいき》と題する）によって引くと、平井は最初から義弘の企てを危惧しており、「今は剰《あまつさ》へ上より宥《なだ》め仰せらるる分にてこそ候へ」、絶海の説得こそ帰順する絶好のチャンスではないかと言語を尽くして諫言を呈する。さらに平井は「城を構へ他国を打ち取らば、残る籌策《ちゅうさく》（手立て）もあるべからず、このままにてこそ後訴もあらんずれ」と考えていたので、一見消極的に見える堺籠城戦も、実は家名断絶となることを避けるために、あえて献策したというのである。このように戦後処理をすでに見通している以上、平井の行動は、いかなる修羅場においても、まことに冷静明晰《めいせき》である。落城に際し、義弘の戦死を聞いて、切腹しようとする七郎新介こと義弘末弟の弘茂の手を押しとどめ、「もとより本意とも思し召されぬ謀反なり。何かは苦しかるべき、御降参あるべし。命は義に依りて軽しとこそ申して候へ」と説き伏せて降参を選択させる。応永記は事実上ここで終わる。

そもそも応永記とは、謀叛を回避できず朝敵とならざるを得なかった義弘側の弁明であったとする見解がある（安野博之「応永の乱関係軍記について」）。たしかに通常の軍記物語ならば生きて虜囚《りょしゅう》の辱《はずかし》めを受けることは弾指されるはずであろう。しかるに平井の説得と弘茂の降参が主題となっている以上、首肯される見解であり、平井が同書の成立に関わっていたと見てもよいであろう。

その目論見のとおり、これほどの大乱にもかかわらず、弘茂の家督相続は許されて、防長両国の守護職も安堵されるのである。応永七年七月、弘茂は帰国の途につくが、その間は京都の平井邸に身を寄せていたことも吉田家日次記から知られる。

平井備前入道こと道助《どうじょ》は、大内氏の奉行人で、先代弘世の晩年、永和・康暦の交（一三七五―七九）から在京し、その代官として幕閣への取り次ぎにあたった人物である。官途は備前守、実名は未詳、法名は後に祥（相）助と改めた（大谷史子「大内義弘の対朝鮮交渉と平井道助」）。応永二十六年にも存命で九十一歳というので、堺籠城の時には七十歳であった。

さて平井道助といえば、文学史上における功績に触れないわけにはいかない。連歌の名手として令名高く、晩年の二条良基に最も評価されていたのが、梵燈庵《ぼんとうあん》（朝山師綱《あさやまもろつな》）とこの道助であった。義満自ら連歌を尋ねることもあったと言われる。さらに至徳三年（一三八六）秋から二年余にわたって開かれた、四辻善成の源氏物語講義の席にも列なって、一度も怠ることがなかった。この聞書をまとめ、不審点を尋ねて成立したのが千鳥抄《ちどりしょう》であり、河海抄《かかいしょう》を補完する注釈書として重宝されている。義弘の上洛後にも、主に新たに分国となった和泉・

紀伊に宛てた命を奉じ、守護としての活動も輔佐していたことが分かる。さらには応永四年十二月、朝鮮国王太宗より義弘への回礼使として派遣された朴惇之《ぼくとんし》は、「国之名士」との評判ある「備州守源詳助」への面談を求めたところ、手厚くもてなされ、詳細な日本地図を贈与されている（世宗実録巻八十）。

このように京畿はおろか外国にまで賢才の名が轟《とどろ》き、公武の有力者にも顔の利いた道助の存在なくして、義弘の縦横無尽の活動も説明できないであろう。それゆえに応永の乱にあたっても、冷静な判断を下し得たわけで、「大内氏のこの時断絶せざるは偏《ひとえ》に道助が力なり」（大内氏実録巻十九）とする称賛はあたっていようが、ただしそのような美談のみとも思えない。謀叛へとひた走る義弘に憂慮し、説得も叶わぬと知れば、道助は家名の断絶を避けることに全力を傾注したであろう。在京数十年で培った人脈は、ここで最大限の働きをしたことであろう。戦闘勃発前の早い段階で、義満との取引に応じていたのではないか。義弘には詰め腹を切らせる代わりに、弘茂の継嗣を約束し家名は断絶させないと。それくらいの成算がなければ、あのように手際の良い処置はちょっと考えにくいであろう。

それはあたかも、関東公方と管領上杉氏の関係にも対置できよう。室町時代に限らないが、主人の力はさして強くなく、家門にとって不適当な行動があれば、重臣の意向によって廃立され得るのである。大内氏では、いわゆる惣領権が未発達であり、家督継承のたびに一門兄弟間で抗争が起きているので、なおのことであろう。義満としても、義弘の増長は憎くとも、大内氏を徹底的に追い詰めることは無益であった。義弘の華々しい討死も、七十歳の老人の思慮深さの前には、死に場所を与えられての茶番にしか見えなくなる。

盛見の嗣立

もっとも、本国の留守を守る、義弘のもう一人の弟盛見《もりはる》が、弘茂の継嗣に反対して挙兵したのは、道助にとっても計算外であったに違いない。守護を拝命した弘茂は道助とともに勇躍京都を発し、石見の国人とも合力し、いったんは盛見を豊後に追ったが、やがて盛見は兵力を挽回し、応永八年(一四〇一)十二月、長門国府で弘茂は敗死してしまう。道助は居場所を失い、京都に戻ったらしい。

幕府は盛見を討伐しようとして頻りに近国の軍勢を動員した。同十年四月にも「大内六郎《ろくろう》盛見治罰事」を命じた御内書が安芸の国人《こくじん》毛利氏に与えられているが、それらの試みはことごとく失敗し、やむなく盛見の帰順を認め、防長両国の守護を安堵したのである。

その間の詳細ははっきりしないが、同十三年十二月二十六日、盛見を周防守に任じているのが一つの劃期とみなされる。もちろん全くの名目に過ぎないが、まさに独力で同国の守護職を獲得した盛見にとっては、領国経営に光彩を添えるものであったに違いない。一方、幕府にとっては苦渋の妥協であったはずで、遠隔地の大名を服属させることの難しさを改めて思い知らされたに違いない。

了俊の召還

「狡兎《こうと》死して良狗《りょうく》烹《に》られ、高鳥《こうちょう》尽きて良弓《りょうきゅう》蔵《しま》はる」（史記）という格言を、今川了俊ほど実感した人はいないであろう。応永二年（一三九五）七月、了俊は突然に九州から上洛の命令を受け、義満に対して弁明も許されず、そのまま更迭を余儀なくされる。九州平定の大功に対し、与えられたのは駿河・遠江それぞれ半国の守護であった。両国はもともと今川氏の分国である上、駿河は了俊甥の泰範《やすのり》、遠江は子息の仲秋が守護を務めており、これを割半することは、了俊への配慮どころか、一門の分断を狙ったものであろう。義満の好んだ手法である。

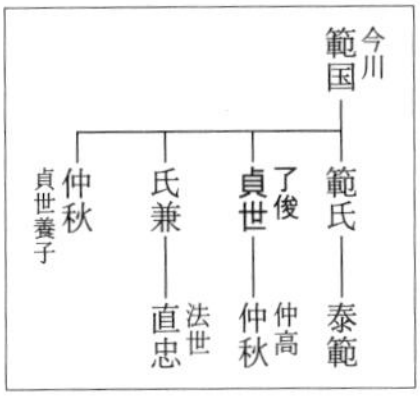

今川氏略系図

　案の定了俊は泰範とたちまち険悪となって、「上の明にわたらせ給はぬ故に、かやうの不道不義の親類等も時にあひたるにや（上に立つ人が愚かでいらっしゃるので、こういう無法非道の親族が栄えるのであろう）」（難太平記）とまで罵《ののし》る。

　もっとも二十五年にわたる探題在任の間、九州には了俊を主君と仰ぐ国人層も育っていた。召還に際してはそうした武士が同行して抗議を続けた。幕府は翌年早々の九州への再派遣を約して、了俊をいったん駿河に下向させた。もちろんこれは計略に過ぎず、冷却期間の後、翌春には渋川満頼が探題に補され、了俊は足取りも重く帰京したのである。

その頃、旧知の幕府奉行人、治部《じぶ》禅蘊《ぜんうん》の月次《つきなみ》歌会に出席した了俊は、若き正徹《しょうてつ》に出逢う。正徹は以後了俊に親しく師事するが、初対面の印象を「探題は、その時八十余の入道にて、墨の裳無衣《もなしごろも》に、平江帯《びんごうたい》の房のながきをして居給ひしなり」と記す（正徹物語）。平江帯（絛《とう》）、すなわち中国蘇州《そしゅう》名産の、両端に房のある華麗な飾り帯は、かつての栄華の記憶として身につけていたのであろうか。老いたりといえども、九州の地を睥睨《へいげい》した王者の面影を偲《しの》ばせる。

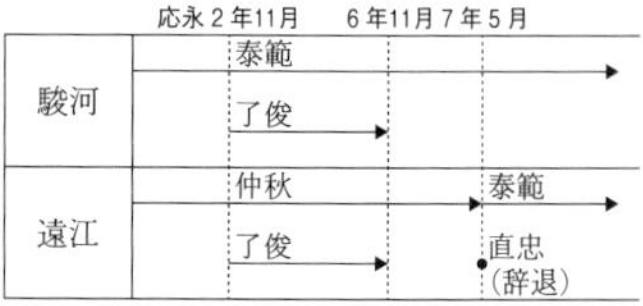

駿河・遠江守護交替表

難太平記の難しさ

さて今川了俊には難太平記という著作があることは御存知であろう。晩年、父祖と自分の生涯を記し、子孫に遺した家伝の書である。長年室町幕府政治の安定のために尽くした了俊の証言の史料的価値は高く、もし同書がなければ、この時代の歴史記述は全く変わっていたに違いない。たとえば義満の人格は「弱きを挫《くじ》き、強きを助ける」卑屈傲岸なもの、その政治は「御悪行御無道」であったとする証言は、同書の告発なのである。

太平記には虚偽が多いと非難する記事が非常に有名であるため、このように命名されているが、原書名は不明である（現存最古の写本は江戸前期のものである）。すなわち、太平記作者の視野が狭く偏っているために、父祖の名前が虚しく埋もれてしまうことを歎いたまでであり、同書の主題はそこにはない。了俊を突き動かしているのは、功績ある自分を九州から追い立てた斯波義将とその与党、ついで讒言を事とした甥の泰範への憎悪であり、さらにこうした佞臣《ねいしん》の跳梁《ちょうりょう》を許した義満への不満であった。そのため、自らの関与は強く否定するものの、足利満兼が企てたのは「天下万民のための御謀反」であって、義満の政道を断罪することで、謀叛の動機を正当化するのである。

謀叛の首謀者と目される人物の証言が残るのも珍しいことであるが、それだけに応永の乱に関係する箇所は、韜晦《とうかい》や自己弁護で覆われていると見なければならず、読解は慎重の上にも慎重を要する。それでなくとも文章は当事者でなくては通じない、特殊な言い回しが多い。了俊の遺した、曖昧なつぶやきのような一言が、現代なお熱い議論の的となっていることが少なくない。たとえば太平記の作者についての、「この記の作者は宮方深重《じんちょう》の者にて、無案内にて押してかくのごとく書きたるにや」という批判、この時代の研究者では知らない者がないほどに有名な一文であるが、「この記の作者は南朝方贔屓《ひいき》の者で、よく知らないで宛て推量でこのように書いたのではないか」という解釈に対し、幕府関係者の目に触れるつもりで書かれた太平記の内容が「宮方深重」のはずはない、だから「この記の作者は（まるで）南朝方贔屓の者（であるかのよう）で」と、もってまわって批判したのだ、とする異見も出されているのである（桜井好朗「難太平記考」）。

これはいささか深読みに過ぎると思うけれども、実際そのような読み方を誘うほど文章に癖があるのは事実である。

了俊の「心の鬼」

それでは応永の乱にあって、大内義弘と足利満兼との仲介役を務めたのではないかという疑惑に対する、了俊の弁明を聴いてみることにしよう。

一、大内和泉に攻め上りし時、我等野心の事、懸けても存ぜず。まして関東より一言も一紙も仰せを蒙りたる事無かりき。ただ大内申し行ひけるにや、諸方の人なみの御教書とて持ち来たりしかば、即時に上覧に及びしかば、更に別心無かりしを、遠江国にて子共家人等、関東に心寄せ申す故に遅参の由、人の申しけるにや、疑ひ思し召すと内々承り及びしかば、「A九州に身一人海賊舟を以て遣はさるべしにてありし事なり。B若しや流し捨てられ申すべき御方便《てだて》か」と心の鬼ありしにあはせて、鎮西の輩、御籌策《ちゅうさく》あるべき御故実など申し入れて、御計《はからい》ありし御教書・御下文なども皆々召し返されて、ただ了俊をC差し下さるるなり。「忠節致すべし」とばかりの御教書三四通ばかり給はりしに、いよいよ上意不審に存じて、国に下りて我身は隠居して、子共が事は上意に任せ追つて相ひ計るべし。若し猶京都の御助なくば、今天下の為とて鎌倉殿（満兼）思し召し立つ事、御当家御運長久と云ひ、万人安堵をなすべきにや、と思ひなりしなり。

「心の鬼」にはいささか説明が要る。「疑心暗鬼」という漢語とは似て非なるもので、源氏物語ほか王朝文学にしばしば見られる語句である。「鬼《おに》」とは「隠《オン》」、他人には見えることのない霊鬼のことである。つまり他人の心中ではなく、隠しておきたい自分の本心を指す語なのである。物語文学で多用される事情も理解されよう。了俊もその用法に拠っている。源氏物語にはかねて通暁する了俊であるから、このようなレトリックはまさに自家薬籠中《じかやくろうちゅう》のものであった（のちに了俊が編んだ言塵集《ごんじんしゅう》という歌語辞典にも「心の鬼」が立項される）。その隠しておきたい本心こそ、傍線部である。これは二文からなる。前文Aでは召還・更迭後も探題としての再登板を切望していたととれる。実際に周囲の運動があったこともすでに述べたが、了俊本人がこれを公然と表明できないのは当然である。「海賊舟」「身一人」、そして後文Bの「流し捨てられ」に引かれて、Aを厳しい監視下に遠島に処するがごとき解釈もあるが、ここは区別すべきである。さらにAの「海賊舟」とは、単なる快速船の謂《いい》であろう。了俊が探題在任中、各地の部隊との連絡に「海賊舟」を愛用していたことも（大隅禰寝文書永徳元年〔一三八一〕七月二十五日各和《かくわ》慈冬《じとう》書状案）、参考としてよいであろう。

後述する吉田家日次記に、了俊は「去年八幡御陣の時分、逐電」したと明記されているので、義満が八幡に出陣して堺の義弘と対峙《たいじ》したタイミングを計って、京都から脱出したのであろう。まずは分国の遠江に下っている。他人の眼には「逐電（逃亡）」であるが、分国であるからCでは上意を受けたごとく「差し下さるる」と書いたのである。

それでは文意が取れるように適宜語を補って、現代語に置き換えてみる。

一、大内義弘が和泉堺まで攻め上って来た時、私どもは謀叛の考えなど、少しも持っていなかった。まして関東公方より一言も一紙も直接御命令を受けたことはなかった。ひとえに義弘一人が行ったことであろう。あちこちにばらまいた、同じような内容の御教書であるといって、持って来たから、ただちに義満の御覧に入れた、だから全く謀叛の考えなどなかったのに、遠江国で子供や家人が関東公方に同心申し上げているため（堺での合戦に）なかなか参上しないのであると、人が讒言したからであろう、義満は私を疑っておられると内々に承っていたので、「本来は九州に身体一つだけでもよいから快速船で送れ、と命じられるくらいの立場であったのだ。こうやってあらぬ疑いをかけられるとは、ひょっとしてどこかに追放されようとするための御方便《てだて》であろうか」と心の底で思っていたのに符合して、九州の連中（主に島津・大友たち）が、「(了俊を失脚させるには）はかりごとを廻《めぐ》らされる先例があります」などと吹き込んで、かつて九州での権限を認めていただいた御教書や御下文などもすべて取り上げられて、ただ了俊を遠江国に派遣なされたのである。関東公方から漠然と「忠節致すべし」とだけある御教書を三、四通ほど頂戴したところ、いっそう義満の思惑が不安に思えて、分国に下向して我が身は隠居して、子供の事は義満の考えに委ねて今後取りはからうつもりであった。ただ、もしそうやって恭順の姿勢を示しても、京都の御配慮がいただけなかったら、今はもう天下のためであるとして関東公方が決意なされた企ては、足利氏の繁栄が永遠に続くことであり、そして万民がひとしく安楽に過ごせるはずだ、と思うようになったのである。

長広舌を振るって関与を否定しているものの、最後の文章は語るに落ちたというものであろう。義弘が義満批判を唱えて了俊に接近し、再び協力を求めた時、了俊はこれを受け容れ、かねて旧知の関東公方との連絡に動いたのであろう。こうして満兼の意を受けた御教書が諸方に発せられた。たとえば興福寺に宛てた御教書の文面は「天命を奉《うけたまわ》り、暴乱を討ち、将《まさ》に鎮国安民せしめんとす、最前に馳参《ちさん》して忠節を致さば、抽賞すべきの状件《くだん》の如し」（寺門事条々聞書）となっており、難太平記の内容と照応している。ただし、日付は七月二十五日であり、十月二十八日の義弘の副状とともに届けられたという。

逃げる了俊

応永六年（一三九九）暮の義弘の戦死をもって、西国の脅威は取り除かれた。もっとも、それは一局面に過ぎず、「関東の御謀反未だ落居せずと云々」（寺門事条々聞書）とあるように、満兼への対応が残されていた。京都を逃げ出した了俊が、満兼の支援を受けているとの情報も入っていた。翌七年正月十一日には御内書を関東管領の上杉憲定に下し、了俊を見つけ次第討ち取るように命じている（上杉家文書）。この一年、義満は満兼と了俊にどのように大乱の責任を取らせるか思慮を廻らしたのである。

関東の動向については、元来史料が乏しく、従来は応永記や鎌倉大草紙《かまくらおおぞうし》、そして難太平記に依拠してきたのであるが、やはり客観的な同時代人の証言にしくものはない。

幸いなことに、この年も吉田家日次記が残存している。武家や地方の動静にも詳しく、新たな史実がずいぶん知られるのである。ところが、いまだ活字本がないためか、ほとんど活用されていない（大日本史料の第七編にも一部の記事しか収録されていない）。ついで、この日記を利用しつつ乱後の経過を辿ってみよう。

満兼の焦慮

難太平記では、了俊は謹慎して上意を仰いだとあるが、実際にはそんな殊勝な態度ではなかった。吉田家日次記の応永七年（一四〇〇）五月十八日条を引用する。

> 伝へ聞く、遠江守護職の事日来今川伊与入道（了俊）・同右衛門佐入道（仲高）各の半国執務す、去年冬、伊与入道逐電以後、一円右衛門佐入道に付けらると云々、右衛門佐入道辞退す、是伊与入道了俊の勢猶ほ蜂起の故なり。仍て今川上総入道（泰範）・同讃岐入道（直忠）各半国に宛て行はると云々。伊与入道の進退の事、関東の御吹挙に依り免除せられ了んぬ、仍て召し有るの処、上洛せず、関東を憑《たの》み申すの上は、京都の御命に随ふべからざるの由申さしむと云々、
>
> 後に聞く、守護職の事、讃岐入道辞し申す、仍て一円に上総入道に仰せらると云々。

了俊の下国後、家人が在地の勢力を率いて兵を起こしたのである。了俊の遠江半国守護職は当然ながら取り上げられ、子息の仲秋（法名仲高《ちゅうこう》）に一任されたが、おそらく事態の収拾に失敗したためであろう、この日に辞退し、遠江もまた憎き甥の今川泰範の手中に落ちた。はじめ、同じく了俊の甥である直忠《なおただ》（法名法世《ほうせい》）と泰範とに折半されたが、直忠が辞退したというのは、泰範を露骨に贔屓して在地を刺激しないための方便であろうか（なおこの直後、直忠には幕府料国の日向を管領させた）。

そして了俊の勢いは当たるべからざるものがあった。泰範に与えられたといっても、遠江は了俊が実力で支配していたという。さらには足利満兼のとりなしによって了俊の罪は赦《ゆる》されており、義満から上洛をと命じられたのだが、それでも了俊は満兼を頼んで抵抗を続け、「京都の御命に随ふべからざる」と言い切ったのである。難太平記の記述とはあまりに懸隔あることに驚かされる。

これより先、満兼は義弘の呼びかけに応じて、武蔵府中、ついで下野足利まで出陣したものの、管領憲定に掣肘されて動けず、三月五日に鎌倉に戻った。その報は最速で京都にもたらされ、吉田家日次記には「左馬頭《満兼》去んぬる五日、本亭に帰らる、無為と云々、万民喜悦の思を成す、但し始終の儀如何」とある。一応は安堵したが、この先どうなるかは分からない、ということで、とても事態が落ち着いたとは見えなかったのであろう。実際、満兼の野心はやむことがなかったようで、了俊は相模の藤沢へと移動し、これを煽ったらしい。

京都への対応をめぐり、公方と管領との厳しい対立は続いていた。六月頃であろう、遂に憲定は抗議のために法衣を着して遁世したので、満兼も折れた。「去夜、関東上杉安房入道《(憲定)》注進到来す、彼の反逆の事、種々の諫言すと雖も、御承引無きの間、安房入道遁世し已に大衣を著するの処、召し返され、謀反の事、思ひ留むべきの由仰せらる、仍て帰参し了んぬ、今に於いては無為と云々、但し始終の儀如何」(吉田家日次記七月一日条)とある。六月十五日、満兼が「誤りて小量をもつて大軍を起こさんとす、しかるに輔佐の遠慮により、和睦の一途あり」という文言で始まる願文を三島大社に奉納し、前非を悔いたのはこの結果であろう。しかし、吉田家日次記にはまたしても「始終の儀如何」とある。

もっとも、満兼には野望を捨てて恭順を誓わざるを得ない、切迫した事情があった。義満はこの間、ずっと関東調伏の祈禱を続けさせてきたが、その中心的役割を担った入道尊道親王の記録にこのようにある。「奥州の軍卒、関東に背くべきの由、風聞せしむるの間、宥め仰せらるべきの由、修中に関東より申さると云々」（尊道親王行状）。七月四日、仁和寺御室でも五壇法を始行したところ、奥州の軍兵が鎌倉府に背いたため、鎌倉から幕府への救援要請が、修法の最中に届いたというのである。

陸奥・出羽両国はこれより先、鎌倉府の管領に編入されていたが、在地の国人・武士は独立志向が強い上に、幕府の直接支援を受けた時期も長く、関東公方がこれを掌握する状態には程遠かった。かつて建武四年（一三三七）十二月、鎮守府将軍北畠顕家《あきいえ》に率いられた軍勢が鎌倉に襲いかかり、執事であった斯波家長《いえなが》（義将の兄）以下の将卒が戦死に追い込まれている。奥州の軍兵蜂起は恐怖の記憶を呼び起こしたであろう。これも鎌倉の背後を脅かすために幕府が教唆した計略と見られる。

勝者と敗者

満兼が最終的に謀叛を断念したのは、この時であったと見るべきである。それはすなわち了俊を見捨てて、その身柄を京都に差し出すことであった。吉田家日次記の八月十七日条に「風聞に云ふ、今川伊与入道(了俊)の事、関東扶持の儀を止むの由申さる、仍て今月中に上洛すべし、其の儀無くんば退治を加ふべきの旨仰せらると云々」とある。一方、難太平記によれば、上杉憲定が「遠江国の守護職のことは、ともかく関東から執奏申し上げ、安堵されることになっている。もう御和睦を結ばれた以上、京都でも関東でも、大名の分国や知行地は改替させない、と定められたのですから、隠居はどこの土地でも同じでしょう、ならば分国の遠州が適当です」と説得したという。ていよく厄介払いされたわけである。

遠江に戻った了俊には、ひっきりなしに上洛を促す厳命が下った。これまでの経緯から、とてもおめおめと参上できず、九月二日には次男貞継を代参させたが、なお許されなかった。進退窮した了俊を、義満は甘言をもって誘う——上洛さえすれば遠江はもとの通りそなたに安堵すると。了俊は、これに一縷《いちる》の望みを託して上洛し、義満の前に姿を現すほかなかった。対面の場面を吉田家日次記から引用しよう。

伝へ聞く、今川伊与入道了俊九州前探題、遠州より上洛す、去る四日京著、翌日出仕し、見参を構ふ。大名等多く参候す召に依ると云々、怖畏《ふい》有るか、但し殊なる事無し。進物は青鳧《せいふ》(銭)十万疋、白剣一腰と云々。此の仁、去年八幡御陣の時分逐電し、関東に参る、隠謀の子細有るか。しかるに関東より去春執り申さるの間、御免あるべきの由仰せられ了《おわ》んぬ、それ以後上洛すべきの旨連々仰せらる。参洛遅々の時分、一切御扶持あるべからず、執り申すべからざるの趣、関東より申され了んぬ。去々月か、彼の子息上洛ありと雖も、自身参著せずんば、叶ふべからざるの間、召に応ずと云々、七十五歳なり、進退の趣き、恥辱を表すか、これをなすに如何せん。

この対面の場には、凝り固まった憎悪の念の上に、千万の感慨が去就したに違いない。了俊の姿は哀れをとどめる。義満がそのまま遠江国を安堵してくれるほど、事態が甘くないことを悟れないはずはあるまいが、さしもの了俊も老いていささか判断が鈍ったのであろうか。吉田家日次記の筆致も決して同情的ではない。兼敦の父兼熙はかつて二条良基の歌壇で了俊と同座し（有名な年中行事歌合では両者揃って出詠）、旧知の仲であったと思われるにもかかわらず。果たしてこの日、泰範が新

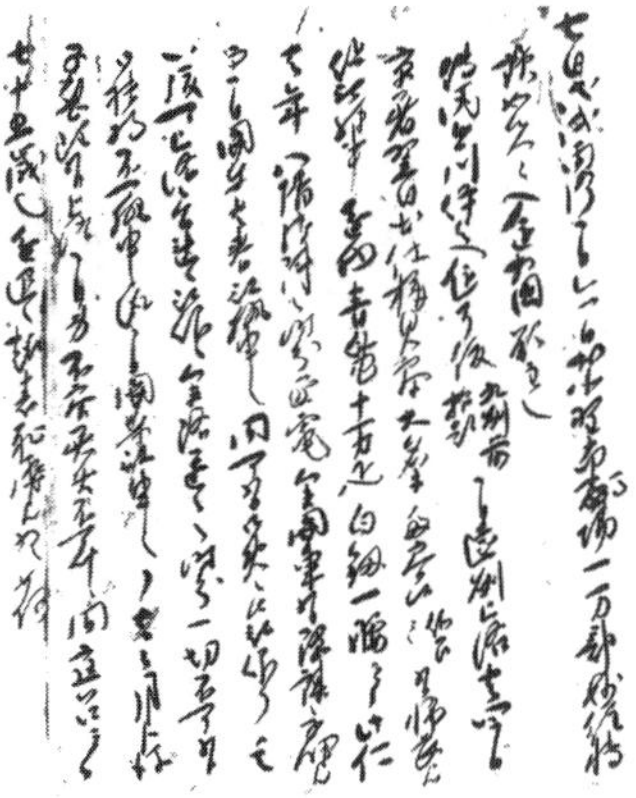

吉田家日次記（卜部兼敦自筆、天理大学附属天理図書館蔵）応永７年（1400）10月７日条

任の守護として初めて遠江に赴いたとあり、了俊は見事に騙された。「但し存の内の事か（分かり切った事だ）」と冷たい。

やはり前年以来の了俊の行動は、難太平記に自ら釈明するところとはだいぶん差違があったわけで、名将の末路に世評は同情的ではなかった。なお献上した銭十万疋は、いわば賠償金であろうが、満兼か仲秋かが用立てたのであろうか。

一方、義満の側も、勝者の余裕をもって接したようには見えない。わざわざ大名たちを召集して陪席させたとあるのは、膝を屈した了俊を晒《さら》しものにする意図のように思えるが、そうではなく「怖畏」、すなわち危害を加えられることを懼れたのではないかという。意外な小心さが見え隠れする。倨傲《きょごう》はその反転だったとも言えよう。

了俊が難太平記の筆を執ったのはこの二年後のことであった。

第八章　北山殿での祭祀と明国通交

後円融院の崩御

明徳三年（一三九二）十二月二十六日、義満は左大臣に還任した。嘉慶二年（一三八八）五月に辞退してより、四年ぶりに堂上に戻ったことになる。武家昇晋年譜に「公事《くじ》再興の為と云々」と注記する。この間、叙位・除目・節会がしばしばさしたる理由もなく停止されていて、義満の参仕がなければ、朝儀がたちまち退転することを示している。二条良基はすでに没し、関白に指導力は期待できないとなれば、義満の還任が望まれたのであろう。もっとも左大臣在任は一年足らずであった。

翌年四月二十六日、後円融院が三十六歳で崩御した。史料が乏しい時期にあたるゆえもあるが、晩年その動静はほとんど知られない。

後小松天皇は十七歳であった。形式的にはその親政となる。ただし、かつて故後円融院も同じ年齢で父院の崩御に遭い、突然生じた権力の空白に朝廷政治が混乱に陥ったことがある

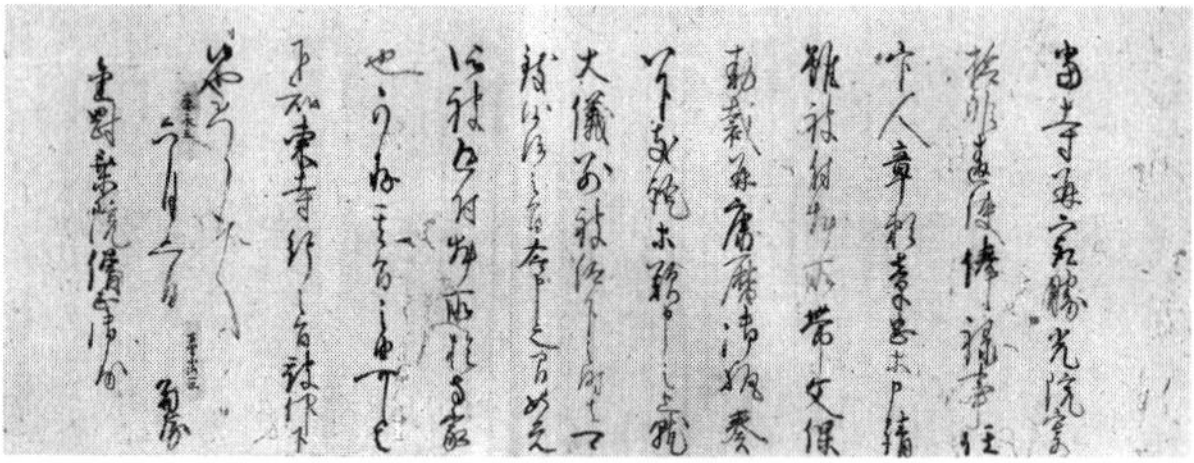

伝奏万里小路嗣房奉書（東寺百合文書）。応永３年（1396）６月６日、最勝光院を警備する寄検非違使の俸禄に宛てる所領を返還する旨、東寺長者に伝えたもの

（三五頁）。おそらくこれを教訓として、義満が治天の君に擬されて天皇を後見することになる。後小松は義満を実父のごとく遇したとする史料が多いが、それほど北朝の王権は脆弱であった。

古くから指摘されることであるが、後円融の崩御後、義満の意を受けた伝奏奉書が発給され始める。その様式は上皇・法皇が出す院宣と酷似している。伝奏については何度か触れた（二一頁）。訴訟の窓口となって奏事を取り次ぎ、「仰」を奉じて下達する役を担っている。たとえば万里小路嗣房が伊勢神宮、坊城俊任が賀茂社、広橋仲光が南都の担当となっている。いずれも義満の家礼であり、歴代が伝奏を務めた名家の公卿である。もちろん義満は従来通り御内書、御判御教書、管領奉書、奉行人奉書など、武家として自らの意志を伝達する文書を発給し続けていたが、畿内の重要な寺社に対しては、伝統的に院宣や綸旨が用いられており、伝奏奉書がその代替を果たすようになったのである。

そもそも、後小松の親政となった時点で、議定衆と伝奏が新たに任命されるはずである（二二頁）。ところが、そのことは遂に確認されず、義満の家礼で実務に練達した廷臣たちが、そのまま伝奏としての役割を果たしたのである。こうして「義満の院政」とでもいうべき政務体制が成立する。こうなれば義満は一上である必要はなく、同年九月に左大臣を辞退する。室町殿が伝奏を指揮して朝廷の機構を動かすルートは義満死後も維持され、応永十九年（一四一二）、後小松が退位してようやく治天の君である院の意を奉じた伝奏奉書が復活するのである。

皇位簒奪説をめぐって

義満が明らかに「治天の君」（この場合は法皇）を意識して行動し、かつ周囲も法皇に准じて待遇したことは、史家が種々の徴証を挙げている。そこで義満が皇位を奪わんとする野望を抱いたとする論がある。その最も代表的かつ淵源《えんげん》にあるものが田中義成の説で、義満は「皇位窺覦《きゆ》」、すなわち後小松天皇を退位させて鍾愛《しょうあい》する我が子義嗣《よしつぎ》を即位させる腹づもりであったとし、「彼が最終の目的は愛子義嗣を天子と為し、己れ自らは太上天皇たらんとするに在りし事疑うべからず」と述べた（『足利時代史』）。臼井信義『足利義満』もこの説に少しく好意的に触れており、さらに近年、今谷明氏『室町の王権』が、義満に「皇位簒奪計画」

があったと断言して話題を呼んだ。

「窺覦」「簒奪」といった刺激的な言葉は、客観的な考察を妨げるが、義満に数々の「僭上」の振る舞いがあり、あるいは現実に太上天皇の尊号宣下があったにしても、そうした野望を云々することの謬《あやま》りはすでに明らかにされている。天皇は子であっても君主、上皇は父であっても臣下である。太上天皇の尊号とは天皇が臣下に贈る身位であり、義満がたとえいかなる破格の待遇を受けようと、それは後小松天皇との関係に基づく。義満は後円融とは対立したが、天皇を頂点とする体制を損ずることは一切していない。したがって「義満の上皇待遇」と「義嗣の即位」とは全く次元の違う事柄で、この学説への批判は、桜井英治氏の「そもそも皇統は天皇（の血）から発生するものであって上皇（の号）から発生するものではない。このもっとも基本的な理解を忘れた点に「義満の皇位簒奪計画」説の誤りがあったといえよう」（『室町人の精神』）という言に尽きている。

中世社会において、武家はもとより臣下が天皇を自称する可能性は皆無である。持明院統―北朝がいかに衰頽《すいたい》していたとしても、それは現在の皇統の衰頽であって、いわゆる男系による万世一系というドグマとはほとんど関係ない。この神話に覆われた世界観は、神道と仏教との混淆のもと、日本文化の中枢に鞏固《きょうこ》に浸透しており、これを脱して新たな秩序を構築することなどまず不可能であった。

「皇位簒奪計画」の影響はなおあちこちに見受けられるが、いずれも新たな史料や知見に基づくとは言いがたい。現在では、晩年の義満の掌握した権力をどのように評価すべきか、改めて冷静に考察すべき段階にあると言える。

南北朝合一

この少し前、義満は南朝との和議を提案し、南朝の後亀山天皇はわずかな廷臣・武士とともに吉野を立ち、大覚寺に入った。明徳三年（一三九二）閏十月五日、三種の神器は土御門内裏へと運ばれ、五十七年ぶりに両朝の合一が実現した。

ここに、いまだ健在であった後円融院の関与は一切認められない。そもそも、北朝は和議に積極的ではなかった。これまで何度か和議が持ち上がるたび、南朝は皇位継承の権利を強く主張した。複数の皇統の対立には武家政権は伝統的に「両統不可断絶《りょうとうだんぜつすべからず》」という方針で臨むから、和議が成立すれば、この主張を呑む可能性が大きかった。廷臣たちも、一門の嫡庶の抗争に敗北した者が南朝に走ったケースが多く、その帰参を容れる雰囲気は皆無であった。当時の南朝は吉野の山中に跼蹐《きょくせき》するばかりで、地方の拠点も失われ、軍事的脅威はほぼ消滅していたから、放置されていたというのが正確であろう。

それでも、義満が和議に踏み切ったのは、明徳の乱では山名氏清が錦の御旗を申請したと伝えられるように、叛逆者にとって南朝がなお利用価値があることを目の当たりにしたからで、急ピッチで合体の工作を進めた。義満が南朝に示した条件は、次のごとく、衰頽した南朝に対してはなはだ厚いものであった。

①三種の神器の授受に際しては、譲位の儀をもって迎える。

②皇位は両朝の迭立《てつりつ》とする。

③諸国国衙領《こくが》は南朝関係者が知行し、長講堂領（二一三頁）は北朝が知行する。

南朝もこれらの条件が忠実に履行されるとは思っていなかったらしいが、北朝にとっても大いに不満を孕むものであった。たとえば①は、これまでの南朝を正統な朝廷として承認することになる。

神器を無事に内裏に迎え取ると、義満は「文治の例」によって三日間の内侍所《ないしどころ》臨時御神楽を行うように命じ、自らも聴聞した。これは文治元年（一一八五）四月二十七日、壇ノ浦に沈んだ神器が回収された際、御神楽を行った例を指す。

当時の朝廷では、平家都落ち後の安徳《あんとく》天皇の在位は認めていなかったから（玉葉では「旧主」「西海帝《さいかいてい》」と記している）、この例を踏む限り、都の外に持ち出された神器が帰京したことになり、①は早くも反古《ほご》とされたことになる。しかも、この臨時御神楽は毎年恒例のそれを繰り上げて行うものとして、特段の準備は不要と指示した（御神楽雑記）。北朝の反撥に配慮して、神器帰還の印象さえ薄くしようとしたのである。

このような義満の態度は悪意ある二枚舌というより、その方針が計画性のない、いわばその場凌ぎのものであったことを暗示する。まもなく、弥縫策《びほうさく》では対応できない、後亀山への太上天皇の尊号宣下問題が浮上してきた。つまり、天皇は退位すれば自動的に上皇（太上天皇）となれるわけではなく、新天皇の命で太上天皇の尊号を贈る旨を宣下しなければならない（通常の譲位ならば一ヶ月以内である）。実際、尊号のない先帝は何人かいる。たとえば、承久の乱で廃位された仲恭《ちゅうきょう》天皇は、崩御まで尊号宣下がなく、「半帝」「九条廃帝」と称されて長く歴代にも入れなかった。「仲恭」の諡号《しごう》が贈られたのは明治三年（一八七〇）のことである。要するに尊号がなければ、在位すら否定されてしまう。後亀山も「南主」とか「大覚寺殿」と称されたまま、荏苒《じんぜん》一年以上を経過したため、和睦の条件を楯《たて》として義満に履行を迫ったらしい。

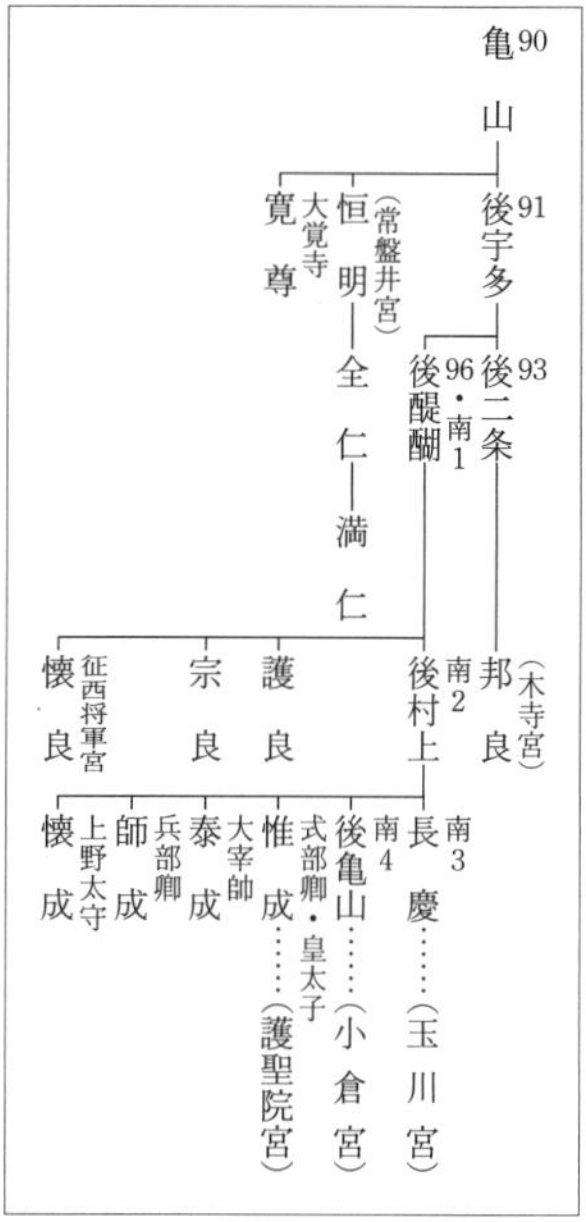

南朝略系図

やはり承久の乱の後、入道行《ぎょう》

助《じょ》親王が太上天皇の尊号を贈られている。これは鎌倉幕府によって推戴された後堀河天皇の実父であり、たまたますでに出家の身であったために即位できなかったゆえである。一方、鎌倉幕府滅亡から正平一統の混乱期には、光厳・後醍醐・崇光が次々と廃されている。しかし南朝・北朝とも、相手方の廃帝に対して、在位は認めないとしつつも、尊号は贈っている。これらを「皇位に就いたことのない皇族」に尊号を贈る先例として、応永元年(一三九四)二月六日、後亀山への尊号が宣下された。「かくの如き大儀、勅問に及ばず、群議に決せず、左右《そう》なく治定と云々、誠に以て言ふ莫れ」と非難された(荒暦)。

しかし、後亀山の要求などは無視を決め込めばそれで済む。北朝の反撥を買うことを承知で、あえてその在位を認めるような処置をしたのは、結局、一つの皇統を自らの一存によって断絶に追い込むまでの度胸がなかったからであろう。義満もまた、皇位の競望に際して、努めて一方の側を贔屓せず、候補者を等しく満足させようとして結局うまくいかず、解決を先送りするという、武家政権の伝統的な姿勢に回帰したのである。そして、「このような煮え切らない態度は、少なくともこの段階において皇位簒奪の意図を想定することに、むしろ否定的であるとみなさざるを得ない」(森茂暁『闇の歴史、後南朝』)という推定を導くであろう。

伏見宮家の没落

義満が厳しい姿勢を採ったのは、南朝ではなくむしろ北朝の崇光法皇に対してであった。崇光のことは前述した（三二頁）。すでに皇位は後円融・後小松と三代にわたり後光厳系に継承されており、その間、崇光の仙洞は洛南伏見殿に移り、今出川・綾小路《あやのこうじ》・庭田《にわた》・田向《たむき》などわずかな廷臣が祗候するばかりであったが、なお皇子の栄仁《よしひと》の即位を諦めていなかった。持明院統の正統という矜持《きょうじ》を保てたのは、代々の宸記《しんき》をはじめとする天皇家の重宝、さらに長講堂領という巨大な荘園群を相続し、余裕ある生活を送れたせいであろう。崇光にはわずか三ヶ月分ながら日記が残存しており、閑雅な生活の一齣《ひとこま》が知られ、孫の貞成《さだふさ》親王の記した看聞日記の先蹤《せんしょう》としても興味深い（伊地知鐵男「東山御文庫本『不知記』を紹介して中世の和歌・連歌・猿楽のことに及ぶ」）。そして義満も時に伏見殿に足を運び、交遊を繰り広げた。これは後円融に対する牽制と見られるが、崇光は一縷の期待をつないだのではないか。

ところが、応永五年（一三九八）正月十三日、崇光が六十五歳で崩御すると、義満は葬礼を延引させたばかりか、本来憚るべき十六日の踏歌節会を強行させ、ことさら貶《おとし》める行為をあえてした。たまたま釈奠《せきてん》が延引すると「かの御事に依り延引の由披露せられず」と命ずる、念の入れようであった。長講堂領は取り上げられ、後小松天皇に付けられた。相国寺鹿苑院の住持で義満の帰依厚い空谷明応《くうこくみょうおう》が見かねて諫言したが、怒りを買って等持院に退くありさまでであった。栄仁は遂に五月二十六日に出家した。

こうして伏見殿は仙洞御所から一宮家へと転落を余儀なくされた。その主要財産は後小松の手に渡り、長く続いた皇位との捩《ねじ》れは解消された。義満の意図は後小松の立場の強化にあったと思われる。長講堂に附属して、御所・荘園の管理を任される院庁の職員も、これまでは崇光に仕えていたが、この時に義満の掌握するところとなった。

ところで、この少し前、光厳院の三十三回忌にあたり、義満は丹波国山国荘（八八頁）の常照寺に詣でた。光厳は崇光・後光厳の父、後小松には曽祖父である。ただし光厳は晩年世俗の交際を断ち、山深いこの地に隠棲して生涯を終えた。義満もそれまで光厳には関心を払った形跡はない。一条経嗣は「人これを知らず、密々の事なり、言ふ莫れ言ふ莫れ」（荒暦応永三年七月五日条）とするが、年忌にあたり御陵に参拝することは、まさしく直系の祖皇に対する治天の君の御幸を想起させる（当時はこのような御幸も久しく絶えていた）。

この頃、後亀山院は義満に吉野から携えてきたある告文を手渡した。正平一統の時、南朝によって連れ去られた崇光院が、帰京後自らの子孫は皇位を断念する旨を誓った内容であった（看聞日記永享《えいきょう》五年〔一四三三〕十一月二十三日条）。もちろん崇光院は窮余認めたもので、後に伏見宮ではその効力を全否定しているが、義満によって絶好の口実として利用された可能性が高い。崇光院の子孫こそ、自らの「治天の君」としての存在を脅かすとみなされたからであろう。一方、逆境の栄仁は、息貞成に「当時御所中の式、よろづ零落、沙汰の外なるやうに候へども、故御所（崇光院）御座候し院中の面影は、形の如くも准じ候べきやらんと覚え候」（役送《やくそう》条々）と述べており、いかに零落しようとも、伏見殿はあくまで「仙洞」であり続けた。

出家

応永元年（一三九四）十二月十七日、義満は征夷大将軍を息義持に譲った。義持は九歳であるから全く名ばかりの将軍で、依然として義満が幕府の実権を握り続けた。ついで、同二十五日には太政大臣に任じられた。武家として太政大臣となるのは平清盛以来のことであったが、当時の太政大臣は名誉職の性格が強く、むしろ出家に向けた伏線と見るべきである。果たして翌二年六月二十日、後小松天皇の慰留を振り切って、室町第で出家を遂げる。法名は道有、まもなく道義と改めた。

もはや出家の前後でその政治的地位に目立った変化は認められない。出家の理由を、天皇を頂点とする体制を超越し、広く公武社会に君臨するため、と考える通説に対し、桜井英治氏は「父義詮の享年である三十八歳に達したから出家したまで」（『室町人の精神』）として、特段の事情を見ない。義持も三十八歳で出家しており、これも「道念（道心）」と、「寿限長久」を祈願したものであった（看聞日記）。なお、義満が当初出家を予定していたのは四月二十六日で、この日は故後円融院の三回忌に当たる。勅許を得る口実であろうが、これも動機の一つかも知れない。

北山第の造営

北山殿（第）は衣笠山《きぬがさやま》の東麓に位置する西園寺家の別邸で、太政大臣公経《きんつね》が元仁《げんにん》元年（一二二四）に供養した西園寺を中心に、南邸北邸に分かれる寝殿や仏堂が数多く並び立ち、殷賑《いんしん》を極めた。鎌倉中後期の治天の君はこの勝景を愛し、頻りに御幸した。南北朝期、西園寺家にもはや昔日の勢威はなかったが、なお日野宣子が里亭を構え、後光厳院が御幸し、また義満も遊んだ。

義満は西園寺家に河内国の所領を与えて譲り受け、造営を開始した。応永四年（一三九七）四月十六日に立柱上棟を見て（武家昇晋年譜）、六年四月までには移住した。もっとも、多くはかつての遺構をそのまま転用したようで、主たる居住空間の寝殿はやはり南北に分かれ、北御所に義満が、南御所に妻子が住んだ。北御所の西には有名な三層の舎利殿があり、その北には天鏡閣という二階建ての会所があり、複道、すなわち重層の渡り廊下で舎利殿と接続していたという。なお宣子の亭は「風爐《ふうろ》幷二階」を備えていたというから（後深心院関白記応安五年〔一三七二〕十月二十四日条）、池の眺望を楽しむ「水閣《すいかく》」であった可能性が高い。

天鏡閣の原形かもしれない。

ただし、義満が北山第に住んだ期間はわずか十年ほどで、その死後は義持も義教も顧みず、主要な建物は洛中に移設された。肝腎の義満造営の施設については、臥雲日件録抜尤《がうんにっけんろくばつゆう》という記録に五十年ほど後の聞書として、その片鱗が伝えられる。このため著名な割に、北山第の構想は闇に包まれていたが、近年の研究でしだいに明らかになりつつある。

まず、「金閣寺」は、一般に舎利殿の俗称、それも義満よりかなり降った時代とされるが、中国天台宗の聖地五台山に同名の寺がある。八世紀のはじめ、道義という巡礼僧が三層の楼閣にして金色に輝く姿を夢に感得し、後に密教僧の不空《ふくう》（七〇五―七七四）が代宗皇帝に勧め、広く浄財を募って、その姿のまま建立されたという（宋高僧伝・広清涼伝）。湯谷祐三氏は、北山第の舎利殿は金閣寺を模して建てられたもので、義満の法名もまた金閣寺を幻視した巡礼僧の名に由来するとした（「金閣寺は、金閣寺として建てられた」）。金閣寺建立譚は、旧唐書王縉伝《くとうじょおうしんでん》や資治通鑑《しじつがん》といった史書にも見え、義堂周信の詩にも「法門外護果何如。虚空架起黄金閣（法門の外護果して何如《いかん》。虚空に架起す黄金閣）」（空華集《くうげしゅう》巻九）という句があることから、当時の知識人にも知られていたようである。ただし、代宗の世は僧侶の専横が募ったとされ、金閣寺は行き過ぎた崇仏の風潮を象徴する建物であった。また室町期の武家の法名はほぼすべて「道―」であり、その一致に意味を見出すことは深読みであろう。むしろ、五

北山附近地図。細川武稔「足利義満の北山新都心構想」（『中世都市研究15　都市を区切る』山川出版社　平22）に基づく

台山金閣寺建立譚が人口に膾炙していたからこそ、北山の地に唯一遺された舎利殿が、後世この名をもって通称されたと考えた方が自然である。義満の信仰は台密・東密・浄土・禅にわたり頗る雑修的であったが、これも当時の摂関・大臣と同様に、鎮護国家、何より自身の身体安穏を祈る密教を最も憑みとし、舎利殿もその一環として建てられたことはなんら異としない。

ついで、殿舎の造営と併行して、公・武・僧の要人が北山に移住した。尊道・道意・満済が住坊を移したことは述べたが、裏松重光・中山親雅以下の廷臣、管領斯波義将ら大名、さらにその有力被官の宿所も確認できる。北山第が単なる山荘ではなく、政庁というべきことはかねて指摘されているが、細川武稔氏によれば、単に北山第の敷地のみならず、東は紙屋《かみや》川《がわ》を、南は一条大路を境界とし、四域を定めてその一帯を整備し、さらに南北に走る大路で東西を区切るという構想があった（「足利義満の北山新都心構想」）。北山第の惣門《そうもん》附近（現衣笠総門町）から南へ伸びる、八丁柳《はっちょうやなぎ》と呼ばれる直線道路はその遺構であるという。一条大路の突き当たりには大門が設けられ、外国使節の迎接に用いられた。また武家は大路の傍らに屋敷を割り当てられた。西側の山頂には北山惣社が鎮座し、さらに焼亡した相国寺の七重大塔を北山に移設し、応永十一年四月に立柱を行うなど、宗教施設も整い、一定の秩序を有した都市を志向するものであったが、義満の突然の死によって未完成のまま終わった。

祈禱と祭祀

北山第に移住した応永六年（一三九九）五月より、義満は門跡クラスの高僧や朝廷の陰陽師を動員して定期的に大がかりな祈禱を修するようになった。

義満による祈禱には、「北山殿大法」と呼ばれた特別な秘法と、通常規模の小法の二種がある。前者は毎月七日間、北山第において修される台密の秘法群で、六月は五壇法となる。伴僧は二十口、奉行は広橋兼宣、のち裏松重光である。結願《けちがん》には五、六人の公卿が着座する。大阿闍梨は尊道と道意が交替で務め、尊道の入滅後は道意の専任となる。道場は寝殿の東、あるいは阿闍梨の宿坊を宛てた。そして同じ期間に陰陽師が私邸で陰陽道祭（外典祈《げてんいのり》）を併修する。後者は山門・寺門・東密の門跡に命じ、各住坊を壇所として交替で阿闍梨を務める

修法の場面（埼玉県立歴史と民俗の博物館蔵太平記絵巻より）

輪番制であった。このため廻《めぐり》祈禱とも呼ばれる。最終日に阿闍梨は北山第に参上するが、公卿の着座はない。

　大法は供料二百貫、陰陽道祭には百貫、廻祈禱は三十貫と、厖大な料足を費やして続けられ、毎月の祈禱は耳目を集めた。今川了俊が応永六年頃の状況を「上の御意に若《も》し御悪事・非義わたらせ給ひて、御祈禱にて償はせ給はんと思し召されんには、秘法もいかがとおぼゆるなり」（難太平記）とするのは、関東公方と自らへの調伏と見て放った皮肉であるが、これを受け、臼井信義も「義満の政治に対する意欲の退歩」とみなした（『足利義満』）。一方、義満を公武統一政権の主と見る説では、義満は幕府ではなく、「治天の君」の代行として祈禱させたもので、義満による宗教界支配の完成と考えている（富田正弘「室町時代における祈禱と公武統一政権」）。さらに皇位簒奪説に立つ学者は、国家的規模で行われた北山第の修法は、朝廷固有の権限である「祭祀権」の奪取を意味するとして高く評価する。

「祭祀権」とはいかなるものか、曖昧である。朝廷が排他的に、年中恒例の神事や仏事を修して、国家安穏を祈る国事行為を指すのであろうが、実は南北朝期のはじめから、幕府の援助なくして遂行できなくなっていたこと、多くは中絶してしまったことはすでに指摘した。むしろ義満の時代は、順調に行われているのである。当時は、北野祭・平野祭・大原野祭などの、いわゆる諸社の祭すら「社家に付せらる」、すなわち、朝廷から担当者が出向くこともなく、当該寺社に執行を委託することが多かった。このようなアウト・ソーシングは神事・仏事ともに加速する一方であったから、もし義満が費用も手間もかかる祈禱や祭祀を盛んにしてくれるならば、朝廷にとってかえってありがたかったに違いない。

そもそも、義満が北山第で修した祈禱や祭祀は、私的な発願であり、国事行為的なものではない。近年、大田壮一郎氏は、十年間にわたるこの北山殿修法（大法）を一覧してその性格を分析し、また鎌倉時代からの武家祈禱の伝統にこれを位置づけている。その要旨は次のようなものである（「足利義満の宗教空間」）。

①大法そのものは国家的規模を表象していない。内典祈と外典祈との併修は鎌倉幕府ですでに見られる。

②台密の秘法といっても、たとえば熾盛光法《しじょうこうほう》は、あくまで私修であり、願主個人の御願として行われ、国家的な意図を見出しがたい。藤原道長・九条道家、そして西園寺家の当主は、朝野を圧する権臣として、こうした規模の修法を自邸で頻りに私修した。義満の

みを特別視することは適当ではない。

③祈禱には題目を持たないものがほとんどで、天変や災異を攘《はら》うためのものは一度もなく、その性格はあくまで義満護持の月例の長日《ちょうじつ》祈禱とみなされる。大阿闍梨を務めたのは尊道と道意のみで、他宗の門跡は参仕していないことも、私的な性格を裏書する。

冷静に事の本質を観察した論攷で、その結論は説得力に富む。追加すれば、「大法」とは、単に規模の大きさを意味するものではなく、他よりもすぐれて「法験」をもたらす修法である。それは別の面からすれば、勅許が必要な、格式の高い修法（上野進「室町幕府の顕密寺院政策」）ということにもなる。当時の台密のうち「大法」と位置づけられたものには、山門では熾盛光法・七仏薬師《しちぶつやくし》法・普賢延命《ふげんえんめい》法・安鎮《あんちん》法、寺門では尊星王法（北斗法）・法華法が挙げられている。なるほど、いずれも容易ならざる秘法である。ところが、鎌倉期・南北朝期、これらの秘法は権力者の私邸でしばしば修されている。大田氏も指摘するように、熾盛光法は摂政九条道家の病気平癒のために、普賢延命法は左大臣西園寺公衡の重厄祈攘のために行われた。また七仏薬師法も鎌倉期の西園寺家で実修されている。

そして、他ならぬ義満が、室町第でこれらの秘法を何度も私修させていたのである。明徳元年（一三九〇）正月十八日には三十三歳の重厄祈攘のため、「随分無双大法秘法」と言われた尊星王法を修し、応永四年（一三九七）十二月十四日にも確認できる。また普賢延命法は永和四年（一三七八）五月十四日と至徳三年（一三八六）三月二十三日の少なくとも二度、法華法も至徳二年九月二十日に修されている。このように見てくれば、「大法」はもはや陳腐化していたと言わざるを得ない。有名な五壇法もあまりに頻繁に行われたためか、当時は「尋常之法」、単に治病や安産など依頼者の身体護持の目的となっていた。

以上のことから、北山殿大法は、その規模と回数は瞠目《どうもく》に値するものながら、その性格は院政期・鎌倉期の、権力者の身体安穏を祈る私的な祈禱から抜け出るものではなかったと結論できるであろう。

義満の祈禱行為には、加えて、応永八年から毎年十二月一日に北山惣社で行った神楽がある。これも「仙洞御願（院の発願）」に准じ、院司・上卿・弁を指名して、公卿・楽人を召して修したため、義満が「治天の君」とみなされた異例の一つに数えられている。

ただし、このようなことは、義満の法皇気取り、あるいは周囲の阿諛に出ていることは誰もが承知していて、逆らえないからたまたまそのようにしているだけという、醒めた空気のあったことは指摘しなければならない。また北山惣社神楽もあくまで義満の私的な催しとみなされていた。この神楽にしばしば召された綾小路信俊《のぶとし》は、義満の没した直後、内侍所臨時御神楽に参仕して感激のあまり、「抑《そもそ》も予神楽の笛の事、未だ公宴に接せず。北山惣社の御神楽、数ヶ度吹くと雖も、私の所作なり」（御神楽雑記応永十五年七月十九日条）と述べた。

中殿御会や内侍所御神楽のように内裏で行われる「公宴」とは明瞭に区別されていたことが確かめられる。

「日本国王」号をめぐって

応永九年（一四〇二）九月五日、義満は北山第で明の使者、禅僧天倫道彝《てんりんどうい》と天台僧一庵一如《いちあんいちにょ》に対面し、建文帝《けんぶんてい》の詔書を拝領した。明との通交は、現在いかなる通史でも、義満の政治的業績として特筆大書される。武家昇晋年譜にも「唐使対謁事」として挙がっている（大陸の人間や地域については、中世を通じて、「唐」や「宋」を用いるのが慣例であった）。

その前年、義満は同朋衆の祖阿《そあ》と博多商人の肥富《こいつみ》を派遣し、「日本准三后道義、書を大明皇帝陛下に上る」に始まる書を呈した。これは明朝の礼儀では不遜なもので、平時ならば受け取りを拒否されたはずが、建文帝は叔父朱棣《しゅてい》の叛乱に直面していたため、返答の詔書を与えた。そこでは義満を「日本国王」と呼びかけ、遣使の労を称え、大統暦《だいとうれき》を頒布《はんぷ》するとともに、日本が当時の首都応天府《おうてんふ》（南京）からは最も近い外国であることを謳い、倭寇《わこう》禁圧と恭順とを期待している。明朝は義満の反応を見定めた後に、冊封《さくほう》する方針であった。果たして義満は「日本国王臣源〔道義〕——表す」と始まる表文を執筆させ、翌十年三月三日、天龍寺の堅中《けんちゅう》圭密《けいみつ》を正使として明に出発させたのである（善隣国宝記《ぜんりんこくほうき》）。

冊封とは、中国の皇帝が周辺諸国の君長と宗主国・藩属《はんぞく》国の関係を結んでこれを臣下とする手続きのことである。入貢して表文を奉った君長には官号・爵位を与え、暦を頒布し、誥《こう》命《めい》と印章とを授けた。明が義満を正式に冊封したのは、堅中圭密の入明を受け、応永十一年

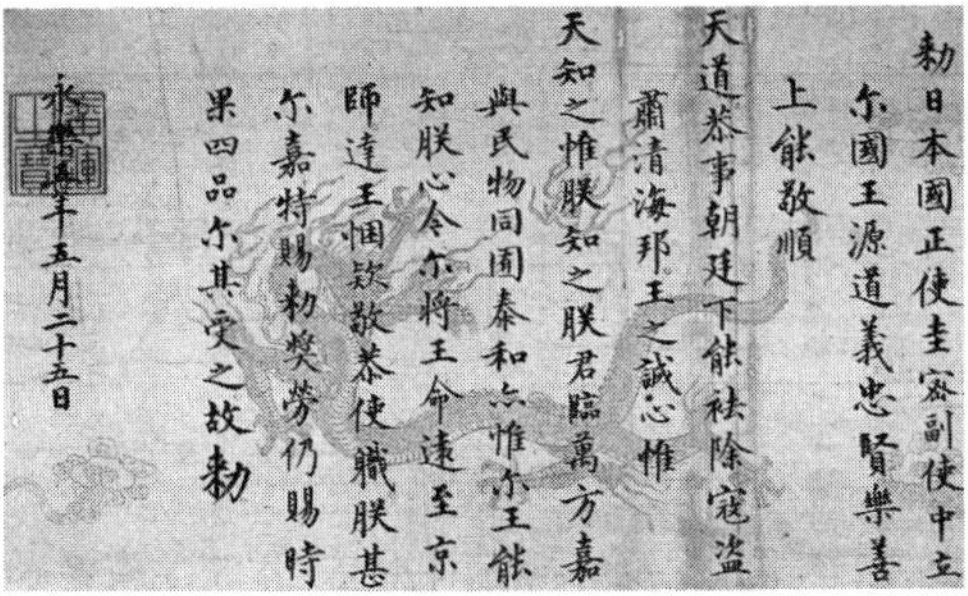
勅日本國正使圭密副使中立
尓國王源道義忠賢樂善
上能敬順
天道恭事朝廷下能祛除寇盗
肅清海邦王之誠心惟
天知之惟朕知之朕君臨萬方嘉
與民物同囿泰和亦惟尓王能
知朕心令尓将王命遠至京
師達王悃欵敬恭使職朕甚
尓嘉特賜勅奬勞仍賜時
果四品尓其受之故勅
永樂五年五月二十五日

永楽帝詔書（相国寺蔵）永楽５年（1407）５月25日

五月に到来した永楽帝（朱棣。この前年建文帝より帝位を簒奪した）の制書においてであるが、日本でそのことを意識した形跡はなく、二年前の建文帝使者の引見をもって通交が成立したと考えていた。そして、ことの意味は理解され、物議を醸した。詔書を見た二条満基は全文を写し取り、「書き様以ての外なり、是天下の重事なり」と驚愕した（福照院《ふくじょういん》関白記）。善隣国宝記は、明の皇帝の言いなりとなって、天皇をさしおいて「日本国王」と自称し、朝貢の要求に甘んじた不可を鳴らした。

　明との通交は長く義満の代表的悪事に数えられたが、昨今日本人が伝統的に不得手とする「外交」を成功させたとして、「国際感覚」を称賛する評価が目立つ。さらに「皇位簒奪計画」説では、天皇・将軍を超越した地位に立つ義満が、明の

皇帝にその後ろ盾を求めたと解釈し、一部では義満の権力を表象する称号として「日本国王」が用いられるに至っている。

しかしながら、このような考えは義満の与り知らぬことである。そもそも「外交」「国際感覚」は近代以後の概念である。当時、似たようなものがあったとしても、現代人の尺度とはおよそ異なる。

まず、義満が求めたのは一にも二にも貿易の許可であった。大陸との貿易は巨万の富をもたらし、平氏・北条氏・足利氏と、武家政治家は通商に積極的であった。義満も早く応安六年（一三七三）と康暦二年（一三八〇）の両度、明に通商の許可を求めた。ところが、時の洪武帝《こうぶてい》は、近隣諸国との交渉には頗《すこぶ》る厳格で、私臣の身分で通交することは無礼なりとして、要請を峻拒した。実は応永八年の遣使は前二回の失敗にほとんど学んでいないようで、明側の事情によってたまたま成功した感が強い。たとえば表ではなく書を携えたことは「朝貢国が上国（宗主国）に奉る代物ではなく、形式的にいえば、対等な関係にある国家間の書簡のようなものであった」とされているし（檀上寛「明代朝貢体制下の冊封の意義」）、「准三后」という名乗りも、中国には存在しない身位であるから、臣下であることが分からなかっただけかもしれない。この偶然を奇貨とし、相手の求める手続きを研究し、以後これを践《ふ》んだことは柔軟な姿勢であるが、義満にこれまでの伝統を一新するような「外交」の構想があったとはとうてい思えない。

そして、明の皇帝から「日本国王」と呼びかけられ、「冊封」を受けたことで、義満の政治的地位に何らかの影響があったかと問われれば、否と言わざるを得ない。国内向けに「日本国王」を称したことはなく、廷臣も大名も「日本国王」として意識したこともない。かねて指摘されている通り、幕閣はむしろこの号に否定的で、満済も通商を認めさせるための、いわば詐号であると割り切っていて、「後になって変更するのも、義満公の悪事を晒すようなものだから、使い続けるまでである」という（満済准后日記永享六年〔一四三四〕六月十五日条）。滞在中の使僧は軟禁状態に置かれ、日本人との交流は厳しく制限された。

また、冊封の結果、義満は銭貨の流入を独占し、「日本国王」の権威は照り輝いたとする学説もある。貿易は莫大な利益をもたらし、義満とその周辺には珍奇な唐物が溢《あふ》れたが、そのことが義満の権威を高めてはいない。当時、明の皇帝を直接に尊崇する風潮はないから、これも次元の異なる事柄としか言えないであろう。

明使の引見

それでも明帝の詔書に対する義満の態度は鄭重を極めたと言われる。事実上の冊封使とみなされていた応永九年（一四〇二）の明使引見の様子は、次のようなものであった。「九月五日義満はこれを北山殿に引見した。公卿殿上人染装束を着して参着し、内大臣近衛良嗣と左大臣今出川公行は惣門まで出で、義満は法服を着して三宝院満済と共に四脚門に出でて明使を迎えた。明使は国書を頭上に捧じて進み、北山殿寝殿前に設けられた高机の上に置いた。義満は焼香三拝してのち跪いてこれを拝見した」（臼井信義『足利義満』）。これは当日参仕していた満済の記述に拠ったもので、斯波義将は「故鹿苑院殿御沙汰、事過タル様」と内々に批判の言を洩らし、満済も同意見であった（満済准后日記永享六年〔一四三四〕五月十二日条）。

ただし満済の証言は三十年以上も後、足利義教が初めて明使を迎えるにあたり、先例として語った内容である。全体に否定的な口調であり、かつ長い年月を経ている。その儀礼、また義満の姿勢は果たしてどのようであったのか。

その渇を癒す史料が「宋朝僧捧返牒記」である（書名は後世のもの）。同書は小槻《おづき》氏（壬生《みぶ》家）に伝わり、現在は宮内庁書陵部の所蔵である。太政官の事務官である左大史《さだいし》を世襲し、官務《かんむ》と呼ばれた家で、朝廷の政務・諸行事に欠かせない存在であった。同書も南北朝期に活動した小槻兼治《かねはる》（一三四〇―一四一八）の筆にかかる。

その史料的価値を明らかにした石田実洋氏と橋本雄氏によれば、同書は、この明使引見の儀に関わる三つの記録文書、すなわち、①応永九年九月五日当日の某人の記の抄出、②「唐僧御対面歴名」と題する出席者一覧、③「唐僧御相看儀《ごしょうかんのぎ》次第」と題する対面の次第（六五頁参照）の三点を接続したもので、それぞれ原本、ないし同時期の写しである。同書の価値は、現存唯一のリアル・タイムの記録と次第であり、「義満の受封儀礼に関する豊富な情報を含む」のである。

そもそも、儀礼はこまやかな神経を遣うものである。文字通り繁文縟礼というべき規定と、積み重ねられた故実があり、会場の室礼、式典中の所作、参加者の座次《ざなみ》など、両者の社会的関係を反映し、すべて緻密な計算の上で設定されている。朝貢や冊封の儀はその最たるもので、二国間の関係すら左右する。明朝が藩国に求めた儀礼は、細部にわたり、厳格を極めた。もし義満の「外交」「国際感覚」を評価するならば、こうした儀礼をいかに理解し、どのように振る舞ったかを追究した上でのことであろう。満済准后日記の記事は漠然としていて、詳細な分析に堪えないが、この宋朝僧捧返牒記によって、その細部が明らかになった。橋本氏は、藩王への遣使の作法を記した、公的な規定集成である大明集礼（徐一夔《じょいっき》編、明代初期成立）巻三十二との比較によって、周到な分析を行っている。

たとえば、これまで受封の場には、満済准后日記に記述のある公卿・殿上人のほか、斯波義将以下の幕閣要人、外交を担った五山僧が祗候していて、衆目の下、義満は明の詔書に拝《はい》跪《き》したと考えられてきた。

ところが宋朝僧捧返牒記の①②によれば、実際にこの場に参仕していたのは、公卿は内大

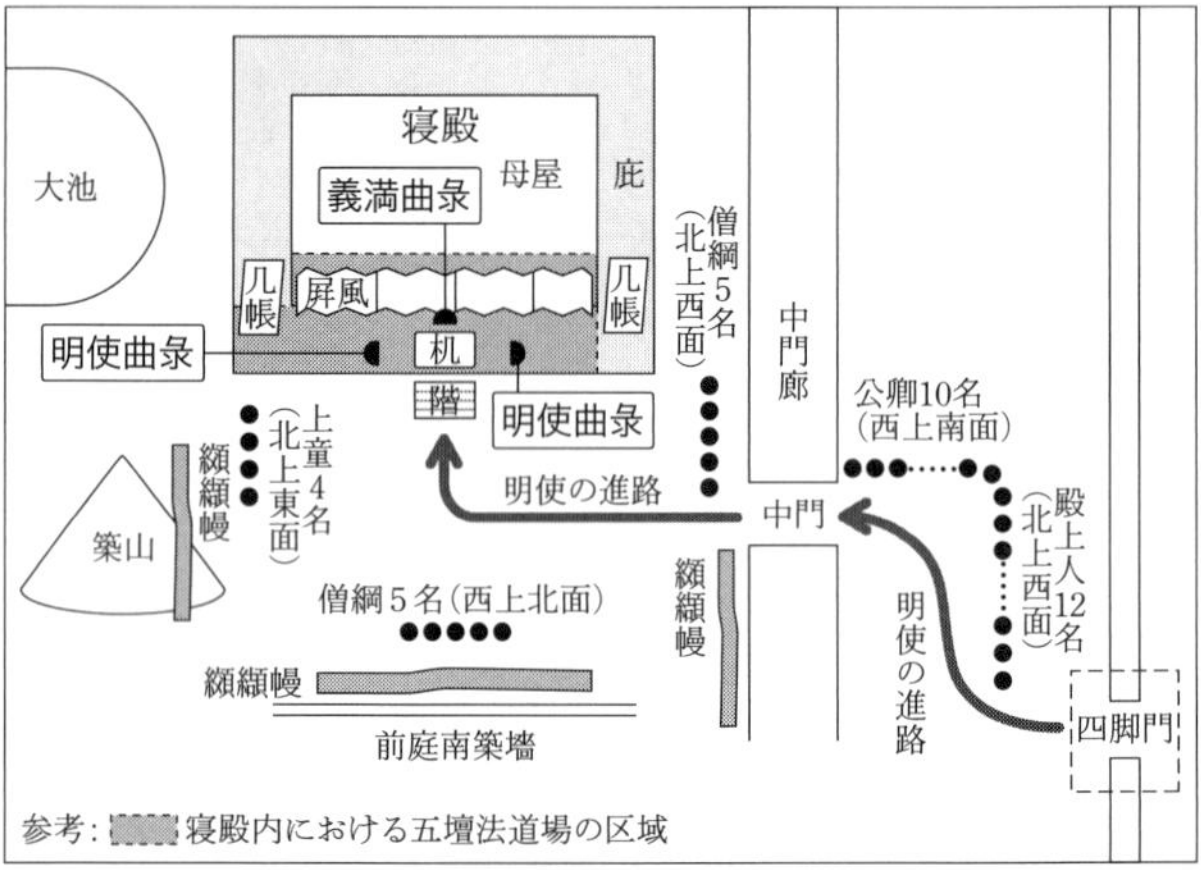

応永９年（1402）９月５日北山第での「受封」儀礼復原図。石田実洋・橋本雄「壬生家旧蔵本『宋朝僧捧返牒記』の基礎的考察」（古文書研究69　2010）に基づく

臣今出川公行と左大将二条満基以下十人、殿上人十二人、僧侶は道意・満済を筆頭に山門・寺門・東密の僧綱《そうごう》十人であり、幕閣要人はおろか五山僧すら立ち会っていないことが明らかになった。義将の批判は伝聞に基づく。

また①③によれば、会場は北山第北御所、つまり義満の住む寝殿の庇《ひさし》であったが、そこで義満は曲彔《きょくろく》に座し、南面して待っていた。明使が到着した時こそ庭上に降りて四脚門まで迎えに出たものの、再び昇殿して曲彔に座し、そこで詔書や進物を受け取った。明使・詔書よりも義満が北側に位置することは、自身が上位に立つことであり、外交儀礼の核心である宗藩関係を、全く理解していなかったか無視していたと言わざるを得ない。また拝礼は一回のみで、法服に平袈裟であった事実は、冕服《べんぷく》を着して四、五拝すべしという明の規定からは全く逸脱する。さらに義満は直接詔書を手で触れて披見したらしいが、これも明使が披《ひら》いて読むのを拝聴するという作法に違反している。

橋本氏は「以上のごとき次第を見れば、義満が唐僧より「進物」とともに明の詔書の捧呈を受ける儀礼の印象が強い。ここから、義満が畏《かしこ》まって明の詔書を拝領した、とみることは到底不可能である」と喝破する。まことに、これでは義満が朝貢してきた異国の使を引見する儀式としか言えない。明使の側も、このことを黙認したのである。明の「冊封」体制に入ったことを強調する論は再考を求められるであろう。

そして橋本氏も注意を促しているが、この場に入道尊道親王の姿が見えない。義満の主催する行事の常連であり、呼ばれていないくともやって来る好奇心の持ち主であるから、たしかに不自然である。高齢であったが、三日後の北山殿大法では阿闍梨を務めているから、健康上の理由でもない。これは、皇族は蕃夷《ばんい》の客には直接会わない、という伝統をむしろ義満が重視して、尊道を遠慮させたと見るのである。たとえば、源氏物語には、高麗人《こまうど》の相人《そうにん》に光源氏の将来を占わせようと、「宮の内に召さむことは、宇多《うだ》のみかどの御誡《いましめ》あれば」鴻臚館《こうろかん》に遣わすというくだりがある（桐壺巻）。直接には現存しない寛平御遺誡《かんぴょうのごゆいかい》の条文に拠っているらしいが、こうしたタブーを義満が気にしていた可能性は十分にある。

そうすると、この「唐使対謁事」を、義満はどのように演出しようとしたのか。橋本氏は、参仕した人々の構成が、毎月の大法と同じであることから（そうであるからこそ尊道の不在が際立つ）、北山殿の宗教儀礼のうちに位置づけた方が適当ではないかとする。自国の仏法の繁栄は異国の僧の来朝をもたらす——このコンテキストは日本文化のうちに容易に発見できるのである。

婆羅門僧正の記憶

菩提僊那《ぼだいせんな》（七〇四—七六〇）は天平八年（七三六）に唐から日本に渡った高僧である。インドのバラモン階級の出身であったために、婆羅門僧正と称された。大仏開眼供養の導師となったことで知られる。来日時には、当時存命であった行基《ぎょうき》が難波《なにわ》まで出迎えた（続日本紀《しょくにほんぎ》）。

この史実は、三宝絵詞・法華験記・古来風躰抄・延慶《えんぎょう》本平家物語・沙石集と、実にさまざまなジャンルの文学作品に取り上げられ、それぞれの観点から脚色された。その多くが菩提僊那の来日は大仏開眼供養の当日であったとする（行基は開眼供養の三年前に没）。たとえば太平記巻二十四によれば、聖武《しょうむ》天皇が行基に開眼の導師を命じたところ、「天竺ヨリ梵僧ヲ請《しょう》ジ奉リ供養ヲバ遂ゲ行ハルベク候」と固辞した。果たしてその当日、「行基自ラ摂津国難波ノ浦ニ出デ給ヒ、西ニ向テ香花《こうげ》ヲ供ジ、坐具ヲ延ベテ礼拝シ給フニ、五色ノ雲天ニ聳《そびえ》テ、一葉ノ舟浪ニ浮ンデ、天竺ノ婆羅門僧正忽然《こつぜん》トシテ来リ給フ」という。そして婆羅門僧正は行基と和歌を贈答したとされ、その両首は三番目の勅撰集、拾遺《しゅうい》集（哀傷・一三四八、四九）に採られる。

大仏開眼供養の当日に異国の僧が来朝する奇蹟は、当然、聖武天皇の徳、仏法の興隆に帰される。なお、中世の歌論書では、インド人の婆羅門僧正がいきなり和歌を詠んだことに、「（神仏も）和国に来たれば、相応《そうおう》の詞をさきとして和歌を詠めり」（為兼卿《ためかねきょう》和歌抄）と、知覚する心の働きと認識する心の働きとが合致する、いわゆる「相応」の理を見出す。その影響は深く広く、異国・異文化への観念は、むしろこうした説話の文脈に沿って考えた方が実情に届きやすい。

もちろん、これを幼稚かつ尊大な神国思想に染まった言説と嗤《わら》うのはたやすい。たとえば五山僧はかねて対外情勢に通じて、もっと高度な感覚を持っていたのではないか、とする向きもある。ところが、このような思想が、最先端の知識とも容易に同居し得るのである。

二条良基は、貞治五年（一三六六）十二月、自邸の歌合で次のように詠んだ。

　わが国のみつぎそなへてとしごとに今も（来）くだらの舟ぞたえせぬ

（年中行事歌合・五十番右・「大唐商客」）

「大唐商客」とは珍しい題であるが、新儀式（十世紀半ば、村上天皇撰の儀式書）巻五に「大唐商客事」の項があり、平安時代、異国の商船が来着した時、大宰府が積荷を検知して朝廷に報告した政務を指す。「大唐」であるのに「百済」を詠んだのは、「昔は唐船の百済国よりつたはりて渡朝はしけるなり」という航路上の慣習を踏まえ、「来」を掛けた修辞であるが、実はこの歌の詠まれた時、高麗国の使節が来日していた。強奪を働く賊船の禁遏《きんあつ》を求めたものである。異国の正式な使者を迎えるのは七十五年ぶりのことで、太平記巻三十九にも特筆されている。使節団は貞治五年八月に高麗を出て翌月出雲に着岸、翌春入京した。良基は遣使のことを早く耳にしていたであろう。当時形式上異国と交渉するのはまず朝廷であり、良基は関白として任に当たる日が近いことを知っていたであろう。そのことが和歌に反映されていると見てよい。しかし、自ら執筆した判詞で「いささか祝言をあらはせるばかりなり」というごとく、貢物の到来をもって自国の繁栄を確認するのみである。使節団は嵯峨天龍寺に滞在したが、住持春屋妙葩がその頃ものした法語に「仁化悳賓高麗国、法宝船載沙竭宮（仁化の悳《とく》は高麗国を賓し、法宝の船は沙竭宮《しゃかぐう》を載す）」なる一句がある（智覚普明国師《ちかくふみょうこくし》語録巻四、登真院大禅定尼〔義詮母平登子〕大祥忌辰請）。治世の徳が外国の帰順を促し、仏法の力が竜宮の珍宝をもたらしたとの意である。使節との折衝にあたる五山の総帥春屋も、国内向けには、良基と全く同じことを述べているのである。けっきょく、彼らは外国の事情に疎いのではなく、日本人の異国認識（もちろん義満が抜け出ることはない）のコンテキストはかかるものであったと認め、そこから考察を始めなければならない。

義満もまた中国の文物を偏愛したが、外国のものとして理解したのではなく、あくまでも日本文化の上で理解し愛好したのであった（一一五頁参照）。「すぐれた国際感覚を備えた政治家像」を期待する向きは失望の連続であろうが、貿易の許可を獲得することが第一であり、もし義満がこの明使引見の儀礼の演出に何かを期待していたとしても、いつも修法につきあってもらっている連中とともに、異国の僧を迎えて、北山第の宗教空間の質の高さを確認してもらう程度のことではないか。ただし、物珍しさについつい鄭重な態度を取ってしまって、逆に批判を浴びることになったのは皮肉なことであった。

第九章　太上天皇宣下をめぐる思惑

「太上天皇」となった義満

義満が自身を法皇に擬し、院政に似た形態の政治を行ったことは前章に詳しく述べた。しかし、前太政大臣従一位准三后、当時の社会では官位栄典ともこれ以上のものはないので、研究者はその地位を形容するため、苦労してきた。「日本国王」がふさわしくないことはすでに述べた通りである。

ならば、義満が没するや、即日太上天皇の尊号が追贈されたことが最も注目される。嫡子の義持、実際には宿老斯波義将の意向で辞退したので（これは受諾する前提での儀礼的な辞退ではない）、尊号宣下はなかったことにされた。しかし一方で、朝廷は生前の意向を忖度《そんたく》して贈ったとも解されており、義満が法皇であった（となった）ことは自明として語られることさえある。

しかし、ここに至る経過は必ずしも分明ではない。生前の義満に対しては「御幸に准《なずら》ふ」

「仙洞御願に准ふ」「上皇に准へ奉る」「法皇の御跡を模《かたど》る」という表現が散見されるが、あくまで「准へる」のであって、同格であっても、そのものではない。斯波義将は、「人臣にその例がない」としたもので、これは当然の反応である。義満自身が望んだとされるのは、あくまで状況証拠であって、確実な史料がこれまで紹介されたわけではない。

とすれば、没後の太上天皇尊号宣下がどのようにして準備されていったのか、また義満自身がこれをどのように考えていたのか、憶測を交えず、捉え直してみる必要がある。

足利義持（1386―1428）像

尊号と院号

はじめに尊号と院号について、確認しておきたい。退位した先帝は、新帝から太上天皇の尊号を贈られ、ついで仙洞御所に家政機関である院庁を組織し、随身・兵仗を賜り、封戸《ふこ》・年給《ねんきゅう》などの経済的特権を与えられる。ふたつの手続きは連続していて、太上天皇と院とはほとんど同意である。「○○殿」が、太上天皇の御所となれば「○○院」となり、その主である太上天皇も「○○院」を称する。太上天皇は皇后・皇太后などと同じく身位であり、院とは院庁の置かれた建造物を指す。太上天皇が没すると改めて称号を決定するが、院政期以後は、生前の行状を顕彰することのない、単なる追号として決定される。居所に因むことが多いので、これが院号である。

このように太上天皇の地位は至尊というべきであるが、実は皇位に就いた者でなくとも、これと同じような特権を与えられることがあった。たとえば女院の制度は、太上天皇を模することで生まれた。正暦《しょうりゃく》二年（九九一）、一条天皇の生母藤原詮子《せんし》が出家にあたり、皇太后を辞退するかわり、太上天皇と同じ待遇を許し、その御所東三条殿によって、東三条院の号を得る。その少し後には、皇太子を辞退した敦明《あつあきら》親王（九九四―一〇五一）も、「太上天皇に准へて」小一条院の号を宣下された。手続きは東三条院の例により、さまざまな優遇を得たゆえに、尊号を得た太上天皇と同格となった、ということなのである。

こうしてみると、義満もまた太上天皇の待遇を得ており、実際に院司を置くことすらできたが、決して太上天皇そのものではない。つまらないことを言うようであるが、義満が人臣だからである。義満は本当にこの一線を乗り越えようとしていたのであろうか。

国母問題

これまで識者が注目してきたのが、義満の室裏松康子の准三后、そして女院号の宣下である。田中義成が「国母《こくも》問題」としているもので、古来悪評高きエピソードであるが、いま、田中や臼井の記すところに従って、その経過を辿ってみる。

応永十三年（一四〇六）十二月の末、後小松天皇の生母通陽門院厳子《つうようもんいんげんし》（もとの上臈局）が重態に陥る。後円融院はすでに亡く、このままでは在位中に二度の諒闇《りょうあん》（天子が父母の喪に服すること）となる。過去に一条・四条・後醍醐の先例があるが、義満はいずれも不快の例であるとして、諒闇を回避すべきと主張した（一条朝は聖代として仰がれ、吉例とみなすべきなので、義満は強弁していたことが分かる）。

こうした場合、別の近親の女性を国母に準ずる便法があった。そこで義満は、関白一条経嗣らに諮って、一応准母《じゅんぼ》の候補を物色するそぶりを示したが、内心では室康子《こうし》に定めていた。

後小松天皇（1377―1433）像

康子は裏松資康の女、応永初年頃から義満の妻妾となり、業子《ぎょうし》亡き後は、正室と目されていた。裏松重光（康子の弟である）ら伝奏はその意向を忖度し、康子を准母とすべしと進言してほしい、とあらかじめ経嗣に要請した。

経嗣が事前の打ち合わせ通りに述べたところ、義満は案の定上機嫌であった。かくして通陽門院が崩御すると、即日康子に准三后宣下があった。鎌倉時代初期より、立后・立内親王を経ていない女性を天皇の准母に立てた場合は、准三后を宣下するのが慣例であった。続いて翌年三月には女院号宣下があり、北山院《きたやまいん》と称した。

田中が「此次には彼自身天子の父即ち太上天皇となるは必然の結果なり。彼は天子の准母なる人の夫なれば、未だ太上天皇の尊号はなけれども、自らその積りにて居り」とする通り、義満の「野望」実現のための、決定的な一階梯《かいてい》として位置づけられている。

今谷明氏の『室町の王権』でも、この一件は印象的に取り上げていて、御記憶の方も多いであろう。たとえば諒闇回避を聞いた経嗣の心中を思いやって次のように描く。「なんという伝奏たちだろうと内心経嗣は舌打ちした。二度諒闇は、一条天皇の佳例が厳然として存在する。故実を知りながら、なぜ義満に論駁《ろんばく》しないのか。日ごろ先例調査はそのためにしてきたのではなかったのか。朝家の一大事、瀬戸際であるというのに……」（一五九頁）。強引横暴な義満、生母の死を悲しむこともできない後小松、保身と阿諛を事とする重光、気弱で良心の呵責に苦悩する経嗣と、まるで演劇の一場面を見ているようでもある。

荒暦の記事を改めて読んでみる

この「国母問題」は、もっぱら関白一条経嗣（一三五八―一四一八）の日記荒暦によって伝えられている。まずは、その記事を正確に読み解くことが重要である。

　これまで経嗣には何度も触れてきた。二条良基の実子、日記には時に義満への批判が見られるが、表立っては重宝な顧問役に徹し、前後三度摂関に補された。荒暦は生涯の大半にわたって書き続けられたとおぼしいが、原本は伝わらず、すべての記事は後人の抄出にかかる。ここで取り上げる応永十三・十四年（一四〇六・〇七）記は、戦国時代の廷臣町広光《まちひろみつ》（一四四四―一五〇四）が重要記事を抄出したと考えられる。このような抄出本は、ある事件の経過が大筋で把握できるように配慮されており、読者は前後の記事を通覧することで、問題の所在をおのずと知ることができる。これまで、国母問題の考察は、荒暦の個別の記事についての分析にとどまり、連動して分析すべきいくつかの史実が言及されないままであった。

　それでは、まず、裏松重光から義満の意向を内々に告げられた、十二月二十六日の記事を原文のまま掲げたい。

長頼（東坊城）来、只今自裏松亭所参也、就重事日野大納言（裏松重光）有令申旨云々、仍招寄北面簀子方聞之、大納言申云、（中略）所詮実儀者、以南御所（康子）元号寝殿、日野大納言姉也、可准国母之由、内議治定歟、A就其、先急被申出尊号事、可有沙汰、然者南御所有准三后宣下之条、可然之趣、可被申歟、B何様尊号先可有沙汰之様、御意見可然也、此間事為得御意所馳申也云々、

傍線部A、重光は経嗣に対し、「先づ急ぎ尊号の事を申し出だされ、沙汰あるべし、しか

れば南御所（康子）准三后宣下あるの条、しかるべし」という旨を、義満に申し出ていただきたい、と述べた。Bでも重ねて「いかやう尊号先づ沙汰あるべきのやう、御意見しかるべきなり」とある。すなわち重光が念を押しているのは、「尊号の事沙汰あるべし」と申し上げてほしい、という点である。「沙汰あるべし」とは、この場合、手続きを進める、実現に向けて動く、くらいの意が適当であろう。

「尊号」とは、当然太上天皇尊号を指す。もちろん、受けるのは義満である。これまで康子の准三后の号と解されてきたが、これを尊号とは言わない。そもそも、准母の夫なので太上天皇となる、という論法は主客が顚倒《てんとう》している。

以上の点を押さえて重光の言を通釈したい――北山殿は南御所康子を准母に立てる御内意です。そこで、関白様は北山殿に、「まずは急ぎ尊号の御希望を申し出されて、進めてみて下さい、そうしたら南御所に准三后宣下があるのは当然の理となりましょう」と、こういうふうに申し上げて下さい。「ともかく尊号の御希望をただちに進めてみて下さい」と提案なさるのが肝要です――重光はこのように経嗣に吹き込んだのである。

康子の准母そして准三后は、義満の投げた曲球《くせだま》に過ぎず、真に欲しているのは自身への太上天皇の尊号であることは誰の目にも明らかであった。しかし重光は、ゆえにそのことをただちに進めてほしい、と言っているのではない。ただちに進めるのがよろしかろうと義満の前で申していただきたい、と言っているのである。そう、重光にとっても、義満への太上天皇の尊号宣下など、全くありえないことであった。そうでなければ、右のような注進とはならない。

重光の考えを敷衍するとこうなる。「義満が尊号を受ければ、康子の准母は理の当然である」と関白に言わせる。しかし尊号ではなく、准母・准三后だけを実現させる。准母を准三后にする先例は数多いし、臣下の妻でも摂政藤原基実《もとざね》の室平盛子《もりこ》が高倉天皇の准母として准三后宣下された。康子が准母・准三后となる異例も、この線で説明可能である。尊号の宣下は、あくまで関白の希望的観測であって、たとえ不調でも責任を問われるものではないし、義満が表立って要求したのは康子の准母・准三后なのだから、引き下がらざるを得ないであろう――さすがに重光は義満の性格を熟知していた。一度言い出したら望み通りの答えを聞くまで承知しない。ならば、まずおだてて当座をしのげばよいのである。尊号宣下の見込みは関白に言ってもらった方が効果が大きい。伝奏に振り付けされた関白は面白くなかったであろうが、指示通りに動くしかなかった。

翌日、経嗣は北山第に参上した。この日の記事は読みやすくするために適宜改行した。

　仰せて云ふ、誰人然るべけんや、と。

重ねて申して云ふ、南御所（上様と号するなり、）准三后宣下、御准母たるの条、何事かあらんや、しかればまづ尊号の御沙汰あるべきか、皆これ愚慮の覃ぶところなり、てへり。
仰せて云ふ、此の段旁《かたが》た斟酌無きに非ずと雖も、然りと雖も猶思案を廻らすべしと云々。
時宜快然なり、存の内の事なり、愚身、偏へに諂諛《てんゆ》を以て先と為す、ああ、悲しいかな悲しいかな。
今夜准后宣下なり。

これまで、この記事の「尊号」も、康子への「准三后」とみなしてきた。しかし、もちろん太上天皇の尊号である。そもそもこの文脈においても、「准三后宣下」と「尊号の御沙汰」とは全く別の案件であることは明瞭であろう。

義満は「しかればまづ尊号の御沙汰あるべきか」という言を真に受けたからこそ、満面喜色を隠せなかったのである（意外に単純である）。たしかに経嗣は「余は阿諛追従を事とした」と自己嫌悪に嘖《さいな》まれた。しかし、最後に「皆これ愚慮の覃《およ》ぶところなり（これはすべて私めの一存でございます）」と述べているように、あくまで経嗣の個人的見解なのであって、実際に太上天皇の尊号が宣下されるかどうかは、また別の次元の問題に属した。

この日、通陽門院が崩御すると、ただちに康子に准三后宣下があった。その詔書には、尊号のことなどは一切見えず、単に康子の婦徳を謳い「准母として」三后に准ずる、とだけある。

心にもない甘言をもって不案内者を有頂天にさせ、蔭からひそかに嘲笑する――これこそ公家の御家藝でなくて何であろう。重光はたいへんな策士のようにも思えるが、伝奏たる者、これくらいの話術を駆使できなくては務められないのであろう。

准三后から女院へ

明けて荒暦の応永十四年（一四〇七）正月四日条には、訪ねてきた権中納言広橋兼宣《かねのぶ》と交わした会話が書きとどめられている。この記事、なぜかこれまで言及されたことがないが、康子の准三后と女院号との間を連絡する、重要な内容を含んでいる。時系列の順に会話として再現してみよう。

（十二月二十九日、北山第にて）

義満　平相国禅門《へいしょうこくぜんもん》（清盛）の室、八条二位（平時子）は准三后を宣下されなかったのか、疑問である。平家物語でもただ単に「八条二位」と語っている。どういうことであろうか。

兼宣　たしかに不審でございます。

（正月四日、一条殿にて）

兼宣　南御所様の准三后宣下の直後、先月二十九日、北山殿は右のようにおっしゃられ、私も不審ですとだけ答えました。
　しかし、これはよくよく思案してみますに、清盛夫妻がともに准三后の宣下を受けたことは隠れもない事実です。なのについぼんやりしていて、そのことは申し上げませんでした。その当日、坊城前大納言（俊任）と出会いましたので、ひそかに相談しまして、「時子が准三后であったことは、決して北山殿の前で口に出してはなりませんぞ」と、口止めしました。前大納言も「心得た」と承諾しました。だいたい清盛夫妻の例は状況が違っていますけれども、たまたま夫妻で准三后という点が同じであるため、北山殿から不愉快に思われて咎められるのもたまったものではありません。時子が准三后であることは御承知の上でおっしゃったのでしょうか。あるいはまた本当に御存知ないのでしょうか、疑問が残りますが、いまの状況を清盛夫妻と違えるのが先決で、それには南御所様を従一位に叙するのがよい、と思うのですが、いかがでしょうか。
経嗣　准三后宣下があってからでは駄目だ。その前にまず従一位に叙すべきであった。当日は慌ただしくて気づかず過ぎてしまった。さて困った。
兼宣　こうなっては女院になさるべきでしょうか。
経嗣　北山殿にまず太上天皇の尊号を贈る手続きをしていたならば、南御所が女院となることも道理に適うのであるが。しかし、ともかく平家の例と違えることが先決だ。事は重大なので、よくよく思案の上、決定しよう。

兼宣が年末に康子の准三后宣下を賀すと、義満はたいへん満足したふうであった。そこまではよかったのであるが、その日に義満と交わした何気ない会話を思い出し、やがて怖気を震って、経嗣のもとに参じ、鳩首《きゅうしゅ》協議に及んだのである。

義満は歴史に詳しいから、時子が准三后であったことなど先刻承知していたであろう。なお、平家物語は当時は歴史書として扱われていた。

経嗣たちが想像した通り、夫妻とも准三后であるのは清盛夫妻に倣うことになり、不吉でけしからぬ、と不満を匂わせたのであろう。改めて義満は自身への尊号を求めたが、それは難しい。むしろ、女院の制は「太上天皇に准じた」一種の待遇を意味するのだから（二三八頁）、どうせ異例であるならば、康子を女院にする方が、まだましであろう。これが兼宣の考えである。こうして、当初予定されていなかった女院号宣下が、急遽発議されて実現した、と知られる。荒暦の記事は三月五日の院号定《いんごうさだめ》へと続き、康子の住居の名を取って「北山院」の号に決したとある。

先ほど触れたように、現存本の記事は抄出であり、枝葉は省略している。しかしおのずと、義満が太上天皇の尊号宣下を執拗に望んでいたこと、廷臣たちはこれを肯《がえん》じ得ず、康子の准三后、さらに女院へと、表面上は義満の意を迎え、妥協を重ねつつも、肝腎の尊号宣下は先送りにされていったことが読み取れる。

もっとも、これは具体的に誰かが義憤に駆られて敢然と反対した、ということではなく、どれほど義満に恩顧を受けている者にとっても、人臣への尊号宣下はナンセンスの極みであったから、事を荒立てずに阻止したまでのことである。

たとえば、応永改元（一三九四年）の時、義満の固執した年号案の「洪武」は、非常に評判が悪く、側近の万里小路嗣房らが先頭に立って潰している。また同三年の厳子の院号定では、義満は強く「豊楽門院」の号を推したが、音が崩落《ほうらく》に通ずるために、一顧だにされなかった。いかに義満でもこの手の良識を覆すことはできなかった。

三月二十三日、北山院康子は参内して天皇と対面する。北山第から内裏まで、女房を載せた出車《いだしぐるま》十両をはじめ、華美を極める行列を仕立てた、記念すべきイヴェントであったが、この日の義満はなぜかひどく不機嫌であった。


「御年齢いまだ早く御座候」

十二世紀の歌人藤原俊成（一一一四―一二〇四）に古今問答《こきんもんどう》という歌学書がある。その伝本は、現在天理大学附属天理図書館に所蔵される、室町時代書写の一本のみ。本文は不用となった書状の裏面を翻して書写されている。このように再利用されて残った文書を紙背《しはい》文書と呼ぶが、ここですべて五十五通ある紙背文書を読み解くと、応永十一年（一四〇四）十二月から十二年八月の間、飛鳥井雅縁《まさより》（一二九頁）のもとに到来した書状群であることが判明する。雅縁はもちろん、確認された書状の差出人は斯波義教（義将の嫡子）・吉田兼敦・常光院尭尋・高倉永行らで、いずれも義満と関わり深い人々である。そして紙背文書の例に洩れず、北山第に日夜祇候していたメンバーの日常を偲ばせる、きわめて興味深い史料である。

そして、このうち長方《ながかた》なる人物の、応永十二年四月八日の書状を引用する。

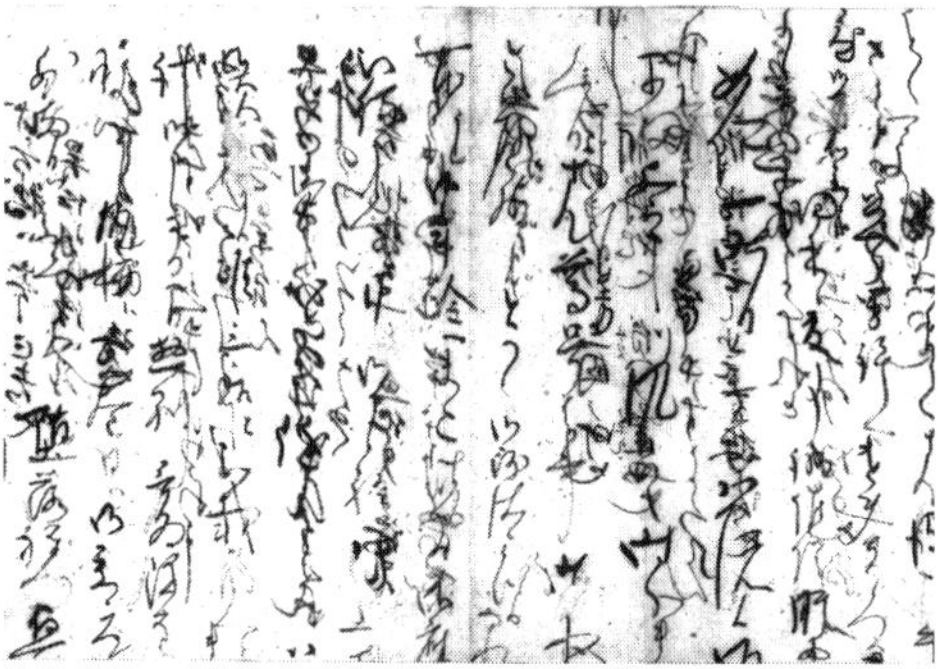
応永12年（1405）4月8日粟田口長方書状（天理大学附属天理図書館蔵『古今問答』紙背文書）

如仰一昨日参会恐悦候、御早帰察申候ッ、風呂之時分ま□□（かりカ）候つる、さて尊号御事昨夜□□令落居候歟、とかく御沙汰候つるなれ□□所詮御年齢いまたはやく御座□□被待申候へと申候、さ申候程に此上□□（者）重候へとも、まゐり申候かたき□候□□てハ御次第にハ准三后と被載申候へと遣□□計御申候なる

間、惣別無為注進□□(之由カ)承及候、執柄ハ五巻日ハ御参会□□外両日御参候へく候へとも、
堕落禅門宿所□□(よりカ)御参候へと被申候なり、いかに例之述懐なら□□□承度候へ
く候、さて彼御牛□□召一郎男許へ遣使者候へは□□帰来候、夏事誠催促肝要□□遣文
申給事候也、□ことく可申入候□尽御芳心者候哉、□早候旁存候、□可参申入候、長方
謹言、

四月八日　長方

「(端裏捻封ウハ書)(墨引)　長方」

料紙が天地化粧裁ちされて各行一、二字分欠落するため、不明箇所があるが、およその意はつかむことができる。ここに「尊号御事」の字句があり、重大な史実を伝えていることが察せられる。そこでこの書状の出された状況を明らかにしていきたい。

まず、差出人の長方は、菅原氏傍流の儒者で、粟田《あわた》口《ぐち》少納言と号した。至徳（一三八四―八七）頃から義満の家司としての活動が見える。北山に宿所を構え、しばしば祈禱や祭祀の奉行を務めた。飛鳥井雅縁とも旧知の間柄であったとおぼしい。

ついで、文中に見える「五巻日」から、話題が法華八講であることが推察できる（法華経第五巻は女人成仏・悪人成仏を説くところから、この巻を講説する第三日は八講で最も聴衆を集めた）。したがって、「御次第」とあるのは、法華八講の次第（六五頁参照）のこととなる。当

然、それは大がかりな、公的な場での開催と推定できる。応永十二年四月八日の書状とすれば、同月二十六日から四日間、故後円融院の十三回忌に際して内裏で修された宸筆法華八講を受けるものと分かる。

この宸筆法華八講は、義満の全面的な援助のもとに開催された。義満は三日間にわたり参内し、五巻日の、参列者が捧物を献ずる、いわゆる「薪《たきぎ》の行道《ぎょうどう》」にも加わり、その様子を絵所の土佐光益《みつます》を召して屏風《びょうぶ》に描かせたほどに張り切っていた。

果たして第三日には、義満が着座すると、その前に「三衣筥《さんえばこ》」が置かれる新儀が見られた。この筥は朝覲《ちょうきん》行幸の時、法皇が出御するとその座の横に置かれるものであるから、まさに自身を法皇に擬えさせた、義満の僭上として喧伝《けんでん》されている。

そして、この宸筆法華八講の次第を義満の命で作成し、「三衣筥」の新儀を取りはからったのが「執柄《しっぺい》」、すなわち関白経嗣であった。この時の荒暦の記事も伝えられており、それによれば八講の間、経嗣は、義満の命令によって、内裏に隣接する高倉永行（法名常永《じょうえい》）の家を「陣家《じんか》」とし、そこから出仕している。

当時、禁裏の外縁、方一町の範囲は「陣」とみなされ、車馬に乗ったままの通行を禁じた。陣家とはその区域内にある邸を指す。当時の摂関・大臣が、参内の際、親しい人の陣家から出立することがよくあった。自邸から内裏までの間すら、随員とすべき衛府や殿上人を動員する負担に堪えず、至近距離でその必要がない陣家に拠ることになったらしい。ただし、義満が高倉邸を陣家に指定し、そこからの出立を命じたのは、配慮に見せかけて、関白である経嗣の権威を貶める思惑が働いたとされる（桃崎有一郎『中世京都の空間構造と礼節体系』）。

このこと、長方の書状に「堕落禅門宿所より御参候へと被申候なる」とあることと符合する。だから「堕落禅門」とは永行となる。ずいぶんな言いようであるが、永行は義満の寵臣で、追従して出家した一人であった。そういうところを皮肉って、タカクラゼンモンとダラクゼンモンを掛けた洒落であろう。義満ならばいかにも口にしそうである。

以上、書状の内容を、当時の状況と照合し、矛盾なく裏付けることができた。それでは書状の主要部分を解釈してみたい。

さて尊号の件は昨夜決着したようです。とかくあれこれと取り沙汰されているようですが、所詮、御年齢がいまだ若くて（尊号は）時期尚早でいらっしゃるから、お待ち下さいと申し上げております。そういうふうに申しましたところ、この上は□□ではありますが、（来る宸筆法華八講には）参上できないと□□御次第には「准三后」と載せよと□お計らいなされたので、（関白は）一応は問題なく（次第を）作成されたと承っております。さて関白は五巻の日の外一両日出仕なされよ、堕落禅門の宿所から出立なされませと（義満から）申し上げられました。いかに例の述懐とは申せ（後略）

「尊号」とはやはり太上天皇の尊号であり、宸筆法華八講を機に、義満から強く宣下を要求されたことが判明する。すなわち、経嗣に次第を作成させ、そこで義満を法皇として登場させる腹づもりであったところが、朝廷でその可否を議した上で、年齢がまだ若く時期尚早である、との理由で拒絶したこと、義満は当然それに不満で当初参仕しないと漏らしたが、結局今回の「御次第」に自分を「准三后」と載せれば良い、と折れたので、経嗣も無事に次第を作進することができた、ということになる。まさに北山第に祗候していた長方ならではの情報と言えるであろう。

応永十二年、義満は四十八歳である。「御年齢いまたはやく」とは、尊号宣下を見送る理由としては、たぶんに説得力に欠ける。そもそも太上天皇に適齢期などない。やはり廷臣たちの抵抗は強く、義満としても事あるごとにそれらしき事例を一つ一つ積み上げていくしかなかったのであろう。そして義満の要求を容れなかった代償として経嗣が出したのが、「三衣筥」の新儀なのであった。この点につき、荒暦に「当時何人か嘲りをなすべけんや、勿論々々」とするのは、苦衷を偲ばせる。

太上天皇は外国への名乗りか

応永十二年（一四〇五）には、朝廷にはっきりと尊号宣下を要求していたこと、朝廷ではこれを謝絶する代わりに、つぎつぎ新儀を編み出しては義満の不満を逸《そ》らしていたことを明らかにした。「国母問題」はそのせめぎ合いのうちに持ち上がったもので、康子が女院となったことにも、満足はしていなかったのである。

それでは義満が「太上天皇」の尊号にこだわった理由は何であろうか。その一つは、応永八年に実現した、明国との通交であったと思われる（二二四頁参照）。この時の上書は「日本准三后源道義」として奉ったが、翌年到来した建文帝からの返詔には「日本国王源道義」とあり、これを受けて応永十年に派遣した使僧の携える表文には「日本国王臣源――〔道義〕表」と署した。以後の表文では「日本国王源道義」の号を用いたことは周知の事実である。

「日本国王」の号を名乗ったことは、明国の冊封を受け容れることになるとして、当時から強い批判にさらされた。いかに貿易の利益第一に徹した義満とはいえ、内心うしろめたさを感じなかったとは思えない。当初「准三后」を用いたのであるから、有力な候補となったのが、「太上天皇」号ではないか。尊号宣下を受けて、「太上天皇道義」と署名すればよいと考えたのであろう。

中国の王朝にも「太上皇《たいじょうこう》」はいないことはない。ただ、不測の事態で譲位を余儀なくされ、なんら実権を持たない存在であったとされる。たとえば、北宋の徽宗《きそう》（一〇八二―一一三五、在位一一〇〇―二五）は対外戦争の敗北によって退位し、「太上皇」と称した。しかし、南宋の高宗（一一〇七―八七、在位一一二七―六二）・孝宗（一一二七―九四、在位一一六二―八九）・光宗（一一四七―一二〇〇、在位一一八九―九四）らは、いずれも後継者に譲位した後も健在で、とくに高宗・孝宗の両代は実権も握っていたから、例外的に日本における「太上天皇」と近似している。

明との通交が軌道に乗り、毎年のように使節が往来するようになった時期に、太上天皇尊号宣下への具体的な要望が出されたことは、やはり見過ごせない。とりわけ応永十三年には、義満は明使の来航にあわせて、兵庫に三度、尼崎に一度赴いた。これほど熱意を傾けていたのであるから、称号の問題が焦眉の急であったとしても不思議ではない。しかし、朝廷は遂にこれを拒み通したのである。

義将、義満を止める

もっとも廷臣が難色を示した程度のことで、義満が素直に翻意するか、との疑問もあろう。自分の望みはすべて押し通してきた人物である。すると幕閣内での反対、とりわけ斯波義将の諫言が影響したことが考えられる。没後の贈号を拒絶するほどであるから、生前の尊号などもってのほかと思ったに違いない。

実際、義将は皇胤《こういん》と人臣との区別にひどく厳格であった。和歌を好んだ義将は、源氏物語研究で知られる四辻善成《よつつじよしなり》の門弟であった。善成は順徳天皇の曽孫とされるが（ただし系譜は頗る怪しい）、もはや皇族を名乗るメリットはないため、三十一歳の時に臣籍降下して北朝に仕えたのであった。実務能力はなく閑職に甘んじてきたが、晩年には義満の大叔父（外祖母の弟）にあたる廟堂の長老として遇され、直接には義将の後援もあり、応永二年（一三九五）、七十歳で左大臣まで昇進した。調子に乗った善成はついで親王宣下を望んだ。すると義将は一転、無益なのでおやめ下さいと諫言し、そのまま出家させた。人臣となって久しく、もはや皇胤とはみなしがたいと考えたのである（小川『二条良基研究』）。筋を通す義将の姿勢は、公家社会からも好感を持たれた。

何より、義将は晩年の義満に意見できる唯一の存在であった。義満は応永五年（一三九八）に畠山基国《もとくに》を管領に補し、死没まで在職させた。畠山氏からの管領登庸は初めてのことで、その前年細川頼元が逝去し嫡子満元もいまだ若いため、第一の宿老となった義将を牽制しようとしたのである。目立った衝突は確認されない両者であるが、水面下では緊張を孕んでいた。その証拠に、あまり言及されていないが、応永九年十二月、関東公方足利満兼と内通した科《とが》で、義将が討たれるとの噂が流れ、京都が騒然としたことがある。こんなことには慣れきっていたであろうが、捨て置けぬ段階に達すると、義将は子息義教を使者に立て、何事かを申し入れた。すると義満は慌てて陳弁し、「更に知ろし食《め》されざるの旨御誓言に及び、剰へ御筆を染める、仍て無為と云々、珍重なり」というありさまであった。さらに義満は義将の邸に渡り、関係修復に努めなければならなかった（吉田家日次記）。いよいよとなれば、義将は義満を掣肘し得たと言ってよいであろう。

光源氏は先例にならない

ところで、近年、義満の行動は、源氏物語を意識していたとみる向きもある。とくに光源氏は栄華の絶頂に「太上天皇になずらふ御位」を賜って、以後、「六条院」と院号で呼ばれていることから、臣下が上皇となる先例たり得たとするものである。

しかし、この一件においては、義満の念頭に光源氏があったとするのはどうであろうか。「太上天皇になずらふ御位」とはいかなるものか、さまざま穿鑿《せんさく》されてはいる。もっとも、中世最高の水準にある注釈書、一条兼良の花鳥余情《かちょうよせい》が「太上天皇と号せぬばかりにて、院司・年官・年爵・封戸《ふこ》などは太上天皇に一事かはる所なし。これによりてこの物語に薄雲女院（藤壺中宮）ならびに六条院の御事には太上天皇になずらふるといふ詞《ことば》をそへたり。これはまことの脱屣《だっし》（退位）の御門の尊号にあらざるが故なり」と明確にする通り、太上天皇と同格の待遇を与えられたゆえ、院号をもって称されたと解すべきである（女院と同様である）。義満はあくまで尊号を求めていたのであるから、先例とするには足りない。そもそも、後亀山院への尊号宣下すら、荒暦によれば、過去の史実を踏まえたシビアなものであり、物語を先例とするような悠長な雰囲気はなかったであろう。

中世、源氏物語が強い発信力を持ち続けたことは喋々《ちょうちょう》するまでもない。実際、源氏物語を意識したとおぼしき文学作品は枚挙に遑《いとま》がない。王朝盛代の最良の遺産として、物語の内容は公家の「先例空間」のうちに入り込み、あたかも現実が物語を追うように叙述する手法も取られている。鎌倉時代の宮廷の歴史を源氏物語と重ねつつ描いた増鏡《ますかがみ》などはその好例であろう。しかし、それは創作という前提があるからで、現実社会において源氏物語の世界を再現したとまでは、断じがたいようである。あらゆる文化的創造の根源に源氏物語があったと見るのは、あながち間違いではないにしても、抑制した姿勢と、丁寧な考証が求められる。自戒を込めて次の文章を読まなくてはならない。「作品に刻印された『源氏物語』の例をどれほど集めてみても、それはそれで貴重な仕事ではあるにせよ、源氏愛好熱の高さや文学としての権威を確かめることなのであって、表現の対象たる個別の行事や儀式が、『源氏物語』を典拠として計画実施されたことの証左にはならないのである」(高田信敬《のぶたか》「朱雀院の行幸」)。

夢のあと

結局、義満の僭上、後世に「皇位簒奪」と見られた振る舞いも、北朝の衰頽、指導力の欠如に主因が求められる。後円融の治世の混迷はあまりにも甚しかったし、その後円融さえいなくなってみれば、義満を上皇に擬した上で、その後見に期待せざるを得なかったのである。こうして前例のない殊遇が義満の自意識を肥大させることになったが、それも義満一代限りの例外であって、朝廷の秩序が徐々に恢復《かいふく》してくれば、おのずと公武間に一定の距離を取ろうとする復原力が働いた。太上天皇を望んだことは、無知のなせるわざとして、一笑に付される運命にあった。公家のしたたかさはここで十二分に発揮されたのである。あるいは、裏松重光ら伝奏こそ、「社稷《しゃしょく》の危機を救った大忠臣」ということになるかもしれない。もっとも、彼らは廷臣としてごく常識的な感覚に従ったまでで、そんな高邁《こうまい》な意識はなかったであろう。実務官僚に過ぎなかった自分たちを大臣を望み得るまで引き立ててくれた義満は、大恩人に違いないからである。

そして、希望が叶えられない代償が、愛する家族への破格の待遇――康子の女院号となり、さらには親王に准じての義嗣の元服、そして昇進であった。いかに晩年の愛子とはいえ、元服すら遂げていない義嗣を、わずか一ヶ月で参議にまで引き上げたのは、常軌を逸していると言わざるを得ないが、その裏にはかような取引があった。その絶妙なタイミングで、義満は突然の病に倒れ、応永十五年（一四〇八）五月六日に死去するのである。

生前の希望を熟知していたからこそ、朝廷はただちに太上天皇の尊号を贈った。そして、この尊号宣下は、おそらくはあらかじめ決められた筋書の通り、即日の辞退によってなかったことにされた。こうして「鹿苑院入道前太政大臣」が義満の号として定まった。たとえば没後の勅撰集の新続古今集にはこの名で入集する。

後世の五山僧の記録ではしばしば「鹿苑院太上天皇」と表記し、鹿苑寺蔵、延宝《えんぽう》六年（一六七八）十二月作の足利義満木像銘には「鹿苑天皇尊像」とあるが、これらは禅宗史上最大の檀那の尊厳を高めんとして、あえて上皇・天皇の号を用いた特殊な事例で、同時代史料としての価値はなく、また社会的に通用したものではない。

終章　妻妾と女房について

義満の妻妾と子女

最後に義満の妻妾と子女について整理しておきたい。このことは、すでに臼井信義『足利義満』が簡潔にまとめており、主立った子女二十名と妻妾十六名を挙げている。その典拠となった史料も大日本史料第七編之十、義満薨去の条に掲げられている。

従来この考証にもっぱら負ってきたが、もはや五十年を経過しており、現在では見直すべき点もあるので、改めて整理したい。とはいえ、史料は依然として断片的で、不明の点が多く、今後も批正が求められるであろうが、単に義満の家族のみならず、室町殿の内側を考える一助となれば幸いである。

女房名と臈次

ところで、妻妾のうち、臼井は日野業子と裏松康子のみを正室とし、他の女性はすべて側室として掲げているが、妻妾というより女房とみなすべき者もおり、まずは、室町第ないし北山第に祗候していた女房を抽出する作業が必要であろう。廷臣は家礼や家司として組織されていたから、女性たちも出自に応じた身分が与えられていたはずである。とはいえ、これには具体的な史料がないので、公家日記から断片的な記事を検出し、一人一人の経歴を復原する必要がある。

室町殿女房の構成が比較的詳しく判明するのは義政以後で、女房の名称と職掌が固定していたことが窺われるが、義満の時代はやや様相が異なり、後世の武家女房の事例を適用してよいか、躊躇される。

ここに、「女房の官品《かんしな》の事」と題する故実書がある（必ずしも書名は一定しないが、群書類従による）。公家女房の呼称と出自を平易に解説しており、類書が稀であるだけに、女房・女官の研究に重宝される書である。いくつかの伝本には「永徳二年二月十日　作進　摂政判」との識語があり、二条良基の著作と考えられている。永徳二年（一三八二）正月には義満が左大臣となり、室町殿家司に続いて女房の組織を整備する時期にあわせて著したものであろう。

また「女房名の事」と題する一覧がある。成立年代も撰者も不明ながら、宮内庁書陵部蔵伏見宮本には、応永十四年（一四〇七）十一月に「一条殿（経嗣）の本」をもって写した旨の本奥書がある。同書は、七十にのぼる女房名を、上臈《じょうろう》・小上臈《こじょうろう》・中臈《ちゅうろう》・下臈《げろう》の四層（これを臈次《ろうじ》という）に分けて掲げた名寄《なよせ》である。女房官品の事によれば、この四層は女房の出自を反映したもので、上臈・小上臈は公卿・殿上人の、中臈は諸大夫の、下臈は祠官（石清水社や賀茂社などの神官）や諸侍の女である。実例についても、中世の女房名は、この臈次に基づいて決められている。

次頁には室町殿女房として証のある者、および義満の子女を儲けた者を掲げた。およそ二十名ほどを検出することができる。武家より、公家の出身者がはるかに多く見出され、かつその女房名も公家の例を模して定めていると推定できる。室家《しっか》（正室）、女房名を持つ女房（上臈～下臈）、家名に因む女房、その他居宅を与えられた妻妾とに分かたれる。単に寵愛を受けたというのであれば、さらに数は増えるが、そのことは最後に触れる。

迎陽文集――義満の墓碑銘

ところでこの考証には、東坊城秀長の迎陽文集《こうようぶんしゅう》に収録される願文・諷誦文《ふじゅもん》が、史料の欠を補う貴重な情報を提供する。

願文とは仏事にあたり施主の祈願の趣旨を述べ、諷誦文はこれに附属し、主として追善のため三宝衆僧に布施を捧げる旨を告げる文章である。四六騈儷文《しろくべんれいぶん》と呼ばれる、四字・六字の

義満の妻妾

呼称	出自・実名	臈次	別称	所生	没年（享年）
御台所	日野時光女 藤原業子		室家 大喜性慶 定心院	女子（永和三）	応永一二（五五）
二位殿	裏松資康女 藤原康子		寝殿御方 上様 南御所 北山院 真高		応永二六（五一）
東御方	武者小路資俊女	上臈	藤原氏女		
対御方	北畠隆郷女	上臈	如善		
北向局	三宝院坊官安芸法眼女 藤原慶子	上臈	栄室慈蕃 勝蔓院	**義持**（至徳三） 青蓮院義円（義教、応永元） 入江殿聖仙（性仙、応永四）	応永六（四二）
北向局	武者小路資俊女	上臈	北向三品局 慈常		
一条局		上臈	性吉		
春日局	摂津能秀女	上臈	春日殿 浄文	**義嗣**（応永元）	
坊門局	和気広成女	上臈	伊予局 坊門殿		応永三一
新中納言局	安芸法眼女 藤原量子	小上臈	浄珠勝林 円照院	男子（応永元）、大慈院聖紹（応永三）	応永一三（三八）
美作局		下臈			明徳三（四二）
加賀局	実相院坊官長快法印女	下臈	柳原殿 如勝	青蓮院尊満（友山周師、永徳元） 男子（宝幢若公、至徳二）	応永二九
細川局	細川氏か		弁戒尼		
増井局	増位氏		益井局 性厳		
大柴殿	源春子		大芝殿 光厳 寧福院殿か	大慈院聖久（応永一二）	応永二八（五二）没か
池尻殿	三上泉阿継子			女子（応永八）、虎山永隆（応永一〇）	
高橋殿	近江角田氏か		西御所 北野殿 慈延		永享元
	大炊御門冬宗女	上臈か	慶雲庵主	光照院尊久	嘉吉元存命（六九）
	藤原誠子			梶井義承（応永一三）	応永三二
	宇治大路氏			女子（応永三）	
	細川頼之室養女		新御所		

※太字は迎陽文集に願文・諷誦文が残る者

対句を核とする荘重華麗な文体を用いて、当代の名儒が中国の古典に典拠を求め、文飾を凝らして執筆するものであった。義満の四十九日、百日、一年などの周忌にも、子女・妻妾、恩顧を受けた廷臣・僧侶が願文・諷誦文を捧げた。秀長が執筆した数は実に六十通に及び、壮大な誄《るい》の集成となっている。

そこに、男子は義持（四通）・義嗣（三通）・義円《ぎえん》（義教、一通）、女子は聖久《しょうきゅう》（二通）・聖紹《しょうしょう》・聖仙《しょうせん》・尊久《そんきゅう》・尊順《そんじゅん》、そして北山院康子・北向三品局《きたむきさんぼんつぼね》・東御方《ひがしのおんかた》・対御方《たいのおんかた》・池尻三品禅尼《いけがみさんぼんぜんに》慈隆《じりゅう》・春日局《かすがのつぼね》・一条局《いちじょうつぼね》・加賀局《かがのつぼね》（以上各一通）といった女性たちの願文・諷誦文が載せられている。

願文・諷誦文には、一種の定型として、故人の生前の行状を讃え、ついで病中・死去の様相、残された人々の悲歎を描写することになっている。讃美を宗とするとはいえ、その部分は伝記史料として上乗のものである。さらには施主（依頼者）と故人との関係が、それぞれの作善《さぜん》の動機として、過不足なく盛り込まれていることも見逃せない。駢儷文は難解であるとしてとかく敬遠されているが、同時代人による最初の義満評でもあり、放置しておくのは、史学・文学の両領域にとり惜しいことである。本章の考証でこれを読み解いた成果を適宜活用することにしたい。

正室

将軍の正室は「御台《みだい》」と称される。女房の官品の事には「大かた北の政所などおなじ程の事なり。この号は宣下などなし」とあり、摂関家の北政所との違いは宣旨の有無だけであるという。義満の「御台」あるいは「室家（正室）」と明記されるのは**日野業子**ただ一人である。義満が権大納言となった永和四年（一三七八）に早くも従三位に叙されている。摂関家で北政所が上階する例に倣ったものか。長く室町第に在って、永徳元年（一三八一）三月従二位、応永十二年（一四〇五）七月に病気のため出家、従一位に叙されて五十五歳で没した。女児を死産したほか子女はないが、義持の准母とする史料が多い。

裏松康子は義満より十一歳若い。父や弟の縁で早くから義満に知られていたと思われるが、応永二年四月、亡父義詮のために義満が相国寺法華八講を修した時、捧物を献じた「裏松殿」が康子と思われるが、確実な初見は応永七年四月二十八日、義満と崇賢門院とともに「二品局〔重光卿姉〕」が広橋邸に臨んだことであろうか（吉田家日次記）。これも上﨟の女房の扱いである。寵厚く常に行動を共にし、北山第に同居し、業子の没後には跡を襲ったと見られている。その称は応永九年頃から「寝殿」「南御所」、遂に「上様《かみさま》」（貴人の妻の尊称）となるが、それでも「御台」とする史料は稀である。後小松天皇の准母として准三后、ついで女院となったことは前章に述べた。

義満没後も北山第に居住した。所生の子女はなく、義満の愛児義嗣や聖久を養子とした。しかし、義持とは疎遠となり、晩年は孤独のうちに過ごした。応永二十六年十一月十九日に死去したが、後小松上皇も准母に対してなんら配慮するところがなかった。

「かた名」と「むき名」の上﨟女房

応永十四年（一四〇七）三月二十三日、裏松康子の院号宣下後、最初の参内には、出車十両を仕立て、それぞれ着飾った女房二名ずつが乗って従った。当日の記録（北山院御入内記《じゅだいき》）によれば、この女房たちは、もともと義満に仕えていたと考えることができる。ここに見える女房を次頁に掲げた。北山院の存在によって、女房たちは、きわめて整然とした序列を形成していることが分かる。

女院の車には太政大臣徳大寺実時《さねとき》女時子が陪乗した。このような女房は**御後乗**《しりのり》と言われるが、大臣の女は原則宮仕えはしないから、請われてとくに出仕した者であろう。第一車の右には**上﨟**（権大納言正親町忠季《おおぎまちただすえ》女）が乗った。この「上﨟」も、﨟次ではなく、女房名の一つで、やはり貴人の相手をする別格の女房のことである。内裏上﨟局もそれであった。

上﨟女房で最も格が高いのは「かた名《な》」を持つ者である。北山院御入内記にはついで**西御方**（権大納言洞院実信《さねのぶ》女）・**東御方**（権大納言武者小路資俊《すけとし》の女）・**対御方**（権大納言北畠隆郷《たかさと》女）

出車	女房名	出自	臈次
女院御後乗		徳大寺実時女時子	上臈
一車右	上臈	正親町忠季女	上臈
一車左	西御方	洞院実信女	上臈
二車右	東御方	武者小路資俊女	上臈
二車左	対御方	北畠隆郷女	上臈
三車右	二条	勧修寺経重女	上臈*
三車左	権大納言	中山満親女	上臈*
四車右	新大納言	白川顕英女	上臈*
四車左	民部卿	白川顕英女	上臈*
五車右	三条	日野資茂女	上臈*
五車左	大宮	大江俊仲女	上臈*
六車右	小兵衛督	高階経秀女	小上臈
六車左	新宰相	紀俊長女	小上臈
七車右	小督	和気邦成女	中臈
七車左	少納言	丹波長世女	中臈
八車右	右衛門佐	三善言衡女	中臈
八車左	左兵衛督	源清治女	中臈
九車右	伊予		下臈
九車左	播磨		下臈
十車右	讃岐		童女
十車左	美作		童女

臈次は女房名の事による
＊は異本では小上臈とする

の三名が見える。このうち東御方・対御方の二名は、義満四十九日の諷誦文を寄せている。「かた名」の女房は内裏・仙洞・女院・宮家に見られるものの、摂関家では稀である。室町殿や北山殿でも「御所」と称される女房はいたが、「かた名」は確認されない。すなわち、康子の院号宣下に伴って、義満の上臈女房が選ばれて御方の名を与えられたものであろう。

東御方の義満の四十九日諷誦文には、「緑蘿寄喬松兮、連枝共栄（緑蘿喬松《りょくらきょうしょう》に寄りて、連枝《れんし》共に栄ゆ）」の一句がある。「松蘿《しょうら》の契《ちぎ》り」という語から察せられるように、「喬松（高い松）」と「緑蘿（緑のつた）」とはそれぞれ義満と自身とを寓する。「連枝」は同胞を指すから（松の縁語として出された）、東御方の姉妹もまた義満に寵愛されていたことが分かる。

ただならぬ人の名なり」とある。これも二人が確認される。「かた名」にはやや劣るというが、女房の官品の事には摂関家の事例として「むき名、上臈の名なり、北の政所などはいはれずして、「かた名」に次ぐのが「むき名《な》」の女房である。

北向と称されたのは、義持・義円（義教）・聖仙の三子の母となった藤原慶子《けいし》である。父は三宝院の坊官であるので、出自は高くないが、将軍の生母として従三位に叙され、上臈に引き上げられたのであろう。応永六年（一三九九）五月没、後年従一位を贈られた。なお、義満の母紀良子、義勝・義政の母裏松重子なども北向と号している。

ところで、慶子没後にも「北向三品局」が現れる。所生の子女は見えないが、その頃義満の妻妾で三位であった女性は、武者小路資俊女の藤原俊子《しゅんし》しかいない。もと後小松天皇の典侍で、裏松重光の旧妻であったというから（吉田家日次記応永八年四月十二日条）、義満が召したものであろう。すなわち東御方の姉妹である。彼女の義満四十九日諷誦文には「備好逑分頃年、浴洪恩兮幾日（好逑《こうきゅう》に備はりて頃年《けいねん》、洪恩《こうおん》に浴して幾日ぞ）」とある。「好逑」とは君子にふさわしい連れ合いのことであり（毛詩「関雎《かんしょ》」篇）、北向とはかく自称し得る配偶であったことになろう。

官名・小路名の上臈女房

公卿の官名、および洛中の小路名を持つ女房を挙げる。北山院御入内記に見える**権大納言局**は中山満親《みつちか》の女、**新大納言局・民部卿局**は白川顕英《あきひで》女、**小兵衛督局**《こひょうえ》は高階経秀《たかしなつねひで》女、**新宰相局**は紀俊長《としなが》女である。**新中納言局**は藤原慶子の妹である。応永十三年（一四〇六）五月十五日、義満に同行して兵庫に下向した際、三十八歳で客死した。義満・義持は惜しんで、ただちに従三位を贈っている。この時、**藤原量子**《りょうし》という名が付けられた。なお女房名では、官名に小が付くともとの官より格上、新の字は格下となる。

一条局は、世系未詳ながら、もとは内裏の女房であり、四十九日の諷誦文に「初陪禁中兮預厚恩、後候君辺兮浴洪恩（初めは禁中に陪して厚恩に預かり、後に君辺に候じて洪恩に浴す）」とあるのが注目される。

ついで北山院御入内記には、**二条局**（勧修寺経重《つねしげ》女）・**三条局**（日野資茂《すけもち》女）・**大宮局**（大江俊《とし》仲《なか》女）が見える。

坊門局は、典薬頭《てんやくのかみ》和気《わけ》広成《ひろなり》の女である。これも伊予局と号する下臈の内裏女房であった。その後義満に召され、上臈である「坊門殿」の名と典薬寮領を賜った。応永三十一年（一四二四）に没するまで、毎年五月に内裏の殿舎に葺《ふ》く菖蒲《しょうぶ》は彼女が献上した。義満・義持に仕えながら、内裏への奉仕も続けていたと分かる。

春日局は、幕府奉行人の摂津能秀《よしひで》の女である。武家出身者で上臈となるのは異例である。摂津氏は代々室町殿の中臈女房を出す家柄であり、室町中期には左京大夫・左衛門督（中臈）から春日（上臈）へと成り上がる例であったという。応永元年に産んだ義嗣が、義満に鍾愛されたことから、上臈へと引き上げられたものであろう。

「玉座の側」――諷誦文のレトリック

ところで、義嗣の捧げた四十九日諷誦文には「御病中、昼夜昵近玉座之例〔側〕而致奉〔孝〕養、恒化〔殂〕後、晨昏精勤紺宇之間而励追修（御病中は、昼夜玉座の側に昵近《じっきん》して孝養を致し、殂化《そか》の後は、晨昏紺《しんこんこう》宇の間に精勤して追修に励む）」という句がある。ここに「玉座」とあるのが史家の眼を惹き、たとえば「天皇以外には使わぬ用語である」（今谷明氏『室町の王権』一七五頁）と、義満を没後に天皇ないし上皇と扱った証とみなされることがある。

この箇所は上三字・下十二字の対句となっている。対句では反対語や類義語を対称させて句中に配するようにする。「昼夜」と「晨昏（朝夕）」、「昵近（貴人の近くに仕えること）」と「精勤」の語が、それぞれ対置されている。「玉座」と「紺宇」は、同じ範疇の類字を持つ熟語を対偶させたものである。「紺宇」とは寺院の意で、義嗣が実際に等持院に喪籠《そうろう》したことを踏まえるが、「座」と「宇」はともに居所を指し、「玉（珠）」と「紺」も類縁の字である。

秀長も敬仰したであろう、院政期の鴻儒大江匡房《おおえのまさふさ》も「紺頂玉毫《こんちょうぎょくごう》」「紺殿珠堂《こんでんしゅどう》」といった表現をよく用いている（江都《ごうと》督納言願文集《とくなごんがんもんしゅう》）。したがって義嗣の諷誦文における「玉座」も、まずは文飾として出されたと見られ（依頼者に対するサーヴィスでもあろう）、これまでの反応は過剰である。当時の文章はしばしば「何を表現するか」より、「いかに表現するか」を優先させることを忘れてはならない。

中﨟・下﨟の女房

中﨟は、女房名の事では「督殿」より下の官名を持つ者となっているが、北山院御入内記でも、**小督局**《こごう》（和気邦成《くになり》女）・**少納言局**（丹波長世《ながよ》女）・**右衛門佐局**（三善言衡《ことひら》女）・**左兵衛督局**（源清治《きよはる》女）の四人がそれにあたる。うち前二人は医家の、後二人はそれぞれ西園寺家・徳大寺家諸大夫の女であり、中﨟の出自は女房の官品の事の説とも一致する。

下﨟の女房は国名で、北山院御入内記では**伊予局**・**播磨局**・**讃岐局**・**美作局**の四人（うち讃岐・美作は童女とある）、もはや出自は記されない。下級の武家や僧の女なのであろう。この他に**加賀局**がいる。実相院《じっそういん》坊官長快《ちょうかい》の女、後光厳天皇の女房で、中山親雅《ちかまさ》の室となり、早く応安四年（一三七一）満親《みつちか》を儲けている。箏《そう》の名手でありたびたび管絃《かんげん》に召されたため、義満との関係が生じ、康暦二年（一三八〇）八月室町第に迎え取られ、翌年正月庶長子尊満《そんまん》を産んだ。その後も義満に仕えて、音楽のたびに所作し、応永十五年(一四〇八)三月の北山殿行幸でも箏を弾じている。四十九日諷誦文にも「憶昔弾箏兮陪和楽之遊(憶昔《おくせき》箏を弾じては和楽の遊に陪す)」とある。なお、旧夫の親雅は、義満の近臣として時めき、権大納言にまで昇進している。尊満は青蓮院を継承せずに遁れて禅僧となり、嵯峨香厳院《きょうげんいん》に住して、友山周師《ゆうざんしゅうし》と名乗った。異父兄満親およびその子定親《さだちか》と親しく交際している。

家名を名乗る女房

　﨟次は不明ながら、家名をもって名とした女房もいる。これは下﨟ないしそれより下なのであろう。

　まず早くに細川局《ほそかわつぼね》がいる。細川頼之の近親らしい。義詮の代から仕えていて、すこぶる勢威があったようで、すでに業子と結婚した後であるが、永和四年(一三七八)五月、義満病臥の噂を聞いた近衛道嗣《みちつぐ》は細川局に容態を尋ねて、「近日の権女《けんにょ》なり」(後深心院関白記)と注している。その権勢は義満の信任を受けてのことであろうが、詳しいことは不明で、頼之が失脚すると動向も不明となる。注意すべきは、後光厳院が崩御した時、細川局も出家し、仏事を修していることである。恐らくもと仙洞の女房で、頼之と後光厳との間の仲介を果たしていたと思われる。

増井局《ますいつぼね》は、義満の晩年に仕えた女房で、応永十三年（一四〇六）正月二十九日の内裏法華懺法講で箏を弾じ、続いて十五年三月の北山殿行幸にも参仕している。早島大祐氏の伝記考証によれば、奉行人摂津氏の家臣である増位（井）氏の出身で、もと内裏にも仕えたが、義満に音楽の才を愛でられ、遂にその女房となり、洛南の東久世《ひがしくぜ》荘を与えられたという（「東久世庄増位家小伝」）。

室町第や北山第にはこのほかにも奉公衆・奉行人の子女が多く仕えていたであろうが、史料上にはほとんど所見がない。しかもその数少ない武家出身の女房として知られる人が、内裏仙洞にも仕えており、そこで培った経歴をもって奉仕したらしいことは、注目される。

義持が後小松院の布衣始《ほいはじめ》という重要な儀礼に参院した時には、すでに尼となっていた増井局と坊門局が仙洞に参り、酒宴の席にも陪した（兼宣公記応永十九年十月十四日条）。

居宅を与えられた愛妾

このほか義満に仕えていながら、女房名が詳《つまび》らかではない女性も何名かいる。いずれも女房というより思人《おもいびと》（愛妾）で、とくに優遇されて居宅を与えられ、その名をもって称された。

このうち最も著名なのは**高橋殿**（**西御所**）であろう。中楽談儀に次のようにある。

鹿苑院の御思ひ人、高橋殿東洞院の傾城なりこれ万事の色しりにて、ことに御意よく、つひに落ち目なくて果て給ひしなり、上の御機嫌をまもらへ、酒をも強ひ申すべき時は強ひ、控ふべきところにては控へなど、さまざま心づかひして、立身せられし人なり。

その前身は五条東洞院の傾城《けいせい》（遊女）であったとし、実際、出自はあまり高くなかったようであるが、世阿弥は「万事の色しり（人情の機微に通じた者）」と羨望《せんぼう》している。酒宴に侍ると座持ちが良く、気分屋の義満も、高橋殿に対してだけは、機嫌を損ねることがなかったという。

ところで、彼女の住んだ高橋殿は、北山第からは西、北野社の境内を望む附近に架かっていた高橋に因む。このため「西御所」とも称された。女房の官品の事は、御所の号が許されるのは仙洞・摂関家だけで、それも濫《みだ》りに用いてはならないと説く。義満の妻妾に「御所」の名が用いられたのは三人だけで、すなわち南御所の康子、西御所の高橋殿、そしてもう一人、新御所と称される人がいる。確実な史料では応永元年（一三九四）以後、義満が春日社、日吉社、北野社への参詣に同伴させている。さらに荒暦応永三年五月十日条には、故細川頼之後室の逝去を知り、「権女新御所と号すの養母と云々」と注している。

ここに新御所のことを「権女」とする。かつて細川局もこのように呼ばれていた。もちろん、世襲されるポストなどではあろうはずもなく、義満の寵を恃んで権勢があったと取れるが、吉田家日次記では義満の代参として伊勢参宮を遂げた高橋殿に触れて、やはり「権女」

と記す。「新御所」の称は応永五年八月を最後に消え、交替するかのように「西御所」が現れるのである。「新御所」は高橋殿の初名ではないか。とすれば、謎の多い出自や権勢の背景にも一条の光が投げかけられよう。

義満は伊勢神宮に十一度、丹後天橋立《あまのはしだて》の九世戸《くせど》文殊堂《もんじゅどう》（現京都府宮津《みやづ》市）には少なくとも五度参詣しているが、こうした霊場への巡礼に最も多く随伴したのが高橋殿である。高橋殿自身、生涯に熊野参詣は十三度に上ったといい、義満の没後も、その妻妾、あるいは後小松院・義持の女房を先導して、しばしば参詣の途についた。応永二十八年（一四二一）三月には、日野西資子《しし》（資国《すけくに》の女、後小松院典侍、称光天皇母）・裏松栄子《えいし》（足利義持御台所、義量母）という両貴女を筆頭に、対御方・坊門局をも加えた「女中清選人々十二人」の団体を組織して熊野詣を決行した。帰京の随員は優に数千人を越えたという（看聞日記）。神宮・熊野・九世戸（中世には伊勢神宮の別院とみなされていた）をセットにした伊勢信仰を媒介に、室町殿と内裏・仙洞を結びつけた巨大な存在であった。義持は、晩年に北野社に対して狂信的とも言えるほどはなはだしい崇敬を捧げたが、これにも高橋殿が介在している。「義持政権のキイ・パーソンだった」（松岡心平「室町将軍と傾城高橋殿」）という評価の通りであろう。

大芝《おおしば》殿は大慈院《たいじいん》聖久の母と考えられる。聖久は義満最愛の娘であるが、その母は出自未詳であった。ただし、応永二十八年二月十日に五十二歳で没し、寧福院殿《ねいふくいん》と称したことが知られる。薩戒記《さっかいき》に、同じ七日に「源春子故鹿苑院入道の御愛物、大柴〔芝〕殿尼公と号するなり従三位に叙す」とある。死没を前にして急遽上階の沙汰があったと見るのが自然であるから、「源春子」が聖久の母の実名で、「大芝殿」に居住していたと分かる。応永十九年三月二十九日に義持もここに渡御しており（山科家礼記）、義満の妻妾の間でも一目置かれていたと思われる。

池尻殿《いけがみ》は問題が多い。まず応永八年三月十九日、「太政入道殿北山殿愛妾」の池尻殿が女児を産んだことが吉田家日次記に見える。その素性は不明で、「故泉阿継子、実父不分明」とある。三上泉阿《みかみせんあ》は、古山珠阿《ふるやましゅあ》とともに、義満に仕えた遁世者と見られる。池尻殿は十年十一月十八日にも男子を産んだ。

ところで、十四年正月十八日の女叙位で、池尻殿は従三位に叙され、教言卿記《のりとき》に「是ハ准（康子）后并びに重光大納言殿以下の母儀也」とある。池尻殿とは康子・重光・豊光らの母で、故裏松資康の後室となる。臼井は義満妾と資康室とを同一人と見ると生ずる矛盾を指摘しつつも、「恐らくこの池尻殿とは日野資康の妾であったが、明徳元年（一三九〇）資康の死後、康子らの母として義満に近づいたものであろう」とやや曖昧な書き方をしている。このため、資康は生前妻を義満に差し出したとか、あるいは義満は母と娘とに同時に通じたとか、乱倫の例として言及されることがある。

しかし康子は応永十年に三十五歳、その母が子を儲けることはまず考えられず（夫資康が存命ならば五十六歳)、義満妾とは別人であろう。もっとも、池尻殿腹の男子(虎山永隆《こざんえいりゅう》か)は、重光に養育され、十二年十一月、魚味《ぎょみ》の儀を盛大に執り行っている(教言卿記)。義満妾池尻殿と裏松家の縁もたしかに深いのである。

義満は応永十二年七月十日、池尻殿を北山第の一対に移住させる。それ以前は、年始にその邸に臨むのを例とした。九年正月二十五日は「池尻殿」(兼宣公記)、十年二月二十八日には「左衛門督母儀(裏松重光)」の邸に渡ったとある(吉田家日次記)。これは同じ居宅とみなされるから、整合性のある解釈としては、池尻殿とは資康室の居所であり、義満妾もここに住んでいたのであろう。

義満四十九日の諷誦文を捧げた「池尻三品禅尼慈隆」は資康室である。応永三十三年八月二十一日に没している(薩戒記)。一方、三十一年八月二十四日にも「西向《にしむき》」と呼ばれている「資康卿妾」が七十歳で逝去したが(兼宣公記・満済准后日記)、これは義持御台所の栄子の母であり、慈隆とは別人である。やはり慈隆が資康の正室であったのであろう。慈隆の享年は不明であるが、文和四年(一三五五)生の西向より、さらに年長であったと見られる。

他人の妻妾と通ずる義満

以上が妻妾・女房と目される人々である。ただし、義満の女性関係はすこぶる奔放であり、他人の妻妾と関係を持つことが目立つ。たとえば義満は弟満詮の「愛物」を奪って、応永十三年（一四〇六）には梶井《かじい》門跡に入った義承《ぎしょう》を儲けている。他に記録に明徴あるだけでも、常盤井宮満仁《ときわいのみやみつひと》親王・前関白九条経教《つねのり》、そして裏松重光・中山親雅と、家格の上下を問わず、その妻妾を召している。臼井は「我ままや悪趣味」によると辟易《へきえき》したし、現代人の感覚でも、臣下の妻を掠奪する、暴君の背徳的行為そのものである。

権中納言柳原資衡の室は、例の紀三位俊長の妹文子で、二十三年もの間同宿していたが、応永七年八月二十二日、義満の命で離別させられた（吉田家日次記）。文子は後小松天皇の掌《しょう》侍《じ》（内侍《ないし》）で、紀内侍と呼ばれており、義満に召されたゆえ、離別を強要されたのであろう。紀内侍は引き続いて内裏に仕え、義満の参内のたびに接待を務める、お気に入りの女房となった。

同じく後小松天皇の勾当《こうとう》内侍（掌侍のうち最も臈を積んだ者）を長く務めた女房に藤原能子《のうし》がいる。歴代の勾当内侍を輩出してきた高倉家の出身と思われる。この女性も義満に深く愛されていた。「故北山殿の御時、寵愛を蒙り、栄幸に値《あ》ふ」（看聞日記応永二十九年六月十三日条）とある。

ところが、能子は伏見宮栄仁《よしひと》親王の愛妾でもあって、栄仁の子貞成《さだふさ》も「継母」と記して重んじていた。かりに貞治四年（一三六五）頃の生と見れば、栄仁より十四歳、義満より七歳若く、逆に貞成よりは七歳上となる。まず栄仁に愛され、ついで内裏に上ったものであろう。義満が出家後初めて参内した時、あえて御前に参らず、勾当内侍の局で天皇に拝謁したとあるから（荒暦応永二年七月二十六日条）、この頃から関係が生じたか。さきの推定によれば、三十一歳となる。そしてこれ以後、義満参内のたび、上臈局や紀内侍とともに酒席に陪した。つまり、「寵愛を蒙り、栄幸に値ふ」というのは、内裏においてであったと考えられる。

能子は義満没後も引き続いて内裏に在ったが、陰に陽に伏見宮を支えたために、遂に後小松・称光父子の逆鱗に触れてしまった。「向後召し仕ふべからざるの間、局をあけさせらるべき」と命じたが、義持は「故入道《北山殿》中沙汰、多年祗候の間、是までの御沙汰不便《ふびん》（憫）（亡父がよく面倒を見て、長年お仕えしたのですから、そこまでの処罰も可哀想です）」と同意せず、能子にも早まって退出してはならぬと伝えたという（看聞日記応永二十五年七月二十二日条）。

まもなく能子は病気によって、典侍に任じられて出家し、三十一年八月二十八日没した。貞成は「旧労・奉公他に異なるの間、殊に哀傷少なからず、不便無極」と慟哭《どうこく》している。後円融・後小松・称光の三代は伏見宮に猜疑《さいぎ》心と復讐心を持ち続け、弾圧の機会を虎視《こし》眈々《たんたん》と狙っていた。義満も決して好意的ではなかったが、伏見宮が逆境の時代を乗り切ることができたのは、能子が防波堤として尽くしたからと言える。

女房の媒介する公武関係

義満に妻妾を奪われたといっても、いずれのケースでも旧妻と断絶させられることはなく、交際は自由に許されていたように見える。もちろん、旧夫の方は「寝取られた」歎きを表明することはできないが、一方で当の女性は堂々と旧夫のために尽くし、結果的に義満の恩恵を蒙っている。

再三触れるように、その女性たちはいずれも内裏の女房、とくに典侍・掌侍として出仕した経験を持つようである。内裏に仕えていた間、本夫の廷臣と「密通」し、その室となったのである。公家社会では密通は法的に罰せられることはなく、主君の勘気を受けるくらいのもので、罪科の軽重も主君との親疎に左右されるものであった。そして、たいていは不問に付された（処罰されるのは機嫌を損じた者である。密通による処罰は称光の代に頻発するが、後小松・称光父子の性格によるところが大きい）。このような男女関係は現代人の理解を絶しているが、当時は格別珍しいことではなかった。たとえ廷臣の妻となっても、女房としての務めをやめることがなければ、主君との関係が続くことになる。

そして、この内裏（仙洞）・女房・廷臣三者の関係に、室町殿が加わった。内裏（仙洞）の女房は室町殿にも仕えることになったのである。上﨟局と室町殿との関係（八九頁参照）は、実は特殊な例ではなかった。実際、勾当内侍能子を追放しようとした後小松がまず足利義持に同意を求めたことに現れているように、室町殿も、もう一人の主君として、女房の任免黜《ちっ》陟《ちょく》の権限を有していた。

これは、廷臣たちに対して「公方様」として君臨したことと、同じ論理が働いたゆえであろう。公家社会は治天の君と室町殿と二人の主君を持ち、重要な事柄は両者の合意によって決定される。公武の一体化はその極に達し、義満は伝奏によって朝廷の政務を動かせるまでになったが、公武の首長にとって最も日常的な女房たちの社会を共有することでよりスムーズな意志疎通が可能になったとも思わせる。義満登場以前さえ、武家には細川局のごとき存在があり、また思えば義満が内裏に出入りするようになった当初、二位局宣子が付き添ったように、室町殿が内裏・仙洞の奥に立ち入る時には、必ず女房が傍らに在った。この時代の女房は政治の舞台の後景に退いてしまったように見えるが、依然としてその動きは重要であった。今後これに注目して、室町殿という権力の性格を浮かび上がらせることもできるであろう。

参考文献

家永遵嗣『室町幕府将軍権力の研究』東京大学日本史学研究叢書1　東京大学日本史学研究室　平7・2

――「足利義満と伝奏との関係の再検討」古文書研究41・42　平7・12

石田実洋・橋本雄「壬生家旧蔵本『宋朝僧捧返牒記』の基礎的考察―足利義満の受封儀礼をめぐって」古文書研究69　平22・6

石原比伊呂「准摂関家としての足利将軍家―義持と大嘗会との関わりから」史学雑誌115-2　平18・2

伊地知鐵男「東山御文庫本『不知記』を紹介して中世の和歌・連歌・猿楽のことに及ぶ」『伊地知鐵男著作集Ⅱ連歌・連歌史』汲古書院　平8（初出昭42・3）

市澤哲『日本中世公家政治史の研究』校倉書房　平23

伊藤旭彦「足利義満の公家化」書陵部紀要21　昭45・3

伊藤喜良「応永初期における王朝勢力の動向―伝奏を中心として」『日本中世の王権と権威』思文閣出版　平5（初出昭48・12）

――『足利義持』人物叢書　吉川弘文館　平20

伊藤敬『新北朝の人と文学』三弥井書店　昭54

井上宗雄『中世歌壇史の研究　南北朝期』明治書院　昭40（改訂新版　昭62）

今枝愛真『中世禅宗史の研究』東京大学出版会　昭45

今谷明『室町の王権―足利義満の王権簒奪計画』中公新書　中央公論社　平2

――『室町時代政治史論』塙書房　平12

上田純一『足利義満と禅宗』法蔵館　平23

上野進「室町幕府の顕密寺院政策――祈禱政策を中心として」仏教史学研究43-1　平12・12

臼井信義『足利義満』人物叢書　吉川弘文館　昭35

大井ミノブ「中世における立花成立の基盤―とくに七夕花合について」日本女子大学紀要・文学部11　昭37・3

大田壮一郎「室町幕府の追善仏事に関する一考察」仏教史学研究44―2　平14・3
――「室町殿の宗教構想と武家祈禱」ヒストリア188　平16・1
――「足利義満の宗教空間―北山第祈禱の再検討」松岡心平・小川剛生編『ZEAMI04　特集 足利義満の時代――六百年忌記念』所収　森話社　平19
――「室町殿権力の宗教政策―足利義持期を中心に」歴史学研究852　平21・4
大谷史子「大内義弘の対朝鮮交渉と平井道助」九州史学研究会中世史部会発表資料　於九州大学　平12・6・17
大塚実忠「岡松一品の事」禅文化研究所紀要26　平14・2
小川剛生『二条良基研究』笠間書院　平17
――「寵臣から見た足利義満―飛鳥井雅縁『鹿苑院殿をいためる辞』をめぐって」松岡・小川編『ZEAMI04　特集 足利義満の時代―六百年忌記念』所収（前掲）
――『『韻鏡』の悪戯―受容史の一断面」西山美香編『アジア遊学122　日本と《宋元》の邂逅』所収　勉誠出版　平21
――「足利義満の太上天皇尊号宣下」藝文研究101―2　平23・12
小川信『細川頼之』人物叢書　吉川弘文館　昭47
――『足利一門守護発展史の研究』吉川弘文館　昭50
落合博志「清原良賢伝攷―南北朝末室町初期における一鴻儒の事蹟」能―研究と評論16　昭63・5
片山伸「室町幕府の祈禱と醍醐寺三宝院」仏教史学研究31―2　昭63・11
金子拓「室町殿の帝王学―中世読書史序説」歴史97　平13・9
川上貢『日本中世住宅の研究〔新訂〕』（中央公論美術出版　平14）
川添昭二『今川了俊』人物叢書　吉川弘文館　昭39
――『中世文芸の地方史』平凡社選書71　平凡社　昭57
京都大学国文学研究室・中国文学研究室編『良基・絶海・義満等一座和漢聯句譯注』臨川書店　平21
工藤浩台「鎌倉期女院乱立の一前提―「准后之人直院号」ルートの創出」年報三田中世史研究11　平16・10

桑山浩然「三条公忠女厳子の後宮生活」女性史学11 平13・7
——「室町時代における将軍第行幸の研究—永徳元年の足利義満第行幸」人文学会紀要36 平15・12
酒井彰子「中世園城寺の門跡と熊野三山検校職の相承—常住院から聖護院へ」文化史学48 平4・11
坂本和久「室町時代の公武の密通について—『看聞日記』を中心に」福岡大学大学院論集43-1 平23・11
桜井英治『室町人の精神』日本の歴史12 講談社 平13
桜井好朗「難太平記考—太平記をめぐる文献学的考証の一前提」『中世日本人の思惟と表現』未来社 昭45（初出昭34）
佐藤健一「九州探題今川了俊の召還と解任—その経緯と遠駿半国守護補任」（日本歴史717 平20・2）
佐藤進一『足利義満 中世王権への挑戦』平凡社ライブラリー 平凡社 平6
佐野公治『四書學史の研究』創文社 昭63
島尾新「会所と唐物」鈴木博之他編『中世の文化と場』所収 東京大学出版会 平18
鈴木敬三「似絵の装束について」宮次男編『天子摂関御影・公家列影図・中殿御会図・随身庭騎絵巻』所収 新編日本絵巻物全集26 角川書店 昭53
住吉朋彦『中世日本漢学の基礎研究 韻類編』汲古書院 平24
高岸輝『室町王権と絵画 初期土佐派研究』京都大学学術出版会 平16
高田信敬「朱雀院の行幸—紅葉賀臆説」森一郎ほか編『源氏物語の展望 第十輯』三弥井書店 平23
高橋典幸「将軍の任右大将と『吾妻鏡』—『吾妻鏡』受容の一背景」年報三田中世史研究12 平17・10
高橋康夫「室町期京都の都市空間—室町殿と相国寺と土御門内裏」中世都市研究会編『中世都市研究9 政権都市』所収 新人物往来社 平16
田坂泰之「室町期京都の都市空間と幕府」日本史研究436 平10・12
田中健夫『対外関係と文化交流』思文閣出版 昭57
——「足利将軍と日本国王号」『日本前近代の国

家と対外関係』吉川弘文館　昭62
田中義成『足利時代史』明治書院　大12（講談社学術文庫　講談社　昭54）
玉村竹二「初期妙心寺史の二三の疑点」『日本禅宗史論集』下之二　思文閣出版　昭56
檀上寛「明代朝貢体制下の冊封の意味」史窓68　平23・2
富田正弘「室町時代における祈禱と公武統一政権」日本史研究会史料研究部会編『中世日本の歴史像』所収　創元社　昭53
――「室町殿と天皇」日本史研究319　平元・3
西弥生『中世密教寺院と修法』第一部第三章「台密・東密の共同勤修―北斗法を通して」勉誠出版　平20（初出平14）
西山美香「足利義満の内なる宋朝皇帝――京都相国寺と開封大相国寺」西山美香編『アジア遊学142　古代中世日本の内なる「禅」』所収　勉誠出版　平23
新田一郎『太平記の時代』日本の歴史11　講談社　平13
橋本雄「室町・戦国期の将軍権力と外交権―政治過程と対外関係」歴史学研究708　平10・3
――『中華幻想―唐物と外交の室町時代史』勉誠出版　平23
長谷川端ほか「『難太平記』上巻・下巻・索引」中京大学文学部紀要41・42-2・43-1　平18・10-20・10
羽田聡「室町幕府女房の基礎的考察―足利義晴期を中心として」京都国立博物館学叢26　平16・5
早島大祐『室町幕府論』講談社選書メチエ　講談社　平23
――「東久世庄増位家小伝―楽人と領主のあいだ」立命館文学624号　平24・1
原田正俊『中世の禅宗と相国寺』相国寺研究2　相国寺教化活動委員会　平19
深沢眞二『「和漢」の世界―和漢聯句の基礎的研究』清文堂　平22
福田豊彦『室町幕府と国人一揆』吉川弘文館　平7
細川武稔『京都の寺社と室町幕府』吉川弘文館　平22
――「足利義満の北山新都心構想」中世都市研究会編『中世都市研究15　都市を区切る』山川出版社　平22
松岡心平「足利義満の僧体のファッション」文学1-6　平12・11

――「室町将軍と傾城高橋殿」松岡心平編『看聞日記と中世文化』所収　森話社　平21
松岡久人（岸田裕之編）『大内氏の研究』清文堂　平23
松永和浩「南北朝期公家社会の「忠節」について―二通の足利義詮書状から」史敏6　平21・4
桃崎有一郎「足利義満の公家社会支配と「公方様」の誕生」松岡・小川編『ZEAMI04　特集 足利義満の時代――六百年忌記念』所収（前掲）
――『中世京都の空間構造と礼節体系』思文閣出版　平22
――「鎌倉殿昇進拝賀の成立・継承と公武関係」日本歴史759　平23・8
森茂暁『南北朝期　公武関係史の研究』文献出版　昭59（増補改訂　思文閣出版　平20）
――『闇の歴史、後南朝―後醍醐流の抵抗と終焉』角川選書　角川書店　平9
――「大内氏の興隆と祖先伝承」山口県史研究11　平15・3
――『満済』日本評伝選　ミネルヴァ書房　平16
森正人「心の鬼の本義」文学2―4・5　平13・7、9
安田政彦「勅授帯剣について」亀田隆之先生還暦記念会編『律令制社会の成立と展開』所収　吉川弘文館　平元
安野博之「応永の乱関係軍記について」三田國文27　平10・3
湯谷祐三「金閣寺は、金閣寺として建てられた―「日本国王源道義」こと足利義満と五台山の仏教説話」名古屋外国語大学外国語学部紀要42　平24・2
吉野芳恵「室町時代の禁裏の上﨟―三条冬子の生涯と職の相伝性について」国学院雑誌85―2　昭60・2
吉村貞司『黄金の塔―足利義満』思索社　昭52
米倉迪夫『源頼朝像―沈黙の肖像画』平凡社　平7
――「伝源頼朝像再論」黒田日出男編『肖像画を読む』所収　角川書店　平10
和田英松「聖徳太子未来記の研究」『国史国文之研究』雄山閣　大15（初出大10・3）
渡辺世祐『関東中心足利時代之研究』雄山閣　大15（改訂版　新人物往来社　平7）

図版出典一覧

冷泉家時雨亭文庫蔵　P4
三ノ丸尚蔵館蔵　P21
国立歴史民俗博物館蔵　P23, 120
神護寺蔵　P47
宮内庁書陵部蔵　P60
鹿苑寺蔵　P68
米沢市上杉博物館蔵　P83
京都大学附属図書館蔵　P107, 113
個人蔵　P119
京都府立総合資料館蔵　P149, 206
天理大学附属天理図書館蔵　P203, 249
埼玉県立歴史と民俗の博物館蔵　P220
米倉迪夫『源頼朝像』平凡社ライブラリーより　P15, 48
小松茂美編『続日本の絵巻14』中央公論社より　P20
『「京都五山禅の文化」展』東京国立博物館、九州国立博物館、日本経済新聞社より　P26
村井章介『分裂する王権と社会』（日本の中世10）中央公論新社より　P27, 53, 84, 141, 225, 237, 239
『大日本史料7-10』東京大学出版会より　P93
『日本大百科全書』小学館より　P145
『国史大辞典』吉川弘文館より　P153
山田邦明『室町の平和』（日本中世の歴史）吉川弘文館より　P154

［ら行］

［わ行］

［や行］

［ま行］

[な行]

[は行]

［た行］

［さ行］

索　引

○主要な人名・作品名・地名を中心に採録した。頻出する「足利義満」は立項していない。
○人名は実名・女房名・幼名などの通行の読みにより排列した。（　）内に姓・家名、続柄・別称などを注した。外国人は姓名の順に示した。禅僧も道号と法諱で示した。
○頁数表記の「-」は、その間に頻出することを示す。また下線の頁では詳しい説明がある。

［あ行］

小川剛生（おがわ・たけお）

1971年東京都生まれ．慶應義塾大学文学部国文学専攻卒業，同大学院博士課程中退．熊本大学助教授，国文学研究資料館助教授，2007年准教授，09年慶應義塾大学文学部准教授を経て，16年より教授．2006年，『二条良基研究』で角川源義賞受賞．

著書『兼好法師』（中公新書）
『中世和歌史の研究』（塙書房）
『武士はなぜ歌を詠むか』（角川選書）
『新版 徒然草 現代語訳付き』『正徹物語 現代語訳付き』（角川ソフィア文庫）
『二条良基研究』（笠間書院）
『中世の書物と学問』（山川出版社）ほか

足利義満《あしかがよしみつ》
中公新書 2179

2012年8月25日初版
2019年11月25日3版

著　者　小川剛生
発行者　松田陽三

本文印刷　暁印刷
カバー印刷　大熊整美堂
製　　本　小泉製本

発行所　中央公論新社
〒100-8152
東京都千代田区大手町1-7-1
電話　販売 03-5299-1730
　　　編集 03-5299-1830
URL http://www.chuko.co.jp/

Published by CHUOKORON-SHINSHA, INC.
Printed in Japan　ISBN978-4-12-102179-3 C1221

中公新書刊行のことば

いまからちょうど五世紀まえ、グーテンベルクが近代印刷術を発明したとき、書物の大量生産は潜在的可能性を獲得し、いまからちょうど一世紀まえ、世界のおもな文明国で義務教育制度が採用されたとき、書物の大量需要の潜在性が形成された。この二つの潜在性がはげしく現実化したのが現代である。

いまや、書物によって視野を拡大し、変りゆく世界に豊かに対応しようとする強い要求を私たちは抑えることができない。この要求にこたえる義務を、今日の書物は背負っている。だが、その義務は、たんに専門的知識の通俗化をはかることによって果たされるものでもなく、通俗的好奇心にうったえて、いたずらに発行部数の巨大さを誇ることによって果たされるものでもない。現代を真摯に生きようとする読者に、真に知るに価いする知識だけを選びだして提供すること、これが中公新書の最大の目標である。

私たちは、知識として錯覚しているものによってしばしば動かされ、裏切られる。私たちは、作為によってあたえられた知識のうえに生きることがあまりに多く、ゆるぎない事実を通して思索することがあまりにすくない。中公新書が、その一貫した特色として自らに課すものは、この事実のみの持つ無条件の説得力を発揮させることである。現代にあらたな意味を投げかけるべく待機している過去の歴史的事実もまた、中公新書によって数多く発掘されるであろう。

中公新書は、現代を自らの眼で見つめようとする、逞しい知的な読者の活力となることを欲している。

一九六二年一一月

中公新書

日本史

d1

中公新書

日本史

d2

1521 後醍醐天皇　森　茂暁
1608 太平記　松尾剛次
776 室町時代　脇田晴子
978 室町の王権　今谷　明
1983 戦国仏教　湯浅治久
1380 武田信玄　笹本正治
1872 信玄の戦略　柴辻俊六
2058 日本神判史　清水克行
2139 贈与の歴史学　桜井英治
1625 織田信長合戦全録　谷口克広
1907 信長と消えた家臣たち　谷口克広
1453 信長の親衛隊　谷口克広
1782 信長軍の司令官　谷口克広
2028 信長の天下所司代　谷口克広
1809 戦国時代の終焉　齋藤慎一

2080 江の生涯　福田千鶴
2084 戦国武将の手紙を読む　小和田哲男
784 豊臣秀吉　小和田哲男
2146 秀吉と海賊大名　藤田達生
642 関ヶ原合戦　二木謙一
476 江戸時代　大石慎三郎
870 江戸時代を考える　辻　達也
1227 保科正之（ほしな まさゆき）　中村彰彦
1817 島原の乱　神田千里
740 元禄御畳奉行の日記　神坂次郎
1945 江戸城—本丸御殿と幕府政治　深井雅海
1073 江戸城御庭番　深井雅海
1703 武士と世間　山本博文
883 江戸藩邸物語　氏家幹人
2079 武士の町 大坂　藪田　貫
1788 御家騒動　福田千鶴
1803 足軽目付犯科帳　高橋義夫

1099 江戸文化評判記　中野三敏
1886 写楽　中野三敏
853 遊女の文化史　佐伯順子
1629 逃げる百姓、追う大名　宮崎克則
929 江戸の料理史　原田信男
2179 足利義満　小川剛生

中公新書

日本史

d3

中公新書

世界史

e1

- 1353 物語 中国の歴史 寺田隆信
- 2001 孟嘗君と戦国時代 宮城谷昌光
- 12 史記 貝塚茂樹
- 1517 古代中国と倭族 鳥越憲三郎
- 2099 三国志 渡邉義浩
- 7 宦官(かんがん) 三田村泰助
- 15 科挙(かきょ) 宮崎市定
- 2134 中国義士伝 冨谷至
- 1828 チンギス・カン 白石典之
- 255 実録 アヘン戦争 陳舜臣
- 1812 西太后(せいたいこう) 加藤徹
- 166 中国列女伝 村松暎
- 2030 上海 榎本泰子
- 1144 台湾 伊藤潔
- 925 物語 韓国史 金両基
- 1372 物語 ヴェトナムの歴史 小倉貞男
- 1913 物語 タイの歴史 柿崎一郎
- 1367 物語 フィリピンの歴史 鈴木静夫
- 1551 海の帝国 白石隆
- 1866 シーア派 桜井啓子
- 1858 中東イスラーム民族史 宮田律
- 1660 物語 イランの歴史 宮田律
- 1818 シュメル—人類最古の文明 小林登志子
- 1977 シュメル神話の世界 岡田明子 小林登志子
- 1594 物語 中東の歴史 牟田口義郎
- 1931 物語 イスラエルの歴史 高橋正男
- 2067 物語 エルサレムの歴史 笈川博一

中公新書

宗教・倫理